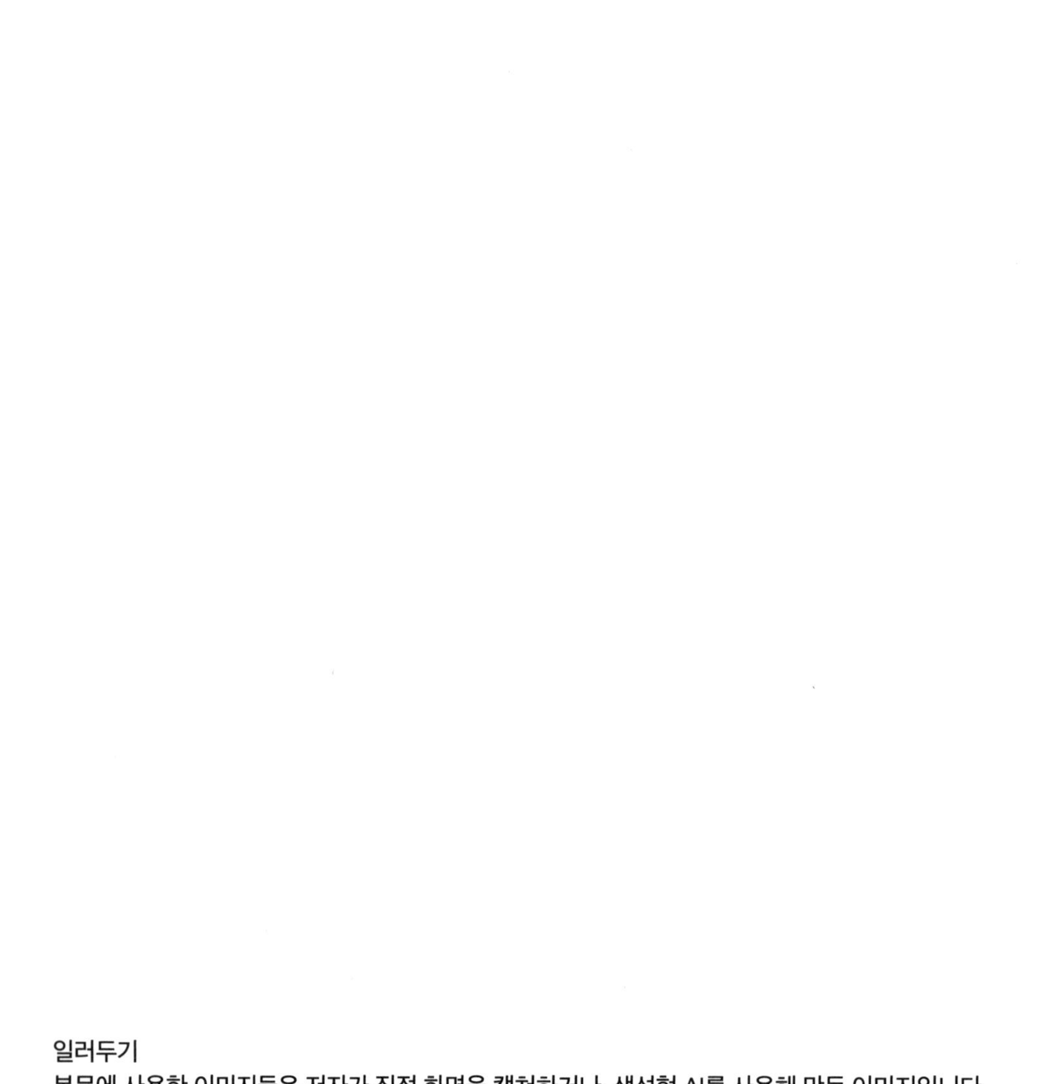

일러두기
본문에 사용한 이미지들은 저자가 직접 화면을 캡쳐하거나, 생성형 AI를 사용해 만든 이미지입니다.

챗GPT 구구단

유경식(피치타이탄) 지음

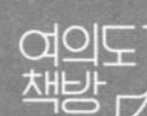

0단.
다시 배우는 사람들을 위하여
습관처럼 AI 쓰는 법

1단.
검색이 아닌 대화로 시작하기
스마트폰처럼, 결국 익숙해진다

2단.
나만의 챗GPT로 설정하기
이해하는 만큼 답한다

9단.
신뢰하되 맹신하지 말 것
오래, 안전하게, 책임감 있게 쓰는 법

첫 책을 마치며

0단.
다시 배우는 사람들을 위하여

습관처럼 AI 쓰는 법

기술보다
두려움을 이겨라

'챗GPT.' 이름만 들어도 낯설게 느껴지지 않는가. 나 역시 처음엔 그랬다. 2023년 2월 초로 기억이 난다.

당시 나는 52세, 정부 및 공공기관의 홍보마케팅 업무를 대신 해 주는 대행사에서 일하고 있었다. 경력직으로 입사한 3년 차 기획 담당 임원이긴 했지만, 모든 실무를 동료 직원들과 함께 진행했다. 거의 매일 파워포인트로 제안서를 작성해야 했고, 3일 걸러 하루 꼴로 날밤을 새야 하는 시간의 연속이었다.

그날은 전날 늦게까지 야근을 하고 아침에 출근을 하는데 TV, 인 터넷 뉴스, 유튜브 할 것 없이 거의 모든 미디어에서 "오픈AI가 출 시한 챗GPT, 두 달 만에 월 사용자 1억 명 돌파"라는 뉴스를 쏟아 내고 있었다. 그 뉴스들을 봤을 때, 그저 세상이 또 새로운 유행을 만들어 냈다고만 생각했다.

그런데 며칠 뒤, 회사 내부 아이디어 회의 도중 아끼는 한 후배가 이렇게 말했다.

"이사님, 이건 챗GPT로 정리했어요."

그 말이 유난히 마음에 걸렸다.

내가 익숙하게 해왔던 방식이 더 이상 세상의 속도를 따라가지 못하고 있음을 그제야 실감했다. 사실 나는 파워포인트도 잘 다루

0단. 다시 배우는 사람들을 위하여

지 못하고, 창의성이 필요한 제안서도 뛰어나게 작성하지 못하는 실력을 가지고 있었다. 때문에 당시 회사에 입사해서 거의 2년간을 피눈물을 흘려가면서 그 기술들을 익혔고, 겨우 후배 직원들과 어깨를 나란히 할 수준이 된 상황이었다. 그런데 이번엔 AI라니! 그날, 문득 생각했다. '다시 배워야겠구나.' **그리고 그 순간부터, 나는 기술보다 '두려움'과 싸우게 되었다.**

기술보다 어려운 건 '두려움'이었다

AI, 프롬프트, 생성형. 단어 하나하나가 낯설고 어렵게 느껴졌다. 그러나 곰곰이 생각해 보면, 진짜 어려운 건 기술 그 자체가 아니었다. 익숙하지 않은 세계 앞에서 느끼는 감정, 바로 두려움이었다.

새로운 걸 배워야 한다는 생각이 들면, 우리는 종종 '내가 해낼 수 있을까?' 하는 불안을 먼저 느낀다. 그 감정이 배우는 속도를 늦추고, 시도조차 막아버린다.

두려움의 정체는 결국 '모름'이다. 우리는 모르는 것 앞에서 두려움을 느끼지만, 그건 뇌의 자연스러운 반응이다. 처음 만나는 상황에서는 누구나 긴장한다. 심리학에서는 이런 긴장을 반복적으로 경험할수록 점점 익숙해지는 과정을 **습관화(Habituation)**라고 부른다.

낯선 자극에 조금씩 노출되면, 그 낯섦은 이내 평범한 일상이 된다. 새로운 도구를 배울 때도 똑같다. 처음엔 어렵고 복잡해 보여도, 매일 조금씩 해보면 금세 두려움이 줄어든다.

모르는 걸 익숙함으로 바꾸는 가장 좋은 방법은 거창한 목표가 아니라 작은 반복이다. 하루에 5분이라도 챗GPT를 켜고 한 가지 질문을 던지는 것, 그것만으로 충분하다. 처음엔 엉성하고 어색하겠지만, **반복은 두려움을 무디게 만든다.** 그렇게 작은 시도가 쌓이면, 두려움은 서서히 익숙함에게 자리를 내준다.

AI를 배우는 일은 기술의 문제가 아니다. 감정의 문제다. 낯섦을 자연스러움으로 바꾸는 과정, 그것이 바로 배움의 본질이다. 그래서 이 책은 'AI를 완벽히 이해하는 법'을 이야기하지 않는다. 대신 AI에 익숙해지는 법'을 함께 연습한다. 완벽한 이해보다 중요한 건 익숙한 반복이다. **결국 두려움을 줄이는 건 지식이 아니라 행동이다.**

AI가 낯선 사람들을 위한 책

『챗GPT 구구단』은 AI가 낯선 사람들을 위해 썼다. 특히 40대, 50대, 60대. 디지털 세대와 비디지털 세대의 사이에 선 사람들 말이다. 이 책은 여러분이 챗GPT를 겁내지 않고, 자연스럽게 일상 속에서 사용할 수 있도록 돕는 안내서다. 배움을 어렵게 만드는 건 기술이 아니라, 한 번에 너무 많은 걸 이해하려는 방식이다. 그래서 이 책은 **'작게 배우고, 자주 써보는' 학습 구조로 설계**되었다.

마이크로러닝

첫 번째 원리는 **마이크로러닝(Microlearning)**이다. 이 개념은 오스트리아 인스브루크대학교의 교육학자 테오 허그(Theo Hug) 박사가 2000년대 초에 연구한 접근법으로, '짧은 시간 안에 핵심 개념을 배우고, 바로 실습으로 옮기는 학습법'을 뜻한다. 학습자의 인지 부담을 줄이고 집중력을 높이는 효과가 여러 교육 연구에서 확인되었다. 이후 이러한 원리는 다양한 기업과 온라인 교육 플랫폼의 프로그램 설계에 참고되어 왔다.

예를 들어 전 세계 유명 대학(스탠포드, 예일 등) 및 기업(구글, 메타 등)과 협력해 온라인 강의, 전문 자격증, 학위 과정까지 폭넓은 강의를 제공하는 코세라 같은 글로벌 온라인 학습 플랫폼이 있다. 이들은

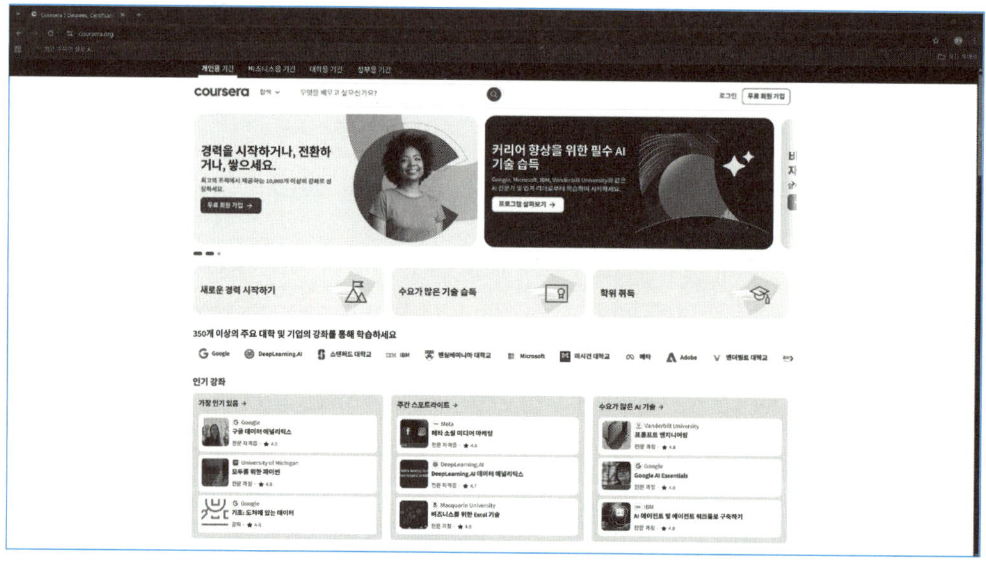

코세라 홈페이지의 첫 화면이다. 다양한 분야의 강의를 무료 또는 유료로 들을 수 있다. (출처: www.coursera.org)

일부 강좌나 학습 모듈을 5~10분 단위의 짧은 클립으로 구성해, 학습자가 필요할 때마다 부담 없이 학습을 이어갈 수 있도록 한다.

한국 시니어 세대에게 이 방식은 특히 효과적이다. 짧은 시간에 한 가지 주제만 배우면 피로감이 적고, 작은 성공 경험이 즉시 성취감으로 이어지기 때문이다. "이건 내가 할 수 있구나" 하는 감정이 다음 학습을 부른다.

결국 중요한 건 속도가 아니라 배움의 지속성이다. 이 책의 각 단이 짧은 실습 단위로 설계된 이유가 바로 그것이다.

작은 습관의 법칙

두 번째 원리는 **작은 습관의 법칙(Tiny Habits)**이다. 이 개념은 스탠퍼드대학교의 행동과학자 B.J. 포그(B.J. Fogg) 박사가 제시한 것으로, '작은 행동을 꾸준히 반복할 때 큰 변화가 일어난다'는 원리에 기반한다.

포그 박사는 사람들이 변화에 성공하지 못하는 이유가 결심의 부족이 아니라 시작이 너무 크기 때문이라고 지적했다. 그는 "매우 단순한 행동 하나가 습관의 씨앗이 된다"는 설명을 위해 '양치 후 치실 사용'이나 '양치 후 물 한 모금 마시기' 같은 일상적 사례를 자주 언급했다. 이 사례들은 작고 구체적인 행동이 변화를 유도한다는 그의 철학을 상징적으로 보여주는 예시로 널리 인용된다.

하루 5분만이라도 챗GPT를 켜고 "이건 어떻게 하지?"라고 묻는 습관을 들이는 것. 그 작고 단순한 행동이 두려움을 줄이고 자신감

　　　　　0단. 다시 배우는 사람들을 위하여

을 자라게 한다. 처음엔 짧은 대화 하나로 끝날지라도, 그 대화가 쌓이면 당신의 언어와 사고가 점점 확장된다. 'AI를 배우는 습관'이 아니라 'AI와 생각하는 습관'으로 변하는 것이다.

『챗GPT 구구단』은 이 두 가지 철학(원리)을 중심에 두고 만들었다. 짧게 배우고, 바로 써보고, 매일 반복하며 익숙해지는 과정.

이 책은 그래서 'AI를 완벽히 이해하는 법'을 설명하지 않는다. 대신 **'AI를 일상 속에서 익숙하게 만드는 법'을 함께 훈련**한다.

배움의 본질은 언제나 같다. 크게 배우려 하면 멀어지고, 작게 반복할수록 가까워진다. 이 책은 그 작은 한 걸음을 당신과 함께 밟아가려 한다.

챗GPT를 쓰고
일상을 바꾼 4060

퇴직을 앞둔 58세 직장인 A씨는 챗GPT를 켜는 데 며칠이 걸렸다. '이걸 내가 쓸 일이 있을까?'라는 생각이 발목을 잡았다. 하지만 퇴근 후 매일 10분씩 일기 대신 써보며 대화를 이어갔다. 두 달 뒤, 그는 회사 후배들에게 '챗GPT로 발표 자료 만드는 법'을 알려주는 사람이 되어 있었다.

47세 자영업자 B씨는 SNS 홍보 문구를 만들다가 막힐 때마다 챗

GPT를 불렀다. "이 문장 어색하지 않아?" 그는 묻고, 고치고, 다시 물었다. 며칠 뒤, 손님 문의가 늘기 시작했다. 그는 웃으며 말한다. "이젠 AI랑 일하는 게 아니라, 친구랑 같이 일하는 기분이에요."

60대 주부 C씨는 손주 숙제를 돕다 챗GPT를 알게 됐다. 처음엔 '이게 뭐하는 거지?' 싶었지만 요리법을 묻고, 여행 계획을 세우며 점점 익숙해졌다. 지금은 스마트폰 첫 화면에 챗GPT 앱을 고정해 두고 '오늘의 할 일'을 함께 정리한다.

이 세 사람의 공통점은 단 하나다. 완벽히 이해하려 하지 않고, 일단 해본 사람들이다. **배움은 결심이 아니라 습관의 문제다.**

구구단처럼
챗GPT를 쓸 수 있다면

초등학교를 다니면서 구구단을 배웠던 때를 떠올려 보자. 처음엔 어렵고 낯설었다. 숫자 하나하나가 왜 그렇게 이어지는지도 모르겠고, 외워도 금세 잊어버렸다. 그런데 이상하게도 며칠 지나면 입에서 저절로 튀어나왔다.

"칠팔 오십육, 팔팔 육십사."

그렇게 **단순한 반복이 '암기'에서 '습관'으로 바뀌는 순간**이 있다. 그것이 바로 배움의 힘이다

     0단. 다시 배우는 사람들을 위하여

챗GPT도 마찬가지다. 처음엔 컴퓨터 화면 앞에서 무엇을 물어야 할지 막막하다. 단어 하나가 낯설고, 명령어처럼 느껴지기도 한다. 하지만 하루 한 번씩, 주제를 바꿔가며 질문을 던지다 보면 어느새 '대화의 감각'이 생긴다.

"오늘은 어떤 방식으로 물어볼까?"

"이건 어제보다 조금 더 자연스럽게 설명하네."

이런 작은 관찰이 쌓이면서 기술은 두렵지 않은 도구가 된다. 구구단을 외우듯, AI도 단계별로 조금씩 익혀나가면 절대 어렵지 않다.

사람의 뇌는 새로운 정보를 구조화된 패턴 속에서 가장 빠르게 익힌다. 이것을 '스캐폴딩(Scaffolding, 발판 학습)'이라고 부른다. 높은 건물을 한 번에 짓지 못하듯, 배움에도 중간 발판이 필요하다. 『챗GPT 구구단』은 바로 그 발판의 개념으로 설계되었다.

한 번에 모든 기능을 배우는 대신, 각 단마다 익혀야 할 핵심 개념 하나씩만 집중한다. 이해와 실습, 그리고 작은 성공의 경험이 누적되면서 자연스럽게 전체 구조가 몸에 밴다.

한 번에 다 하려 하지 말고, 조금씩, 자주, 반복하면 된다. 하루 5분, 한 가지 질문, 한 문장 대화. 그것이면 충분하다.

구구단을 처음 배울 때도 그랬다. 한꺼번에 9단까지 외운 게 아니라 "2단은 쉽네, 3단은 조금 빠르네, 5단은 재미있네" 하며 매일 조금씩 늘려갔다. 그 느린 반복이 결국 완성을 만들어 냈다.

이 책 역시 같은 원리를 따른다. 1단은 '챗GPT의 시대를 이해하는 것'부터 시작한다. 단순히 도구를 배우는 게 아니라, 세상의 변

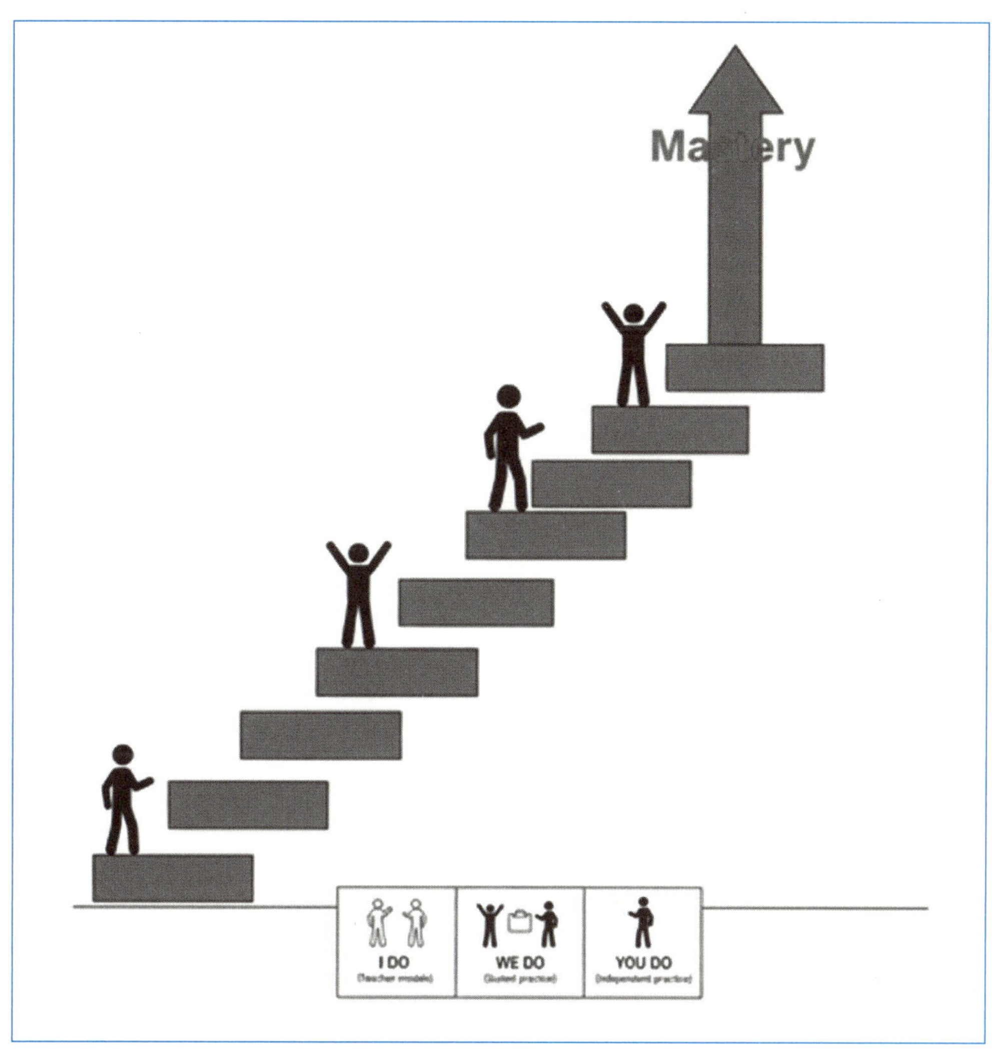

작은 성공을 계속 쌓으면 충분한 수준에 도달할 수 있다.

화를 읽는 눈을 여는 과정이다.

2단과 3단에서는 '좋은 질문의 구조'를 배우고, 4단부터 6단까지는 '생활과 일의 문제를 푸는 응용력'을 키운다. 마지막 7단에서 9단은 '나만의 GPT 만들기'와 'AI의 책임 있는 사용'으로 이어진다.

0단. 다시 배우는 사람들을 위하여

읽고, 따라 하고, 기록하다 보면 어느새 챗GPT가 낯선 기술이 아니라 당신의 하루 속에 자연스럽게 녹아 있을 것이다. 그것이 '구구단'이라는 이름에 담긴 진짜 의미다.

배움은 복잡하지 않다. **중요한 건 완벽한 이해가 아니라 단계적인 익숙함이다.** 우리가 어렸을 때 구구단을 통해 숫자를 다루는 자신감을 얻었듯, 당신도 챗GPT를 통해 기술과 친해지는 자신감을 되찾게 될 것이다. **구구단을 다 외웠던 그때처럼, 이번에도 당신은 할 수 있다.**

AI는 시간의 흐름을 늦춘다

시니어 세대가 무언가를 새롭게 배우겠다는 건, 단순히 지식을 더하는 행위가 아니다. 그건 자신의 가능성에 다시 손을 내미는 일, 즉 자신을 다시 믿는 출발점이다.

AI는 당신의 경험을 대체하지 않는다. 오히려 당신의 경험을 꺼내어 정리해 주는 보조자다.

살아온 40년, 50년, 60년의 삶 속에서 쌓인 기억, 직관, 경험은 AI가 절대 따라올 수 없는 자산이다. AI가 특별한 것이 아니라, **당신의 이야기가 이미 특별하기 때문이다.** 그만큼 당신은 오랜 시간 동안 수많은 경험을 쌓아왔다. 그 시간이 바로 당신의 자산이다.

나이가 들수록 우리는 종종 "시간이 참 빠르다"고 느낀다. 심리학에서는 나이가 들수록 시간의 흐름을 인식하는 감각이 달라진다고 말한다. 이를 설명하는 대표적 개념이 **생애 비례 이론(Proportional Theory)**이다.

젊을 때의 1년은 인생 전체에서 차지하는 비중이 크지만, 나이가 들수록 같은 1년이 훨씬 짧게 느껴지는 이유가 여기에 있다.

또한 새로운 자극이 줄고 익숙한 일상이 반복될수록 뇌는 정보를 '이미 아는 것'으로 처리한다고 한다. 그 결과 하루가 덜 기억에 남고, 시간은 더욱 빠르게 흘러가는 듯 느껴진다는 것이다. **결국 시간의 속도는 우리의 '새로움'과 비례한다.** 무언가를 배우고, 익숙한 틀을 흔드는 순간. 시간은 다시 천천히 흐르기 시작한다.

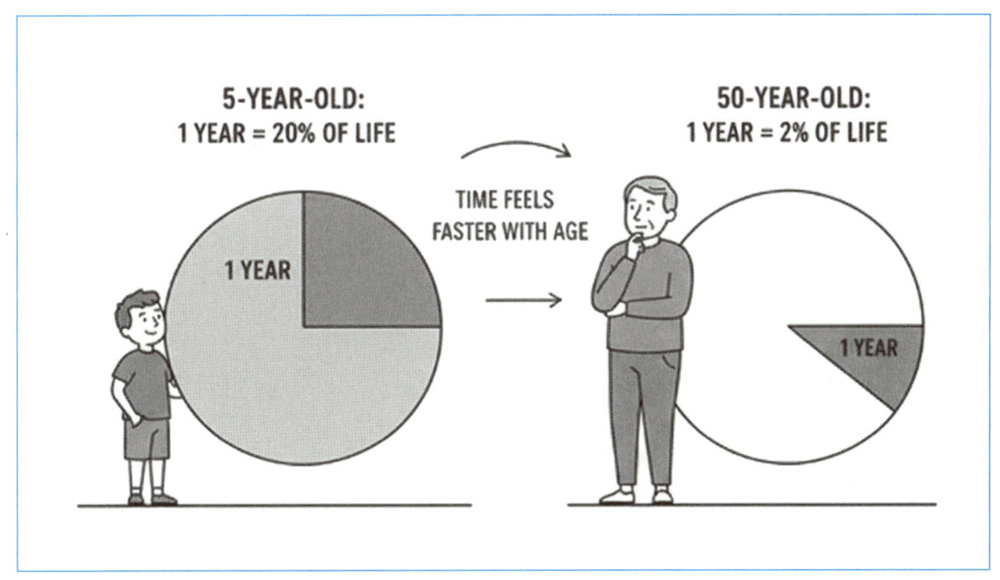

5살 아이에게 1년은 삶의 20%지만, 50살 어른에게 1년은 삶의 2%다.

그러므로 나이가 들었다고 해서 배움이 늦거나 무의미해지는 건 전혀 아니다. 오히려 시간이 빠르게 지나가는 듯 느껴질수록, 익숙함을 깨는 순간들을 일부러 만드는 것이 더 중요하다. **낯선 질문, 새로운 주제, 약간의 불편함이 배움의 문을 연다.** 젊은 세대가 빠르게 배우는 것은 단순히 '익숙해서'가 아니라, 실패를 두려워하지 않고 반복할 용기가 있기 때문이다. 그 용기를 다시 꺼낼 때, 당신은 과거의 속도를 다시 되찾을 수 있다.

배움은 단지 새로운 정보를 얻는 과정이 아니다. **잊었던 자신에 대한 신뢰를 복구하는 과정**이다. 시간이 빠르게 느껴져도, 당신의 삶에 담긴 깊이는 사라지지 않는다. 그 깊이를 기록하고, 질문하고, 쓰는 자만이 그것을 다시 꺼낼 수 있다.

당신의 40대, 50대, 60대가 **가능성의 시간**으로 다시 기록되길 바란다.

챗GPT를 두려워하지 말자

많은 사람이 챗GPT를 검색창처럼 쓴다.

"요약해 줘."

"글 써줘."

하지만 챗GPT의 진정한 가치는 '대화로 생각을 정리하는 힘'에 있다.

"이 문장 어색하지 않아?"

"내가 쓴 글 좀 다듬어 줘."

　　　　　　　　　　　　　　　

"오늘 저녁 메뉴로 뭐가 좋을까?"

이런 질문이 쌓이면서 사고가 깊어지고 표현이 유연해진다.

AI는 답을 주는 도구가 아니라, 생각을 꺼내주는 대화 상대다. 결국 챗GPT를 잘 쓰는 법은 좋은 질문을 던지는 습관을 갖는 것이다. 질문이 곧 사고력이고, 사고력은 곧 당신의 세계를 넓히는 문이다. 작고 사소한 것부터 함께 시도해 보자. **이 책을 집어 들었다면, 절반은 성공한 것이다.**

『챗GPT 구구단』 사용법

이 책은 처음부터 순서대로 읽지 않아도 된다. 관심 있는 '단'부터 봐도 좋다. 중요한 건 읽고 바로 해보는 것이다. 직접 입력해 보고, 챗GPT가 어떻게 반응하는지 경험하자. 그 경험이 바로 배움이다.

각 단의 끝에는 **'습관북 기록하기'라는 미션**이 있다. 그날 배운 내용을 짧게 정리하고, 챗GPT와 주고받은 대화를 기록해 보자. 그 습관북을 기록한 페이지가 쌓이면, 당신은 이미 '배우는 사람'이 아닌 '활용하는 사람'이 되어 있을 것이다.

왜 0단인가

이 서문은 단순한 인사말이 아니다. 배움을 시작하기 전, 마음의 문을 여는 준비 운동이다. 1단부터 9단까지는 기술을 학습하는 내용이라면, 0단은 마음을 준비하는 단계다. 두려움을 없애고, '할 수 있다'는 **마음의 근육을 만드는 시간**이다. 이 장을 읽는 동안, 마음 한편에서 '나도 해볼까?'라는 생각이 들었다면, 이미 0단은 끝난 셈이다.

1단부터 9단까지,
두려움을 설렘으로

당신이 이 책을 펼친 이유가 무엇이든 괜찮다. 퇴직을 준비하기 위해서, 업무를 더 잘하고 싶어서, 아니면 그냥 호기심 때문에라도. 이 한 가지만은 기억하자. 당신은 여전히 배울 수 있는 사람이다. AI는 당신을 대체하지 않는다. **당신의 가능성을 다시 꺼내주는 도구일 뿐이다.**

당신의 첫 문장을 챗GPT에게 던져보자. **결국 쓰는 쪽이 이긴다.**

당신의 손끝이 움직이는 그 순간, 이미 새로운 배움은 시작된 것이다. 배움은 근육과 같다. 한 번 쓴 근육은 쉽게 사라지지 않는다. 오랫동안 쉬었던 마음의 근육을 다시 쓰면, 처음엔 조금 뻐근하지만 곧 단단해진다.

　주저하지 말고, 0단에서 1단으로 넘어가라. 챗GPT는 당신을 기다린다. 당신이 한 발 내딛는 그 순간, 기술은 이미 당신 편이다.

1단.
검색이 아닌 대화로 시작하기

스마트폰처럼,
결국 익숙해진다

인공지능과 대화하는
감각 익히기

스마트폰이 처음 등장했을 때를 기억해 보자. 그 시절 우리는 휴대전화로 전화 걸고 문자 보내는 걸로 충분했다. 지하철 광고 속에서 반짝이는 최신 스마트폰을 보며 "전화랑 문자면 되는데, 저건 사치품이지"라고 중얼거렸던 사람도 많았다.

나 역시 그랬다. 터치로 조작하는 화면이 생소했고, '손끝으로 누르는 버튼 없는 전화기'라는 게 어딘가 불안했다.

하지만 세월은 오래 걸리지 않았다. 은행 창구에서 번호표를 뽑던 손이 이제는 몇 번의 터치로 송금을 마친다. 택시를 잡기 위해 손을 흔들던 거리 풍경 대신 앱 하나로 목적지까지 연결되는 시대가 됐다. 뉴스, 날씨, 쇼핑, 일정 관리, 심지어 가족 간의 대화까지….

우리는 이미 하루에도 수십 번씩 스마트폰을 켜고 끈다. 그 안에 없는 건 거의 없다. 스마트폰은 더 이상 '기기'가 아니다. 생활의 중심, 기억의 창, 습관의 도구다.

그런데 이 변화가 시작될 때를 떠올려 보면, 그 누구도 '스마트폰 혁명'이 이렇게까지 빠르게 일어날 거라 예상하지 못했다.

처음엔 호기심이었고, 다음은 필요였으며, 이내 없으면 불편한 존재로 바뀌었다. 기술이란 늘 그렇게 우리 곁에 다가온다. **처음엔 낯설고, 나중엔 자연스럽고, 결국엔 필수가 된다.**

이제 그 자리에 챗GPT가 서 있다. 지금 당신이 느끼는 낯섦, "이걸 꼭 써야 하나?" 하는 망설임과 어색함, "이건 젊은 세대가 쓰는 거지"라는 거리감.

그건 자연스러운 첫 반응이다. 스마트폰을 처음 봤을 때, 우리 모두가 그랬으니까.

하지만 분명한 건 하나다.

챗GPT는 이미 '다음 단계의 일상'이 되었다는 사실이다.

스마트폰이 전화기의 확장이라면, 챗GPT는 '생각의 확장'이다. 손끝으로 정보를 찾던 시대에서, 이제는 말과 글로 지식을 함께 만들어 가는 시대로 이동했다.

정보를 찾아보는 시대에서, **정보와 대화하는 시대**로 넘어가고 있는 것이다.

몇 년 후, 아니 채 몇 년이 걸리지도 않아 우리는 분명 이렇게 말할 것이다.

"챗GPT 없으면 불편해서 일을 못 하겠어."

그날이 머지않았다.

이미 전 세계 수억 명이 매일 챗GPT에게 질문을 던지며 일을 계획하고, 글을 쓰고, 공부를 한다. 그리고 그 변화의 속도는 우리가 스마트폰을 받아들였던 속도보다 훨씬 빠르다.

중요한 건 기술의 발전이 아니다. **그 기술을 받아들이는 '리듬'이다.** 처음엔 어렵고, 조금 지나면 익숙해지고, 그다음엔 생활의 일부가 된다.

스마트폰이 우리의 손 안에 들어오기까지 수많은 시행착오와 호기심이 있었던 것처럼, 챗GPT도 마찬가지다.

처음엔 "이건 뭐야?" 하다가, 어느 순간 "이게 없으면 불편해"라고 말하게 된다.

이 책은 그 중간 단계를 함께 건너는 책이다. 기능을 줄줄 외우게 하는 설명서가 아니다. **이건 '습관서'이자 '리듬서'다.** 어떻게 쓰는지보다 얼마나 자주 쓰느냐, 얼마나 두려움을 줄이고 손을 움직이느냐가 더 중요하다.

이번 '1단'을 다 읽고 나면, 당신은 챗GPT의 버튼이나 메뉴를 외우는 것이 아니라, **'대화의 감각'을 익히게 될 것이다.** 챗GPT와 나누는 말 한 줄, 그 대화 속에서 떠오르는 생각 한 조각, 그것이 바로 새로운 시대의 첫 문장이다.

기술은 늘 우리보다 앞서가지만, 배움의 리듬은 언제나 사람이 만든다. 그리고 그 리듬은 익숙해지는 순간부터 시작된다.

명령하지 말고 대화하라

많은 사람들이 챗GPT를 처음 접할 때 이렇게 생각한다. '검색보다 좀 더 똑똑하네.'

"요약해 줘", "글 써줘" 같은 짧은 명령문을 던지고 결과를 기다린다.

포털사이트 검색창에 단어를 치고, 그 아래 나열된 링크 중 하나를 고르던 습관 그대로다. 하지만 그건 챗GPT의 10분의 1만 사용하는 방식이다.

챗GPT의 진짜 본질은 '대화형 사고 도구'라는 것이다. 우리가 중요하게 봐야 할 건 챗GPT가 내놓는 한 번의 답이 아니다. 그 답을 만들어 내는 과정, 즉 나와 챗GPT 사이에 주고받는 대화들이 만들어 내는 '생각의 흐름'이다.

검색은 정보를 찾는 행위다. 내가 찾고 싶은 정답이 이미 어딘가에 있다고 믿고, 그 단서를 입력하는 것이 검색이다. 하지만 챗GPT는 '정답을 찾는 곳'이 아니라, '생각을 함께 정리하는 공간'이다.

질문을 던지고, 답을 받고, 다시 되묻고, 고치고, 확장한다. 그 과정 속에서 우리는 새로운 아이디어를 얻게 된다.

예를 들어보자. '네이버'와 같은 포털사이트 검색창에 "퇴직 후 창업 아이템"을 입력하면 무수한 광고와 기사, 블로그 글이 뜬다. 그 중 몇 개를 클릭해도 결국 "내 상황에 맞을까?"라는 질문이 남는다. 하지만 챗GPT에 이렇게 물어보면 다르다.

"나는 50대 직장인이고, 커피를 좋아해. 소자본으로 시작할 수 있는 카페형 창업 아이템을 추천해 줘."

챗GPT는 당신의 말투, 나이, 관심사까지 고려한 제안을 건넨다. 그리고 이어서 이렇게 되묻자.

"그중에서 내가 혼자 시작해도 가능한 건 뭐야?"
"손님이 없어도 온라인으로 확장할 수 있는 방법은?"

그 순간부터 대화는 단순한 정보 검색을 넘어 당신의 맥락을 반영한 '맞춤형 사고 정리'로 바뀐다. 검색은 정답을 가져오지만, 대화는 방향을 만들어 준다.

이 차이는 작지만 결정적이다. 검색은 '끝'으로 향하지만, 대화는 '다음'으로 이어진다. **검색은 닫힌 문장을 만들지만, 대화는 열린 문장을 만든다.** 그래서 챗GPT는 단순한 정보 도구가 아니라, 당신의 생각을 함께 다듬어 주는 '대화 파트너'다.

"이 문장 어색하지 않아?"
"내가 쓴 글의 흐름이 자연스러워?"
"이 기획안이 너무 딱딱하지 않을까?"

이런 질문을 던지는 순간, 이미 사고의 확장이 시작된다. **당신의 질문이 바뀔 때, 챗GPT의 답도 함께 진화한다.**

챗GPT는 정답을 주는 교과서가 아니다. 오히려 당신이 이미 알고 있는 지식과 경험을 '문장으로 꺼내도록 돕는 거울'이다. 좋은

　　　　　　　　　　　　　1단. 검색이 아닌 대화로 시작하기

대화는 새로운 지식을 더하기보다, 잊고 있던 생각을 다시 비추게 만든다. 그래서 챗GPT를 잘 쓰는 법은 기술의 문제가 아니다. 그건 결국 '좋은 질문을 던지는 습관'의 문제다.

질문이 구체적일수록 답은 깊어진다. 질문이 진심에 가까울수록 대화는 살아난다. 챗GPT는 그렇게 우리의 사고를 확장시킨다. 당신이 묻는 방식이 곧 당신의 생각이다.

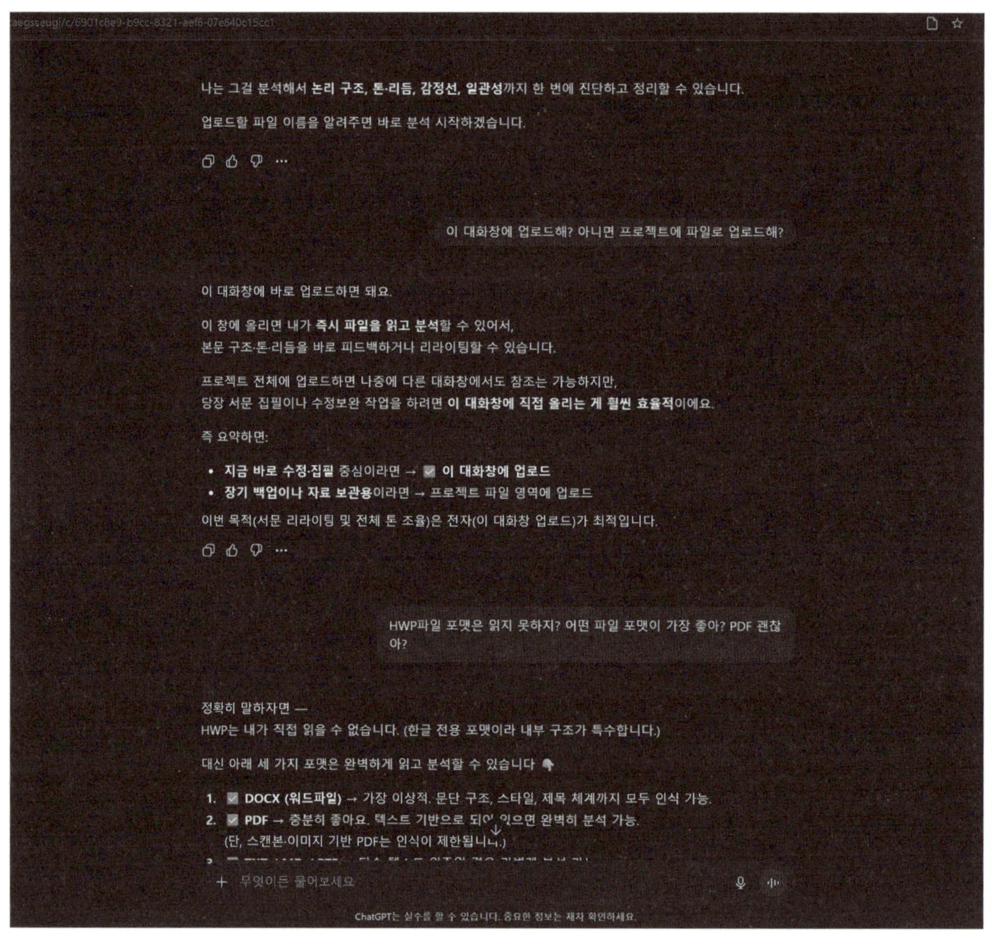

챗GPT는 단순한 검색창이 아니다. 나와 대화를 한다. 주거니 받거니 이야기를 나누다 보면, 나의 아이디어가 끝없이 확장된다.

무료 가입,
첫 질문이 시작이다

이제 직접 써보자.

아무리 많은 설명을 들어도, 결국 '해보는 순간'이 배움의 시작이다. 지금의 막막함은 로그인 버튼 하나를 누르는 순간 사라진다. 우리가 스마트폰을 처음 샀을 때도 그랬다. 전원을 켜고, 화면을 넘기고, 앱을 눌러보는 순간부터 익숙해졌다. 챗GPT도 똑같다. 배움의 첫걸음은 '클릭'이다.

1) 로그인, 낯섦을 넘는 첫 클릭

먼저 인터넷 브라우저를 열고 주소창에 chatgpt.com을 입력해 보자. 이 주소가 당신의 새로운 학습 공간으로 들어가는 문이다.

화면이 열리면 정중앙에 깔끔한 대화창이 보일 것이다. 이때 대부분의 사람들은 잠시 멈칫한다.

"회원 가입 해야 하나?"

"유료 아니야?"

어떤 경우에는 "영어로 되어 있네…"일 수 있다.

괜찮다. 당신이 지금 느끼는 그 낯섦이야말로 배움의 첫 증거다.

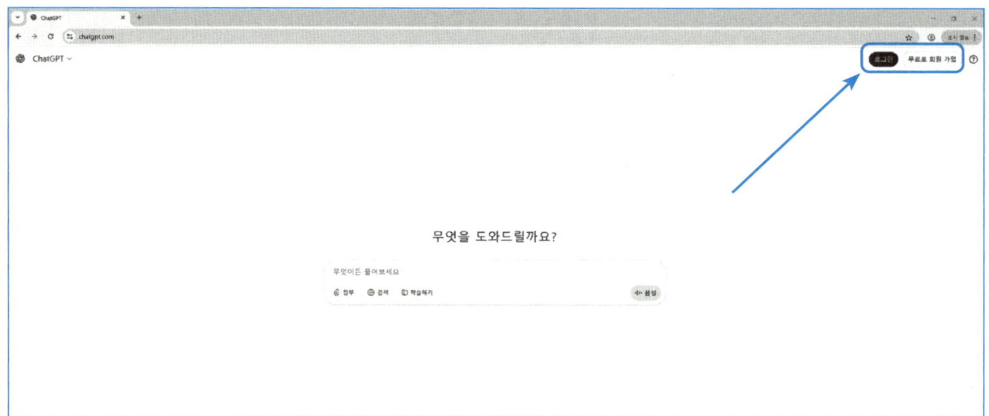

챗GPT가 내게 먼저 묻는다. "무엇을 도와드릴까요?" 대화를 시작하기 전에 우측 상단의 '로그인' 또는 '무료로 회원 가입'을 클릭한다.

이제 선택지가 나타난다. 우측 상단을 보면 '로그인'과 '무료로 회원 가입'이라는 버튼이 있다. 기존 챗GPT 계정을 가지고 있으면 로그인, 챗GPT 계정이 없다면 **무료로 회원 가입**을 하면 된다.

로그인 또는 회원 가입 팝업창이 뜬다. 아이디가 있다면 로그인을 하고, 없다면 새로 회원 가입을 한다.

 챗GPT 구구단

회원 가입 방법은 다음과 같다.

- Google로 계속하기
- Apple로 계속하기
- Microsoft로 계속하기
- 폰으로 계속하기
- 또는 이메일 주소

가장 편한 방식을 선택하자. 복잡한 절차는 없다. 이메일 주소를 입력하고 비밀번호를 설정하면 끝이다. 생각보다 간단하다. 한 번 로그인하면 이후에는 자동으로 연결된다. 무료로도 충분히 사용할 수 있으니 부담 없이 들어가면 된다.

로그인이 끝나면, 화면 중앙에 '메시지를 입력하세요' 또는 '무엇을 도와드릴까요?', '어디서부터 시작할까요' 같은 문구가 뜬다.

이게 바로 당신의 첫 대화 공간이다. 빈 입력창이 처음엔 낯설게 느껴질 수 있다. 하지만 이 빈칸은 시험지가 아니다. **당신의 생각이 흘러 들어갈 공간**이다.

검색창처럼 정답을 쓰는 곳이 아니라, 당신의 언어로 질문을 던지는 자리다.

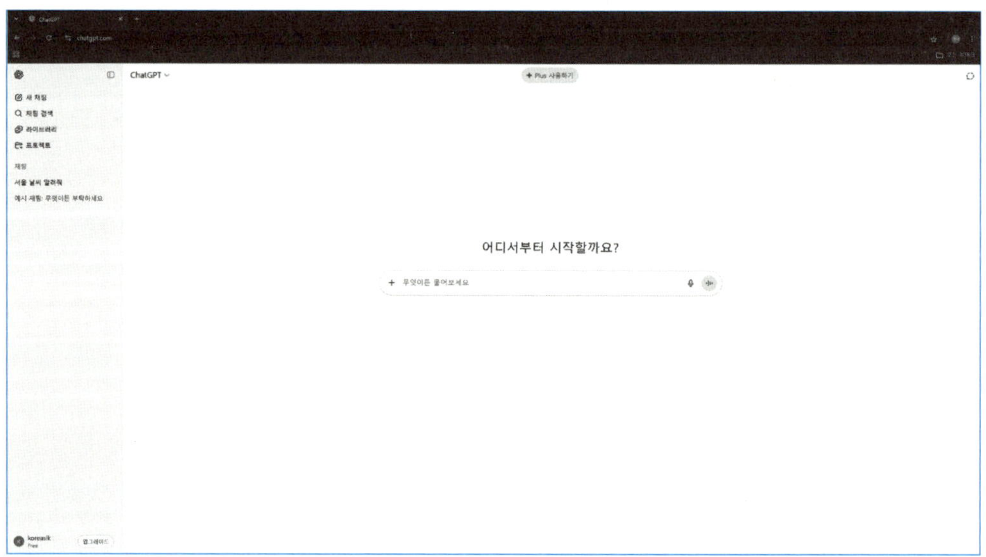

이제 당신의 첫 대화 공간이 열렸다.

2) 첫 질문, 대화의 문이 열린다

처음엔 복잡하게 생각하지 말자. 이렇게 단순한 한 문장부터 차례
대로 시작해 보면 된다.

"오늘 서울 날씨 알려줘."

"50대 직장인을 위한 건강 관리 팁 3가지 알려줘."

"오늘 저녁에 먹기 좋은 국물 요리 추천해 줘."

챗GPT 구구단

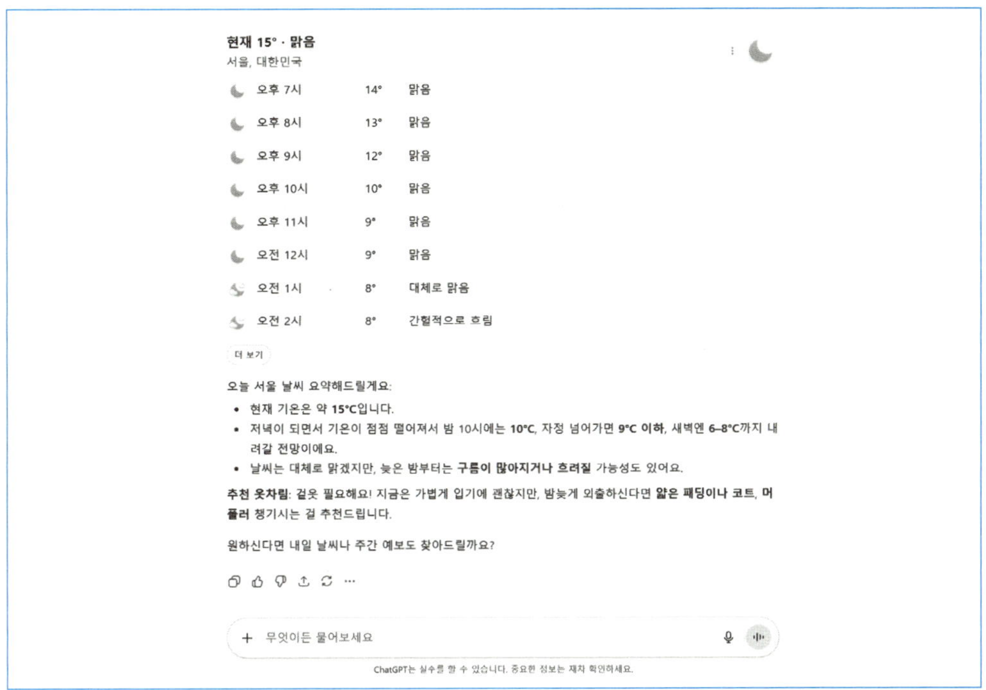

챗GPT가 오늘 서울 날씨에 대해 이야기해 준다.

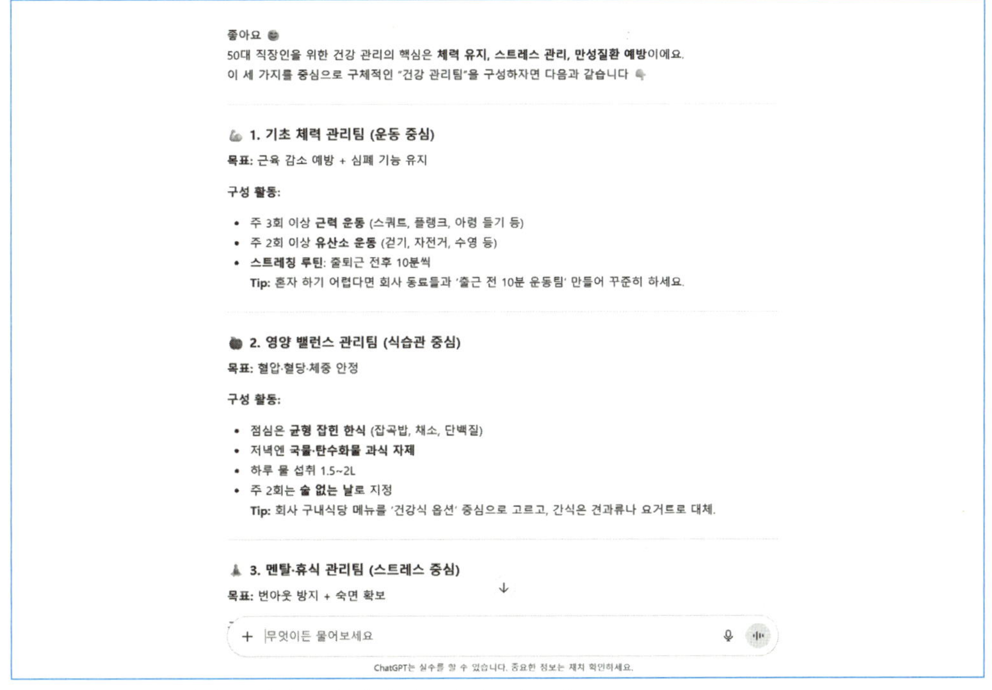

챗GPT가 50대 직장인을 위한 건강 관리 팁 3가지를 추천해 준다.

오늘 저녁에 먹기 좋은 국물 요리 추천해줘.

오늘 저녁엔 따뜻한 국물 요리가 딱이죠 😄
지금 같은 가을 저녁엔 다음 세 가지를 추천드릴게요:

1. **버섯 들깨탕** 🍄
   - 고소한 들깨와 제철 버섯이 어우러져 부드럽고 깊은 맛이 납니다.
   - 소화도 잘되고, 단백질과 식이섬유가 풍부해 50대 직장인에게 특히 좋아요.
2. **얼큰한 소고기 무국** 🥘
   - 기름기 적은 국거리용 소고기와 무를 넣고 푹 끓이면 속이 확 풀립니다.
   - 매콤하게 고추기름을 살짝 더하면 스트레스도 날아가요.
3. **닭개장** 🍲
   - 푹 고운 닭고기에 대파, 고사리, 숙주를 듬뿍 넣으면 든든한 한 끼 완성.
   - 몸을 따뜻하게 해주고 면역력에도 좋아요.

혹시 **집에 있는 재료**나 **선호하는 맛(맑은 국 / 얼큰한 / 고소한)**이 있을까요?
그걸 알려주시면 오늘 저녁에 딱 맞는 레시피로 구체적으로 추천드릴게요.

챗GPT가 오늘 저녁에 먹기 좋은 국물 요리를 추천해 준다.

이 세 문장은 단순하지만 완벽한 출발점이다. 이 짧은 문장들이 **검색의 습관을 대화의 습관으로 바꾸는 첫 신호**다.

챗GPT는 즉시 대답한다. 단 몇 초 만에 구체적인 문장으로 답을 내놓는다. 당신은 아마 놀랄 것이다.

"이게 다야? 이렇게 쉽게 된다고?"

그 순간이 바로 당신의 **첫 성공 경험**이다. 그 작은 놀라움이 앞으로의 배움을 이끈다. 많은 사람들은 이 단계를 너무 쉽게 지나친다.

그러나 **'처음의 성공 감각'을 기억하는 것**이 무엇보다 중요하다. 그 감각이 있어야 다음 시도에 두려움이 사라진다.

검색은 결과를 보지만, 대화는 경험을 남긴다. 지금 당신은 이미 AI와 대화한 첫 번째 세대의 일원이 된 것이다.

3) 반복이 익숙함을 만든다

이제 질문을 바꿔보자. 단어 대신 문장으로 묻고, 문장 속에 당신의 상황을 담아본다.

"요즘 집중이 잘 안 되는데, 하루 루틴을 어떻게 바꾸면 좋을까?"

"퇴직 후에도 의미 있게 살 수 있는 방법을 알려줘."

"부모님께 드릴 간단한 선물 아이디어 5개 추천해 줘."

요즘 집중이 잘 안 되는데, 하루 루틴을 어떻게 바꾸면 좋을까?

좋은 질문이에요 👍
"집중이 잘 안 된다"는 건 단순한 의지 문제보다는 **루틴의 구조나 리듬이 뇌의 집중 리듬과 어긋나 있는 경우가 많아요.**
지금처럼 집중이 안 될 땐 하루 루틴을 조금만 조정해도 효과가 꽤 큽니다.

💬 **1. 아침 루틴: 뇌를 '켜는' 시간 확보**
- **기상 직후 1시간은 스마트폰 대신 빛 + 물 + 몸으로 시작하세요.**
    - 커튼을 열고 햇빛 보기 (또는 밝은 조명 켜기)
    - 물 한 컵
    - 5분 정도 가벼운 스트레칭
- **짧은 계획 세우기 (5분)**
    - → 오늘 가장 중요한 1~2가지 일만 적으세요.
    - → '오늘은 이 두 개만 잘하면 된다'는 생각이 집중력의 부담을 줄여줍니다.

⏰ **2. 오전 루틴: 집중의 황금 시간대 활용**
- **오전 2~3시간은 '깊은 일'에만 사용.**
    - 이메일, 카톡, 회의는 가급적 미루세요.
    - "45분 집중 + 10분 휴식" 식으로 **리듬을 일정하게 유지**하면 뇌가 안정됩니다.
- 집중이 어렵다면 **'타이머 집중법(포모도로)'**을 활용하세요.
    - 25분 집중 → 5분 휴식, 4세트 후 20~30분 긴 휴식

🍫 **3. 점심 이후: 뇌의 피로 관리**
- **점심 식사 후 15~20분 가벼운 산책을 추천합니다.**
    - → 혈당 급상승으로 오는 졸음을 줄여줍니다.
- **오후엔 단순 반복 업무나 회의·정리 작업 위주로** ↓치하세요.
    - → 집중력이 낮을 때 할 일로 적합합니다.

챗GPT에게 최근 고민을 털어놓고, 조언을 부탁한다.

> 퇴직 후에도 의미 있게 살 수 있는 방법을 알려줘.

좋은 질문이에요.
퇴직 이후는 단순히 "일을 그만두는 시기"가 아니라, **새로운 삶의 2막을 시작하는 시기**로 볼 수 있습니다.
"의미 있게 산다"는 건 결국 **나에게 가치 있고, 다른 사람에게도 도움이 되는 삶**을 사는 걸 말해요.
아래에 몇 가지 구체적인 방향을 정리해볼게요 👇

🧭 1. 자기 성장에 집중하기
- **새로운 공부 시작하기:** 철학, 역사, 심리학, 외국어 등 예전엔 시간 부족으로 미뤄둔 공부를 해보세요.
- **기술 익히기:** 디지털 사진, 영상 편집, 블로그 운영, AI 활용 등은 세대 불문하고 도전 가치가 큽니다.
- **자격증 취득:** 사회복지사, 평생교육사, 요가 지도자 등 '경험 + 배움'을 살릴 수 있는 자격도 많아요.

🤝 2. 사회와 연결 유지하기
- **봉사활동:** 아이들 멘토링, 독거 어르신 돌봄, 지역 도서관·복지관 봉사 등은 사회적 의미와 보람을 동시에 줍니다.
- **시니어 커뮤니티 참여:** 평생학습관, 주민센터, 온라인 카페 등에서 같은 세대와 교류하면 고립감을 줄일 수 있습니다.
- **멘토 역할:** 후배나 청년에게 경력·삶의 조언을 나누면 '경험의 가치'를 다시 느낄 수 있습니다.

💡 3. 작은 프로젝트형 삶
- "작게 시작하는 1인 프로젝트"를 만들어보세요.
  예:
  - 마을 식물가꾸기, 동네 사진 기록하기, 작은 도서모임 운영, 유튜브·블로그 개설 등
  - 매일 조금씩 진행하면서 '성취감'과 '리듬'을 만들 수 있습니다.

🧘 4. 몸과 마음의 루틴 유지
- 규칙적인 **운동 루틴** (걷기, 스트레칭, 요가 등)은 활력을 유지시킵니다.

챗GPT와 퇴직 후 의미 있는 삶에 대해 대화한다.

> 부모님께 드릴 간단한 선물 아이디어 5개 추천해줘.

부모님께 드릴 **간단하면서도 마음이 담긴 선물 아이디어 5가지** 추천해 드릴게요. 참고로 요즘 트렌드상 "생각해줌"이 느껴지는 선물이 더 기억에 남는다는 조언이 많습니다.   `Groovy Girl Gifts  +1`

1. 사진 또는 추억을 담은 기념품

- 부모님과 함께한 사진이나 최근 가족사진을 예쁘게 인화해서 액자에 넣어 드리면 좋아요.
- 또는 디지털 사진 프레임처럼 사진이 계속 바뀌는 형태로 선물하면 "늘 함께하는 느낌"을 줄 수 있어요.
  `Reddit`
- 추천 제품 예시:

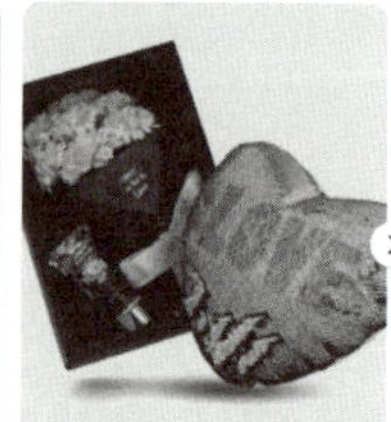

Dad, More Than You Know: A ...   Happy Birthday Dad Personalized ...   Lovery Bath and Body Gift Baskets –

챗GPT와 머리를 맞대고 부모님께 드릴 선물을 궁리한다.

챗GPT는 당신의 말투와 관심사를 반영해 대답한다. 이건 단순한 검색 결과가 아니다. 당신이 한 문장으로 던진 '상황'이 대화로 번역된 것이다. 이 순간부터 챗GPT는 도구가 아니라 '대화 상대'가 된다. 당신의 일상을 언어로 풀어내는 연습이 되는 것이다.

그리고 중요한 포인트 하나. **챗GPT를 배우는 건 기술이 아니라 문장력을 배우는 것이다.** 한 문장을 던지는 순간, 이미 당신은 언어로 생각하는 연습을 하게 된다. 이건 글쓰기의 기본이자, 사고력 훈련이다.

4) 오늘의 한 줄 질문 실습

오늘, 챗GPT에게 한 줄만 물어보자.

> "나이 들수록 집중력이 떨어지는 이유는?"
> "퇴직 후에도 의미 있게 살 수 있는 방법은?"

답을 받았다면, 그 대화 화면을 이미지로 캡처해서 저장하자. 그 한 장의 화면이 바로 당신의 첫 AI 학습 일기다. 내일 다시 챗GPT를 켤 때 그 화면을 열어보면, 당신은 이미 '어제의 나보다 한 문장 더 익숙한 사람'이 되어 있을 것이다.

챗GPT와의 '첫 대화 기록'을 이미지로 캡처해 두자.

화면 구성 익히기: 대화의 단위를 이해하자

챗GPT의 화면은 복잡하지 않다. 처음 들어가면 화면은 크게 두 구역으로 나뉜다. 왼쪽에는 대화 목록, 오른쪽 넓은 영역은 대화창.
단순해 보이지만, 그 속엔 우리가 알고 있는 '검색'과는 전혀 다른 사고방식이 숨어 있다.

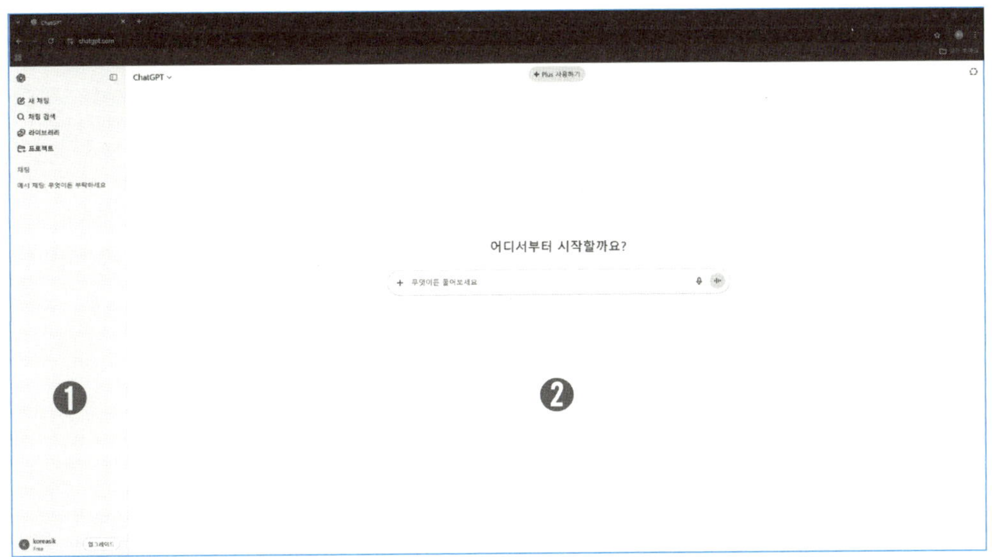

챗GPT 화면은 크게 두 구역으로 나뉜다. 왼쪽에는 ❶ 대화 목록, 오른쪽 넓은 영역은 ❷ 대화창이다.

검색 엔진은 매번 새로 시작해야 한다. '저녁 메뉴'라고 검색한 다음, 이어서 '칼로리'라고 검색하면 두 검색 결과가 아무런 관계가 없다. 검색창은 당신이 누군지도, 방금 어떤 질문을 했는지도 모른다. 항상 '처음부터 다시' 시작하는 구조다.

그러나 챗GPT는 다르다. 당신과 방금 나눈 대화를 기억한다. 이걸 '세션(Session)'이라고 부른다. **하나의 세션은 하나의 대화 흐름**이다. 그 안에서 당신이 던진 모든 질문과 답변이 하나의 '맥락'으로 묶인다. 예를 들어보자.

"오늘 저녁 메뉴 추천해 줘."

"첫 번째 메뉴 칼로리는?"

    1단. 검색이 아닌 대화로 시작하기

이렇게 두 문장을 연달아 던졌다고 하자. 검색 엔진은 두 번째 문장의 의미를 이해하지 못한다. 첫 번째 질문과 두 번째 질문을 연결하지 못하고 엉뚱한 결과를 내놓을 것이다.

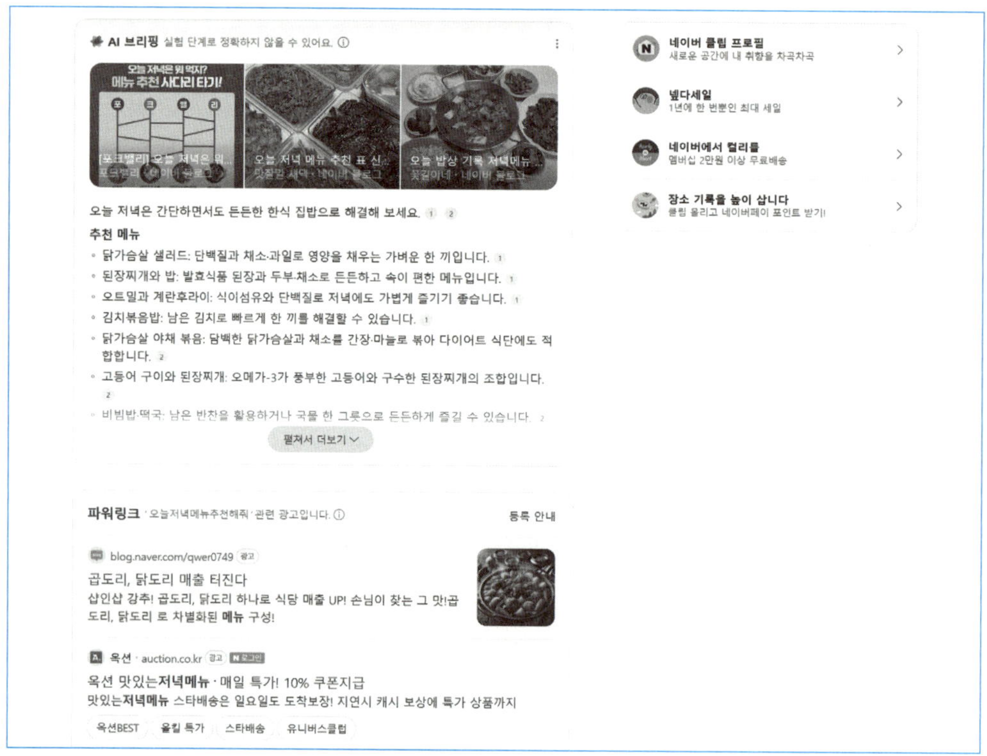

검색 엔진에 질문을 하나 던져보자. 나름 성실한 답변이 돌아온다.

검색 엔진에 두 번째 질문을 던지면, 첫 번째 질문은 사라진다. 두 질문 사이의 연관성을 파악하지 못하고 새로운 답변만 내어 놓는다.

하지만 챗GPT는 당신이 방금 물어본 '첫 번째 메뉴'를 기억한다. 그리고 이렇게 답을 한다. "돼지고기 김치찌개 1인분 칼로리는 총 약 330kcal입니다."

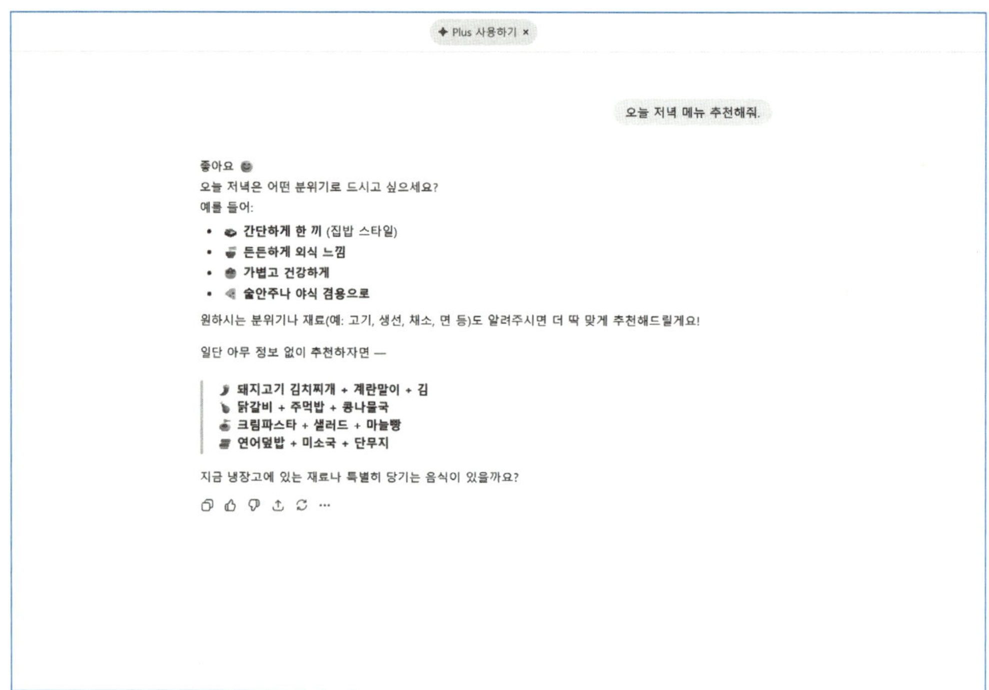

챗GPT에게 오늘 저녁 메뉴 추천을 부탁한다.

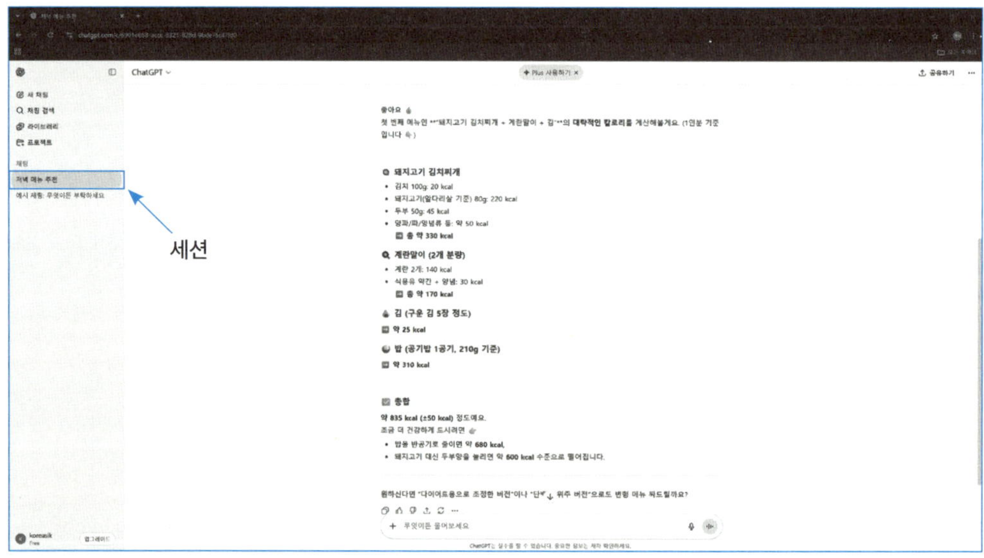

챗GPT에게 첫 번째 메뉴의 칼로리를 묻자 1인분 기준으로 답을 해준다. '저녁 메뉴 추천' 이라는 하나의
세션 내에서 이루어진 대화이기 때문이다.

이게 바로 챗GPT의 진짜 강점이다. 대화의 맥락을 이해하고, 그 위에 생각을 쌓아가는 능력. **대화가 '쌓이는' 구조**.

세션은 단순한 프로그램의 기능이 아니다. 이건 **생각이 이어지는 과정을 눈으로 보여주는 구조**다. 우리는 흔히 검색으로 '결과'를 찾지만, 챗GPT는 대화를 통해 '생각'을 이어간다.

처음엔 단순한 질의응답처럼 느껴질 수 있다. 하지만 며칠, 몇 주가 지나면 당신은 이렇게 느낄 것이다. '내가 어제 한 대화가 오늘의 아이디어로 이어졌네.'

예를 들어 어제 챗GPT에게 "퇴직 후 글쓰기를 해볼까?"라고 물었다면, 오늘은 이렇게 물어볼 수 있다.

"어제 말한 그 글쓰기 계획, 일주일 루틴으로 정리해 줘."

그러면 챗GPT는 어제 대화를 기억하며, 이어서 구체적인 일정표를 제시한다. 이건 단순한 검색이 아니라, 대화의 누적이다.

세션이란 결국 '나와 AI의 대화 히스토리'이자 '생각의 지도'다. 이 지도 위에서 당신은 하루하루 새로운 경로를 만들어 간다.

맥락이 이어질 때, 생각은 깊어진다

사람의 사고력도 마찬가지다. 생각은 '한 번의 번뜩임'보다 '맥락의 연속성' 속에서 깊어진다.

챗GPT의 세션 구조는 이 점을 그대로 닮았다. 대화가 이어질수록, 당신의 질문은 점점 구체적이고 정제된다. 챗GPT는 그 과정을 기억하면서 당신이 '무엇을 배우고 있는지'까지 이해한다.

이건 단순한 인공지능의 기능이 아니다. 사람의 학습 원리와 똑같다.

어제의 질문이 오늘의 사고를 만든다.

이게 챗GPT의 세션 구조가 가진 철학이다.

이제부터는 챗GPT를 열 때마다 '검색창에 질문을 던진다'가 아니라 **'대화를 이어간다'는 감각으로 접근**해 보자. 하나의 세션은 작은 대화지만, 그 안에는 당신의 사고력이 자라는 과정이 들어 있다.

무료 vs. 유료,
무엇이 다를까

GPT의 버전, 기술이 아니라 '이해력의 진화'다

AI는 몇 년 사이에 믿기 어려울 정도로 빠르게 진화했다. 챗GPT 역시 새로운 버전을 계속 발표하며 완전히 다른 도구가 되어 왔다.

GPT 버전별 한 줄 요약

GPT-4	글을 읽고 요지를 파악하는 능력이 탁월한 이해 중심 버전
GPT-4o	텍스트뿐 아니라 음성·이미지·영상까지 한 번에 처리하는 멀티모달 버전
GPT-5	대화의 맥락을 장기 기억하며 사람처럼 사고의 흐름을 이어가는 버전

단순히 속도나 기능이 늘어난 게 아니다. GPT-4가 '글을 읽는 학생'이었다면, GPT-4o는 '말도 하고 그림도 이해하는 학생', GPT-5는 '이야기의 맥락을 파악해 다시 묻는 동료'로 진화했다. 따라서 어떤 버전을 쓰느냐보다 중요한 건 내가 어떤 수준의 대화를 원하느냐다.

무료로 시작해도 충분하다

많은 분들이 챗GPT를 처음 열어보면 가장 먼저 이렇게 묻는다.

"이거 유료 아닌가요?"

"결제하지 않으면 기능이 막히는 거죠?"

정답은 아니다.

지금의 챗GPT는 무료(Free), 플러스(Plus, 월 20달러), 프로(Pro, 월 200달러), 비즈니스(Business, 사용자당 월 25달러 수준) 이렇게 네 가지 플랜으로 운영된다. 플랜마다 기능과 속도, 데이터 활용 범위가 다르다. AI를 처음 배우는 사람이라면 무료로도 충분히 학습의 리듬을 만들 수 있다.

챗GPT 요금제별 특징

Free	GPT-5 기반의 기본 기능을 제공한다. 대화, 글쓰기, 요약, 아이디어 발상 등 일상 학습에는 충분하다.
Plus (월 20달러)	빠른 응답 속도와 고급 모델(GPT-4, GPT-5) 접근이 가능하다. 이미지 생성, 음성 대화 같은 확장 기능이 포함된다.
Pro (월 200달러)	전문가와 개발자를 위한 최고 사양 플랜으로, 대규모 데이터 처리와 맞춤형 GPT 제작에 적합하다.
Business (사용자당 월 25달러 수준)	팀이나 조직 단위로 사용할 수 있는 환경으로, 협업과 데이터 보호 기능이 강화되어 있다.

무료 버전은 단순한 시범판이 아니다.

현재(2026년 1월 기준) 무료 사용자도 GPT-5 기반 기능을 기본적으로 사용할 수 있다. 물론 일부 고급 기능(예컨대 긴 문서 업로드, 이미지 분석, 대용량 데이터 정리)는 제한된다. 하지만 글쓰기, 아이디어 발상, 짧은 요약, 일상 대화 같은 기본 기능은 모두 포함된다.

이건 마치 스마트폰의 기본 앱 같다. 전화, 문자, 사진, 계산기만으로도 일상은 충분히 돌아간다. 챗GPT 역시 마찬가지다. 무료 버전은 '도구를 익히는 단계'가 아니라 '습관을 만드는 단계'까지 활용 가능하다.

매일 켜고, 한 줄 물어보는 습관. 그게 AI 학습의 출발점이다.

무료 플랜에서도 할 수 있는 일이 생각보다 많다. 그중 하나가 GPT 스토어(GPT Store) 활용이다.

GPT 스토어는 전 세계 사람들이 만든 맞춤형 챗봇(GPTs, 지피티즈)을 모아둔 공간이다. 「영어 회화 코치」, 「블로그 제목 생성기」, 「요리 레시피 도우미」, 「면접 질문 시뮬레이터」처럼 누군가가 이미 만들어 둔 GPT를 불러와 바로 사용할 수 있다.

처음에는 플러스나 프로 이용자 중심으로 공개되었지만, 현재는 무료 사용자도 일부 GPTs를 실행할 수 있도록 점차 개방되고 있다. 단, GPT 스토어 전체 기능(예: GPT 생성, 데이터 연결, 공개 설정 등)은 여전히 유료 플랜에서 먼저 제공된다.

- 무료 버전: 다른 사람이 만든 GPTs 사용 가능
- 플러스 버전 이상: 나만의 GPTs 제작 가능

즉, 무료 사용자라도 다른 사람이 만든 여러 GPTs를 체험하며 AI를 학습하고 응용하는 데 큰 제약은 없다. 단 한 번의 클릭으로, 그 중 원하는 GPT 하나를 불러와 사용할 수 있다.

반면 내 직업·취향·스타일과 사용 목적에 맞춘 GPT를 만드는 기능은 플러스 버전 이상에서만 가능하다. 이 차이는 '앱을 설치하는 사람'과 '앱을 개발하는 사람'의 차이와 같다.

예를 들어 무료 사용자 A씨는 GPT 스토어에서 「영문 이메일 코치 GPT」를 불러와 "이 문장 자연스럽나요?" 하고 물어 볼 수 있다. 하지만 플러스 사용자 B씨는 자신의 어투, 회사 이름, 직무 맥락을 넣어 「나만의 전용 이메일 코치 GPT」를 직접 만들 수 있다. 둘 다 AI를 쓰지만, 쓰는 방식의 깊이가 다른 것이다.

GPT

특정 목적을 가진 **개별 맞춤형 챗봇**을 뜻한다. 예를 들어 「영어 회화 코치 GPT」, 「요리 도우미 GPT」처럼 하나의 기능에 집중된 챗봇을 말한다.

GPTs

여러 개의 GPT를 묶어 부르는 **복수형 표현**이다. 전 세계 사용자가 만든 다양한 GPT의 집합을 지칭하며, "GPT 스토어에는 수많은 GPTs가 등록되어 있다"처럼 사용된다.

정리하면 GPTs는 여러 GPT 모음, GPT는 그중 하나의 챗봇을 의미한다. 쉽게 말해 GPTs는 앱스토어, GPT는 개별 앱 하나라고 보면 된다.

Plus 버전, 생활 속으로 들어온 AI

무료 버전으로 익숙해진 뒤, 어느 날 이런 생각들을 하는 순간이 찾아온다.

'내가 쓴 글을 좀 더 다듬어 주면 좋겠는데.'

'회의록이 너무 길다, 한 번에 정리해 줬으면.'

'이미지랑 표까지 같이 만들 수 없을까?'

그때가 바로 플러스(월 20달러, 약 2만 9,000원)로 옮길 때다.

이 플랜에서는 GPT-4, GPT-4o, GPT-5를 선택해서 쓸 수 있다. 긴 대화의 맥락을 자연스럽게 이어가고, 파일을 올려 요약하거나, 회의록·기획서·보고서를 한 번에 다듬을 수도 있다. 이미지 생성(DALL·E), 음성 대화(Voice), 데이터 분석(Advanced Data Analysis) 기능도 모두 열린다.

무엇보다 중요한 건 속도와 안정성이다. 무료 버전에서는 접속이 몰리면 "잠시 후 다시 시도하세요"라는 메시지가 뜨지만, 플러스 사용자는 언제나 우선 접속된다. 업무나 창작 도구로 쓰려면, 이 안정성이 결정적인 차이다.

그리고 이 버전부터가 진짜 재미있다. 조금 전에도 이야기했지만 '나만의 GPT 만들기' 기능을 통해 내가 자주 묻는 질문, 말투, 관심사, 스타일을 반영한 GPT를 직접 제작할 수 있다.

「블로그 카피 초안 도우미」, 「퇴직 후 창업 멘토」, 「나의 식단 코디네이터」. 이건 단순한 학습을 넘어 창작과 실험의 영역이다.

Pro 버전, 전문가와 창작자를 위한 무대

프로(월 200달러)는 전문가, 개발자, 창작자를 위한 환경이다. AI를 업무 자동화나 콘텐츠 제작 도구로 본격적으로 활용하려는 사람들에게 적합하다. 수백 개 파일을 연결하거나, API를 통해 시스템을 직접 설계하는 수준이다. AI가 낯선 우리 세대에게는 굳이 필요한 단계가 아니다. 당신이 이미 'AI를 잘 쓰는 사람'이 되면 그때 선택하면 된다.

API

Application Programming Interface(응용 프로그램 인터페이스)의 약자. 프로그램끼리 정보를 주고받게 하는 통로다. 예를 들어 챗GPT가 웹에서 최신 정보를 불러오거나, 다른 외부 서비스와 자동으로 연결되어 일하는 기능은 API를 통해 작동한다. 쉽게 말해 API는 챗GPT를 다른 앱과 이어주는 연결선이다.

중요한 건 결제가 아니라 리듬이다

기술은 빠르게 변하지만, 배움의 원리는 늘 같다. 매일 조금씩, 꾸준히. 많은 사람들이 "기능이 부족하면 유료로 업그레이드해야지"라고 말한다. 그러나 실제로 부족한 건 기능이 아니라 리듬이다.

습관이 없는 사람은 어떤 도구도 오래 쓰지 못한다. 반대로 리듬이 생긴 사람은 무료 도구 하나로도 생활을 바꾼다.

하루에 한 번 챗GPT를 켜고, "오늘의 질문"을 던지는 것만으로 충분하다. 그 한 줄이 당신의 생각을 열고, 표현을 훈련시키며, AI를 당신의 언어로 길들이기 시작한다.

무료로 익숙해지고, 필요할 때 유료로 확장하는 것. 그게 가장 현실적이고 오래가는 방법이다.

최신 버전별 요약

구분	Free	Plus	Pro
월 요금	무료	약 20달러	약 200달러
사용 모델	GPT-5 기반(기본형)	GPT-4, GPT4o, GPT-5 전체 사용	GPT-5 고급형 중심, 고성능 환경 제공
주요 기능	텍스트 대화, 짧은 요약, 아이디어 정리, GPT 스토어 일부 사용 가능	문서 요약, 이미지/음성 데이터 분석, 나만의 GPT 제작 가능	대용량 데이터 분석, 자동화, 맞춤형 GPT 운영 환경
API 연동	불가	별도 과금으로 가능 (오픈AI API 계정 필요)	고급 설정 지원, 단 API는 별도 과금 체계
추천 대상	입문자, AI 초보자	실무형 사용자, 창작자	전문가, 개발자, 기업 운영자

단체 사용자는 별도 비즈니스 플랜(사용자당 약 25달러)으로 가입 가능하다. 이는 협업 기능과 데이터 보안 옵션이 강화된 버전이다.

손보다 말이 빠르다: 음성 모드 체험하기

손가락보다는 목소리가 빠르다. 스마트폰에서 챗GPT 앱을 실행하면 입력창 우측에 '파형 모양의 아이콘'이 보인다. (마이크 아이콘이 아니다. 일부 기기에서는 아이콘 위치와 색상이 다를 수 있다.) 그게 바로 음성 모드(Voice Mode)다. 이 버튼 하나가 사람과 AI의 관계를 바꾸고 있다.

처음엔 단순한 기능처럼 보인다. 하지만 한번 눌러보고 말을 걸어

보면, 타이핑으로 대화하던 세상과 전혀 다른 감각이 열린다.

"오늘 서울 날씨 어때?"
"내일 미팅 안건 세 개만 정리해 줘."

말을 마치는 순간, 챗GPT가 바로 대답한다. 그 목소리는 이전처럼 기계적이지 않다. 대답 속도는 눈 깜짝할 사이고, 억양에는 사람의 리듬이 담겼다.

타이핑이 줄어든 만큼, 생각의 흐름은 자연스러워진다. 손가락으로 단어를 고르며 멈추던 순간들이 사라지고, 이제는 **말하면서 생각이 정리되는 대화**가 된다. 말로 묻는 동안 내 생각이 다듬어지고, AI는 그 흐름을 실시간으로 되묻는다.

이건 단순한 편의 기능이 아니다. **생각을 말로 먼저 꺼내고, 그 말을 글로 옮기는 새로운 순서의 경험이다.** 손으로 타이핑하던 내용을 입으로 말하고, 글로 적던 생각을 이제는 말로 주고받는다.

음성 모드는 특히 4060세대에게 심리적 장벽을 낮춰준다. 낯선 명령어나 전문적인 용어를 몰라도 된다. 그냥 말하면 된다. 걷다가도, 차 안에서도, 설거지하면서도 "오늘 저녁 반찬 뭐가 좋을까?" 하고 묻는 것만으로 AI는 당신만의 비서가 된다. 이건 기술의 발전이 아니라, **삶의 리듬이 바뀌는 일이다.**

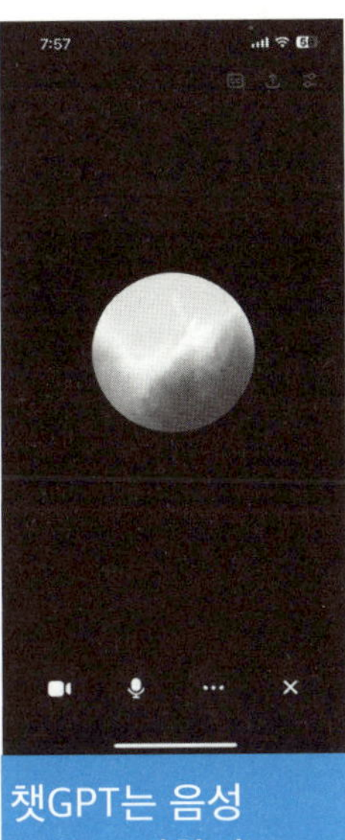
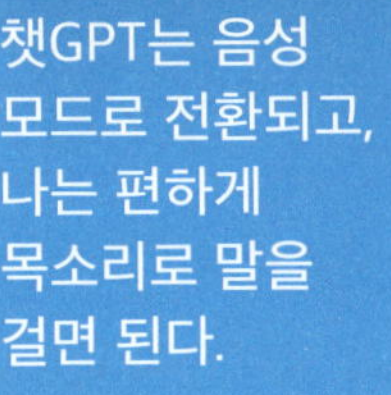

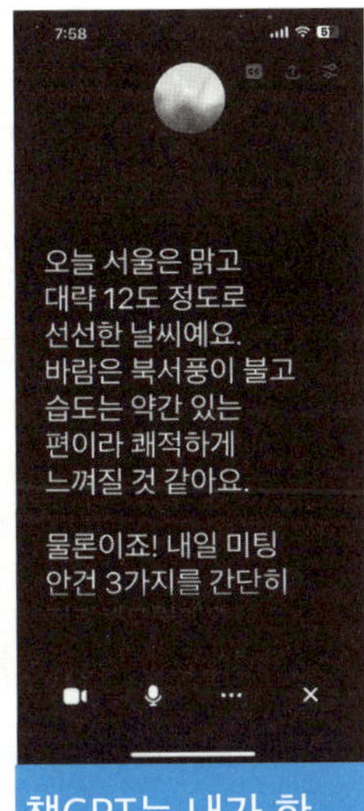

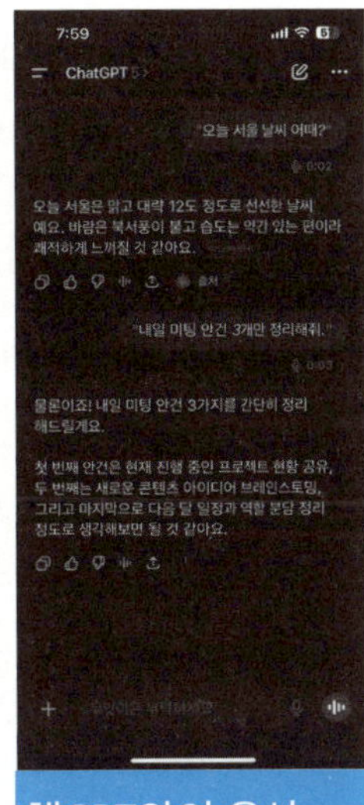

무료와 유료의 차이

무료 사용자도 일정 시간 동안 음성 모드를 사용할 수 있다. 기본 모델은 GPT-4o 기반이며, 짧은 대화나 일상적인 질의응답에는 무리가 없다. 다만 하루 사용 시간과 응답 길이에 제한이 있다.

플러스 요금제 이상 사용자는 더 빠른 응답 속도와 긴 대화 길이를 제공하는 고급 음성 모드(Advanced Voice Mode)를 이용할 수 있다. 이 모드는 말이 끝나기도 전에 챗GPT가 응답을 시작하는 실시간 양방향 대화를 지원한다. 억양은 훨씬 자연스럽고, 감정이 실린 목소리로 대화의 리듬이 살아난다.

즉, 무료 요금제는 챗GPT와의 대화를 경험하는 기본 단계이고 플러스 이상의 유료 요금제는 사람처럼 말하고 듣는 고급 대화 환경을 제공한다.

키보드를 통해 입력하는 것뿐만 아니라, 스마트폰을 이용하면 목소리로 대화하며 손쉽게 챗GPT를 사용할 수 있다.

손이 아닌, 말로 배우는 습관

처음에는 "이걸 굳이 음성으로 해야 하나?" 싶지만 며칠만 써보면 생각이 달라진다. 말을 하다 보면 머릿속 문장이 정리되는 속도가 빨라지고, 챗GPT의 답변을 듣는 동안 자연스럽게 '듣는 학습'이 이루어진다. 타이핑이 어려운 사람에게는 접근성을, 바쁜 사람에게는 시간 절약을, 그리고 누구에게나 '대화로 배우는 즐거움'을 준다.

AI는 이제 모니터 속에 갇힌 존재가 아니다. 말로 묻고, 듣고, 되묻는 동료가 되었다. 이 변화는 기술의 발전보다 더 큰 의미가 있다. 인간이 언어를 통해 세상을 이해하듯, AI 역시 대화를 통해 인간을 이해하기 시작했기 때문이다.

작게 배우고
꾸준히 반복하라

이 책의 학습법은 0단에서 이야기했던 두 가지 철학, 마이크로러닝과 **작은 습관의 법칙** 위에 세워졌다. 둘 다 검증된 교육학 원리지만, 결국 핵심은 한 가지다.

"길게 배우려 하지 말고, 짧게라도 매일 하라."

마이크로러닝: 짧게 배우고, 바로 써보기

마이크로러닝은 오스트리아 인스브루크대학의 교육학자 테오 허그 박사가 제시한 개념이다. 그는 "학습은 정보의 양이 아니라, 집중이 머무는 시간의 길이로 결정된다"고 말했다. 즉, 짧은 시간에 핵심만 배우고 바로 실습하는 구조가 가장 오래 남는다는 뜻이다.

짧게 배우면 부담이 적다. '이걸 다 이해해야 한다'는 압박보다, '이 한 가지만 해보자'는 결심이 훨씬 가볍다. 그래서 마이크로러닝은 집중력을 높이고, **작은 성공 경험**을 빠르게 만들어 준다.

전 세계 온라인 교육 플랫폼들이 이 방식을 채택한 이유도 같다. 예를 들어 코세라 같은 글로벌 교육 플랫폼은 많은 강의를 5~10분짜리 짧은 모듈로 쪼개 제공한다. 한 번에 강의 하나를 듣고, 바로 실습으로 이어진다. 이 구조가 학습 지속률을 높이고, 학습자가 "나도 할 수 있다"는 감각을 잃지 않게 한다.

> **코세라**
> 세계 유수의 대학과 기업 강의를 온라인으로 제공하는 플랫폼이다. 많은 과목을 무료로 들을 수 있고, 수료증을 받으려면 소정의 비용을 지불해야 한다. 짧게, 자주, 스스로 배우는 구조로 설계된 대표적인 학습 시스템이다.

4060세대에게 이 방식은 특히 효과적이다. 오랜만에 공부를 다시 시작하면, 내용보다 '집중 지속 시간'이 문제다. 하지만 5분, 10분 단위라면 누구나 해낼 수 있다. 그 짧은 반복이 쌓여 어느 순간, 두려움 대신 익숙함이 자리 잡는다.

작은 습관의 법칙: 사소한 반복이 만드는 거대한 변화

작은 습관의 법칙은 스탠퍼드대학의 행동과학자 B. J. 포그 박사가 제시한 원리다. 그는 인간이 변하지 못하는 이유를 '의지력 부족'이 아니라 '시작을 너무 크게 하기 때문'이라고 진단했다. 그래서 제안했다.

"큰 목표를 세우지 말고, 아주 작은 행동부터 매일 하라."

그가 자주 든 예시가 있다. 양치 후에 치실 한 가닥만 사용하기. 하루에 한 번, 단 몇 초면 끝나는 행동이다. 하지만 이 사소한 반복이 쌓이면 어느새 양치 습관 전체가 바뀐다. 인간의 뇌는 '성공 경험'을 기억한다. 작은 성공이 쌓이면, 두려움보다 자신감이 앞선다.

챗GPT 학습도 똑같다. 오늘은 한 줄 질문, 내일은 두 줄 대화, 모레는 "이 문장 자연스러워?" 하고 한 번 더 묻는 것. 이 단순한 반복이 두려움을 익숙함으로 바꾼다.

처음에는 챗GPT가 '기계'처럼 느껴지지만, 며칠만 대화를 이어가면 "어제 말했던 그 주제 말이야…" 하고 자연스럽게 이어 말하게 된다. 그 순간, AI는 더 이상 낯선 기술이 아니라, 당신의 사고를 정리해 주는 동료가 된다.

작은 반복을 쌓아가는 것이 완벽함보다 강하다

우리는 종종 '완벽히 이해해야 한다'는 생각 때문에 배움을 미룬다. 하지만 배움의 본질은 이해가 아니라 반복이다. 반복이 리듬을 만들고, 리듬이 익숙함을 만든다.

한 번에 완벽히 배우려 하지 말고, 작게라도 꾸준히 반복하라. 하루 5분의 짧은 대화가 30일 뒤엔 당신의 언어 습관을 바꾸고, 90일 뒤엔 사고의 틀을 바꾼다. 이 책에서의 챗GPT 학습 역시 그 리듬 위에 세워졌다.

결국 배움은 완벽함의 결과가 아니라, **반복의 흔적이 남긴 기록**이다. 이 책의 모든 내용과 습관북은 그 흔적을 쌓아가기 위한 발판이다.

『챗GPT 구구단』
습관북 활용법

이 책의 매 '단'마다 마지막에는 **습관북[Habit Book]**이 있다. 습관북은 단순한 노트가 아니다. 당신이 배운 것을 '행동으로 옮기고, 기록으로 남기는 도구'다.

많은 사람들이 새로운 걸 배우지만 금세 잊는다. 그 이유는 '기록하지 않기' 때문이다. **기억은 흩어지지만, 기록은 남는다.** 습관북은 바로 그 차이를 만들어 준다. 오늘 던진 질문 한 줄, 인상 깊었던 답변

한 줄, 당신의 짧은 소감 한 줄. 이 세 줄이 모이면 그것이 당신의 AI 학습 루틴이 된다.

기록은 단순함에서 시작된다

습관북은 거창한 일기를 쓰자는 게 아니다. 당신의 하루에 단 한 줄의 대화 흔적만 남기면 된다.

"오늘은 어떤 질문을 던졌는가?"

"AI가 내게 어떤 생각을 되돌려 줬는가?"

"그 답 중 기억하고 싶은 문장은 무엇인가?"

이 세 가지 질문에 답하는 순간, 당신은 이미 배움을 '생각'이 아니라 '행동'으로 바꾼 것이다. AI 학습은 머리로 하는 공부가 아니라, **손끝과 마음으로 이어지는 습관의 과정**이기 때문이다.

습관북을 쓰다 보면, 처음엔 '기록' 같지만 어느새 '대화의 흔적'을 되짚는 일로 변한다.

"내가 이런 질문을 했구나."

"그때 이런 생각을 했었네."

그 흔적이 바로 배움의 궤적이다. 이 책의 진짜 목표는 바로 그 궤적을 남기는 데 있다.

기록은 형식보다 리듬이다

습관북은 이 책의 각 '단' 맨 마지막 부분에 이어지는 **기록 공간**이다. 새로운 걸 배웠다면, 바로 그 자리에서 한 줄이라도 적어보자. 오늘 내가 던진 질문, 챗GPT의 답 중 인상 깊은 문장, 그리고 느낀 점 한 줄이면 충분하다.

기록은 길 필요가 없다. 단 한 문장이 오늘 하루의 마침표가 되고, 짧은 한 페이지가 오늘의 성취가 된다. 그렇게 한 문장, 한 페이지씩 쌓이는 기록이 어느새 당신의 **배움의 리듬**이 된다.

기억은 쉽게 사라지지만, 기록은 오래 남는다. 그리고 기록은 당신의 행동을 바꾼다. 습관북은 '오늘의 대화'를 **'내일의 자산'으로 바꾸는 다리**다.

질문 습관, 기록 습관, 챗GPT 습관

오늘 당신이 배운 건 '기능'이 아니다. '습관'이다. 챗GPT는 단순한 기술이 아니라, 당신의 생각을 정리하고 기록하게 도와주는 도구다.

질문하는 습관, 기록하는 습관. 이 두 가지가 쌓이면 AI는 더 이상 특별한 기술이 아니라 당신의 일상 속 가장 자연스러운 동료가 된다.

오늘의 미션은 단 하나다.

"한 줄 질문을 던지고, 습관북에 기록하기."

그 한 줄이 쌓이면, 당신의 생각은 글이 되고, 글은 자산이 된다.

습관은 작게 시작하지만, 결국 삶을 바꾼다.

챗GPT는 기능이 아니라 습관이다

---

1. 검색이 아닌 대화로 시작하라.

챗GPT는 정보를 찾는 도구가 아니라 함께 생각을 정리하는 대화 상대다.

2. 완벽히 이해하려 하지 말라.

매일 한 줄, 두 줄의 반복이 결국 익숙함을 만든다.

3. 두려움은 지식이 아니라 행동으로 줄인다.

로그인 버튼 하나, 질문 한 줄이 첫 성공 경험이 된다.

4. 습관은 작게 시작한다.

오늘 한 대화가 내일의 자신감을 만든다.

5. 기록은 기억보다 오래간다.

습관북은 당신의 생각을 눈에 보이는 자산으로 남긴다.

- **오늘의 한 문장**

  배움은 완벽이 아니라 반복에서 시작된다.

- **다음 단 예고**

  2단에서는 '나에게 맞는 GPT 맞춤 설정'을 통해, AI가 당신의
  언어와 목적을 이해하도록 만드는 방법을 배운다.

1단. 검색이 아닌 대화로 시작하기

: 오늘의 챗GPT는 어땠나요?

• **오늘의 기록**

이 페이지는 첫 챗GPT 학습 기록이다. 낯설어도 괜찮다. 챗GPT와의 대화가 '검색'이 아니라 '대화'처럼 느껴지는 순간, 이미 익숙해지는 과정이 시작된 것이다. 작은 기록 하나가 내일의 자신감을 만든다.

• **오늘의 질문**

오늘 챗GPT에게 던진 문장을 그대로 적어보자. 짧아도 괜찮다. 중요한 건 '시도했다는 사실'이다.

• 오늘의 소감

오늘 대화하면서 느낀 점, 배운 점, 그리고 내일 다시 해보고 싶은 것을 자유롭게 적어보자.

• 인상 깊었던 답변

챗GPT의 답변 중 마음에 남았던 문장을 옮겨 적어보자. AI의 말

속에 당신의 생각이 투영되는 순간이 있다.

• 기억하고 싶은 한 문장

오늘의 대화에서 스스로 느낀 깨달음이나, 마음속에 남기고 싶은 나만의 말을 한 줄로 적어보자.

- ## 습관북 체크리스트

항　목	실천 여부
오늘 챗GPT에게 한 줄 질문을 던졌다	☐
받은 답변 중 마음에 남은 문장을 기록했다	☐
오늘 느낀 점을 짧게 적었다	☐
내일 다시 챗GPT를 켜보기로 했다	☐
오늘의 기록을 내 목소리로 읽어보았다	☐

▪ 질문은 짧을수록 좋다.
▪ 답변은 복사해 붙이지 말고, 내가 느낀 대로 요약해 보자.
▪ 소감은 감정 한 줄이면 충분하다.
　"오늘은 생각보다 재미있었다."
　"AI가 내 마음을 조금은 읽는 것 같았다."

2단.
나만의
챗GPT로 설정하기

이해하는 만큼 답한다

나를 가장 잘 아는
파트너로 만들어라

처음 인공지능(AI)을 접하면 누구나 비슷한 생각을 한다. '나 같은 사람이 이걸 쓸 수 있을까?' 마우스를 잡은 손끝이 어색하고, 화면에 낯선 영어 단어들이 뜨면 왠지 내가 시대에 뒤처진 것 같은 기분이 든다.

그러나 기술이 어려운 게 아니라, '나에게 맞게 다루는 법'이 익숙하지 않을 뿐이다. 도구는 결국 사람의 손에 맞춰질 때 진짜 힘을 발휘한다.

스마트폰을 처음 샀을 때를 떠올려 보자. 기본 설정 그대로 써도 전화와 문자 정도는 문제없이 된다. 하지만 배경을 내 취향대로 바꾸고, 자주 쓰는 앱을 첫 화면에 올려두고, 알림을 내 생활 패턴에 맞게 조정하는 순간부터 '내 스마트폰'이 된다. 기술이 내 삶의 일부로 작동하기 시작하는 지점이다.

AI도 마찬가지다. 챗GPT는 이미 완성된 프로그램이지만, '나에게 맞게 세팅'하는 순간 비로소 진짜 효율을 발휘한다. 처음엔 누구나 단어 몇 개를 입력하고 결과를 받아보는 수준에서 멈춘다. 하지만 내 직업, 말투, 목표, 관심사를 알려주는 순간, 챗GPT는 그 정보를 토대로 대화의 맥락을 조정하고, 답변의 스타일을 바꾼다. 그때부터 챗GPT는 단순한 도구가 아니라 **나를 이해하는 파트너**가 된다.

나는 그 사실을 몸소 느꼈다. 2023년 7월, 광고대행사에서 정부와 공공기관의 홍보 기획을 맡았을 때였다. 매달 수십 건의 보고서를 써야 했고, 제안서 마감이 몰리는 시기엔 며칠씩 밤을 새우는 일이 다반사였다. 문장의 구조를 다듬고, 문체를 맞추고, 기관 담당자에게 전달할 논리를 조율하는 과정이 늘 버거웠다.

나는 당시 챗GPT를 사용하고는 있었지만, 어떤 때는 답변의 품질이 좋다가도, 어떤 때는 맥락과는 맞지 않는 엉뚱한 답변이 돌아오기도 했었다. 그러다 어느 날, 우연히 챗GPT가 '맞춤 설정' 기능을 출시한다는 뉴스를 들었다. 나는 바로 챗GPT 맞춤 설정에 이렇게 적어 넣었다.

1. 나는 정부 및 공공기관 홍보 캠페인을 기획하는 광고대행사 기획 담당 임원입니다.
2. 제안서 작성 시 공공기관용 문체 사용, 논리 구조를 탄탄하게 구성해 주세요.
3. 제안서의 내용은 부여하는 주제와 관련된 국내외 광고와 홍보 캠페인 사례를 벤치마킹한 후, 그 결과를 토대로 창의적이고, 설득력 있게 작성해 주세요.
4. 제안서는 반드시 '커뮤니케이션 메시지'를 설정하고, 그 메시지를 확산시킬 수 있는 세부 내용으로 구성해야 합니다.

 챗GPT 구구단

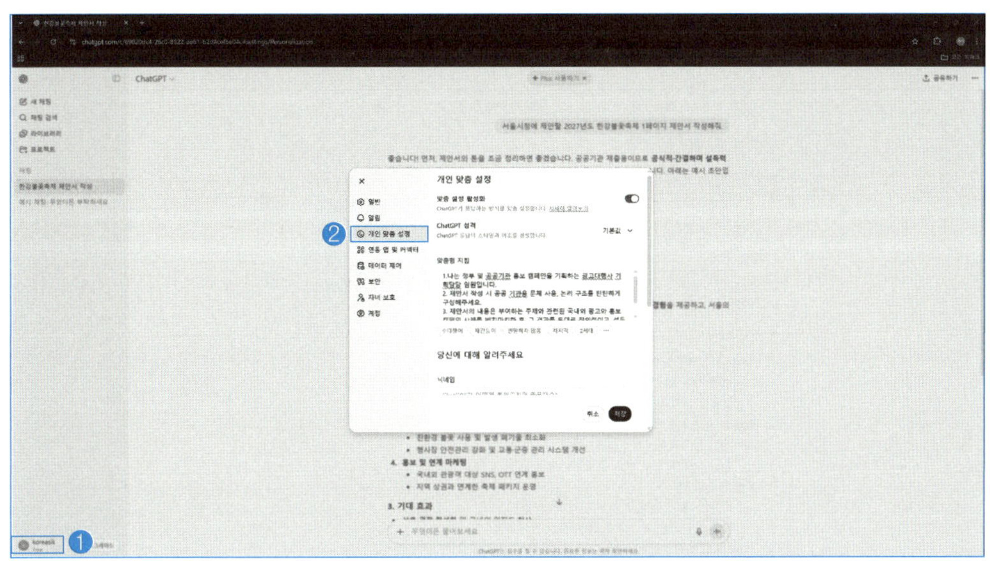

챗GPT 화면 하단의 내 아이디를 클릭한다. 거기에서 '개인 맞춤 설정'을 클릭하면 맞춤형 지침, 내 소개 등을 미리 설정해 둘 수 있는 팝업창이 뜬다.

그날 이후로 챗GPT의 답변이 달라졌다. 불필요한 수식어는 사라지고, 문장은 명확해졌다. 홍보를 위한 메시지(카피)도 추천해 주고, 국내외 사례를 알아서 찾아서 벤치마킹한 결과를 문서에 반영해 주고, 더 나은 글 구조까지 제안해 주었다.

며칠 뒤 나는 컴퓨터 앞에서 이렇게 중얼거렸다.

"이제는 정말 혼자가 아니구나."

AI가 내 생각을 대신 써준 게 아니라, **내가 말하지 못한 의도를 정리해 준 것**이었다.

　　　　　　　　　　　　　　　2단. 나만의 챗GPT로 설정하기

Before

2027년도 한강불꽃축제 제안서

제안자: [제안자 이름/기관]
제안일: 2025년 10월 29일

1. 제안 목적

2027년도 한강불꽃축제는 서울시민과 국내외 관광객에게 **안전하고 혁신적인 축제 경험**을 제공하고, 서울의
문화·관광 브랜드를 강화하기 위해 제안합니다.

2. 주요 제안 내용

1. **테마 기반 불꽃 연출**
   - 연간 테마 설정(예: '미래와 희망', '전통과 현대')
   - 드론 라이트 쇼와 연계하여 **화려한 시각적 경험 극대화**
2. **참여형 프로그램 확대**
   - 시민 참여형 온라인 투표로 불꽃 디자인 선정
   - 현장 참여형 체험 부스 운영 (VR 불꽃 체험, 포토존)
3. **환경·안전 고려**
   - 친환경 불꽃 사용 및 발생 폐기물 최소화
   - 행사장 안전관리 강화 및 교통·군중 관리 시스템 개선
4. **홍보 및 연계 마케팅**
   - 국내외 관광객 대상 SNS, OTT 연계 홍보
   - 지역 상권과 연계한 축제 패키지 운영

3. 기대 효과

- **서울 관광 활성화** 및 국내외 인지도 향상
- **시민 참여와 만족도 증대**
- **친환경·안전 축제** 이미지 구축

서울시청 관계자께서는 본 제안서를 검토 후, 구체적 기획 회의를 통해 세부 추진 방안을 확정해 주시길 요
청드립니다.

[끝]

↓

After

2027 한강불꽃축제 제안서

1. 개요

- **행사명**: 2027 한강불꽃축제
- **일시**: 2027년 가을 (예정)
- **장소**: 한강 주요 지점 (여의도, 반포, 잠실)
- **주최**: 서울특별시
- **주관**: 서울특별시 한강사업본부

2. 커뮤니케이션 메시지

- **핵심 메시지**: "한강, 서울의 빛과 함께 하나 되는 순간"
- **목표**: 시민과 관광객에게 한강불꽃축제를 통한 공동체 경험 제공 및 서울 브랜드 이미지 강화

3. 행사 컨셉 및 주요 내용

1. **다채로운 불꽃 연출**: 한강의 자연과 도심 경관을 조화시킨 테마별 불꽃 쇼
   - '서울의 역사', '서울의 밤', '미래도시' 등 테마별 불꽃 연출
2. **시민 참여형 프로그램:**
   - 불꽃 메시지 참여 이벤트, 실시간 온라인 소원 등록 및 대형 LED 전시
   - 가족·연인·청년층 참여형 이벤트 확대
3. **디지털 경험 확대:**
   - AR·VR 기반 불꽃 체험, 모바일 라이브 스트리밍 서비스 제공
   - SNS 해시태그 캠페인 연계로 온라인 확산

4. 벤치마킹 사례

- **국외 사례:**
  - 호주 시드니 *Vivid Festival*: 시민 참여형 라이트 아트 + SNS 확산 전략
  - 일본 도쿄 *불꽃축제*: 지역 특색 반영, 테마별 스토리텔링
- **국내 사례:**
  - 부산 *불꽃축제*: 다중 관람 포인트 운영, 관광객 맞춤 서비스 제공
  - *서울밤도깨비야시장*: 시민 참여형 축제 경험 강화

5. 기대 효과

- 시민과 관광객의 공동체 경험 확대 및 만족도 향상
- 서울 브랜드 가치 및 관광 경쟁력 강화
- 지역 경제 활성화 및 관련 산업 연계 효과

6. 홍보 전략

왼쪽은 개인 맞춤 설정 전, 오른쪽은 설정 후의 답변이다. 동일한 요청에도 챗GPT는 다르게 반응한다. 설정 전에는 일반적인 형태의 제안을 주고, 설정 후에는 공공기관에 적합한 형태의 제안을 준다.

많은 사람들이 챗GPT를 '그냥 뭐든 물어보는 검색창' 정도로만 쓴다. 하지만 AI는 '질문'보다 **'맥락'을 이해하는 존재**다. 당신이 어떤 일을 하는지, 어떤 방식으로 대화하길 원하는지 알려주면 챗GPT는 그에 맞춰 스스로 학습하듯 반응한다. 당신이 먼저 자신을 소개해야, AI도 당신을 돕기 시작한다.

이번 2단에서는 챗GPT를 '나를 이해하는 파트너'로 설정하는 방법을 배운다. 그 핵심이 바로 **개인 맞춤 설정(Custom Instructions)**이다.

이 기능을 통해 챗GPT는 당신이 누구인지, 어떤 방식으로 대화하길 원하는지 기억한다. 그리고 그 기억을 바탕으로 대화를 나누게 되고, 그 대화의 품질은 '개인 맞춤 설정'을 하기 이전과는 확연하게 달라진다.

이제 당신의 첫 세팅을 시작해 보자. 그냥 AI가 아니라 **'당신을 이해하는 AI'로 만드는 과정**이다.

개인 맞춤 설정
시작하기

챗GPT의 '개인 맞춤 설정'은 AI에게 '나는 어떤 사람이고, 어떤 대답을 원한다'를 알려주는 자기소개서다. 이걸 한 번만 제대로 써두면, 매번 같은 설명을 반복할 필요가 없다. 이건 단순한 기능이 아니라 AI에게 나를 가르치는 첫 수업이다.

1단계. 개인 맞춤 설정 메뉴 열기

화면 왼쪽 하단 프로필 아이콘을 클릭한다. 새로운 메뉴가 열리면 '개인 맞춤 설정'을 선택한다.

모바일에서는 약간 다르다. 왼쪽 상단의 메뉴 아이콘(두 줄 모양)을 눌러 사이드바를 연 뒤, '프로필 이름 → 개인 맞춤 설정'으로 들어가면 된다. 경로는 다르지만, 화면 구성은 거의 같다.

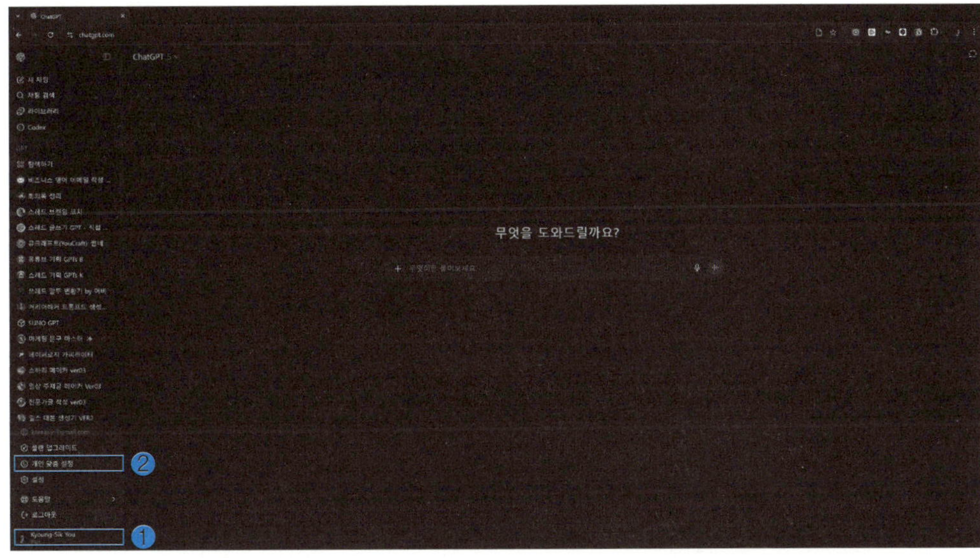

화면 왼쪽 하단 프로필 아이콘을 클릭한다. 새로운 메뉴가 열리면 '개인 맞춤 설정'을 선택한다.

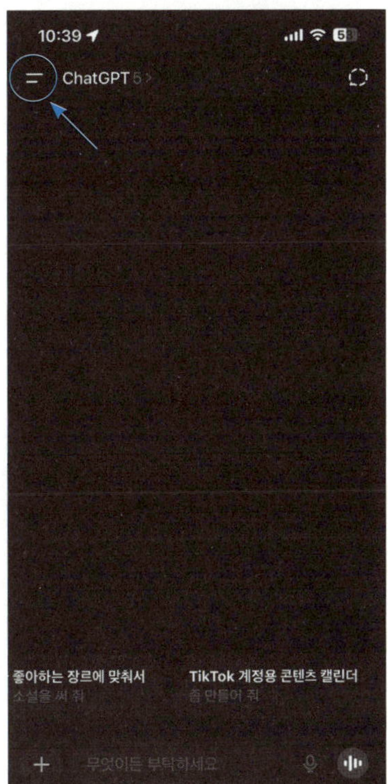

왼쪽 상단의 메뉴 아이콘(두 줄 모양)을 눌러 사이드바를 연 뒤,
'프로필 이름 → 개인 맞춤 설정'으로 들어가면 된다.

2단. 나만의 챗GPT로 설정하기

 메뉴를 열었다면, 이제 챗GPT에게 당신을 소개할 시간이다. 이제부터의 단계는 단순하다. 말투를 고르고, AI가 당신을 더 잘 이해할 수 있도록 몇 가지 문장을 입력하면 된다.

이 과정은 단 10분이면 충분하다. 하지만 한 번만 제대로 해두면, 앞으로 챗GPT와 나누는 모든 대화의 품질이 달라진다.

2단계. 나에게 맞게, 설정을 켜고 채운다

① 메뉴 열기

- 왼쪽 메뉴에서 '개인 맞춤 설정'을 연다.

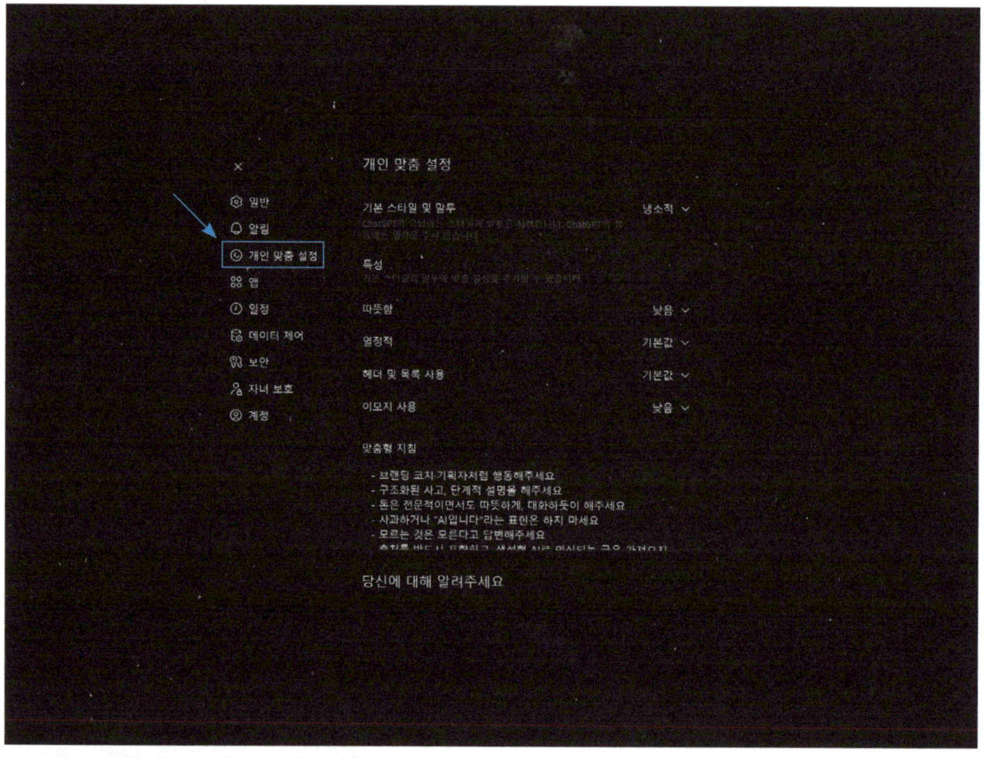

챗GPT 중앙에 개인 맞춤 설정용 팝업창이 뜬다.

② ChatGPT 성격 선택

첫 번째 항목에서는 챗GPT의 기본 말투와 응답 분위기를 정한다.

- 기본값: 기본 스타일과 말투
- 전문적: 정제되고 정확함
- 친근함: 따뜻하고 수다스러움
- 솔직함: 직설적이면서도 격려함
- 독특함: 유쾌하고 상상력이 풍부함
- 효율적: 간결하고 꾸밈없음
- 덕후: 열정적으로 설명을 늘어놓음
- 냉소적: 비꼬면서 비판적임

본인의 업무 스타일이나 대화 선호도에 맞게 선택한다. 나는 비판적이고 객관적인 입장에서 대답해 주기를 바라기 때문에 '냉소적'을 선택했다.

그리고 추가로 따뜻함, 열정적, 헤더 및 목록 사용, 이모지 사용 항목을 본인의 취향에 맞게 설정값을 변경할 수 있다.

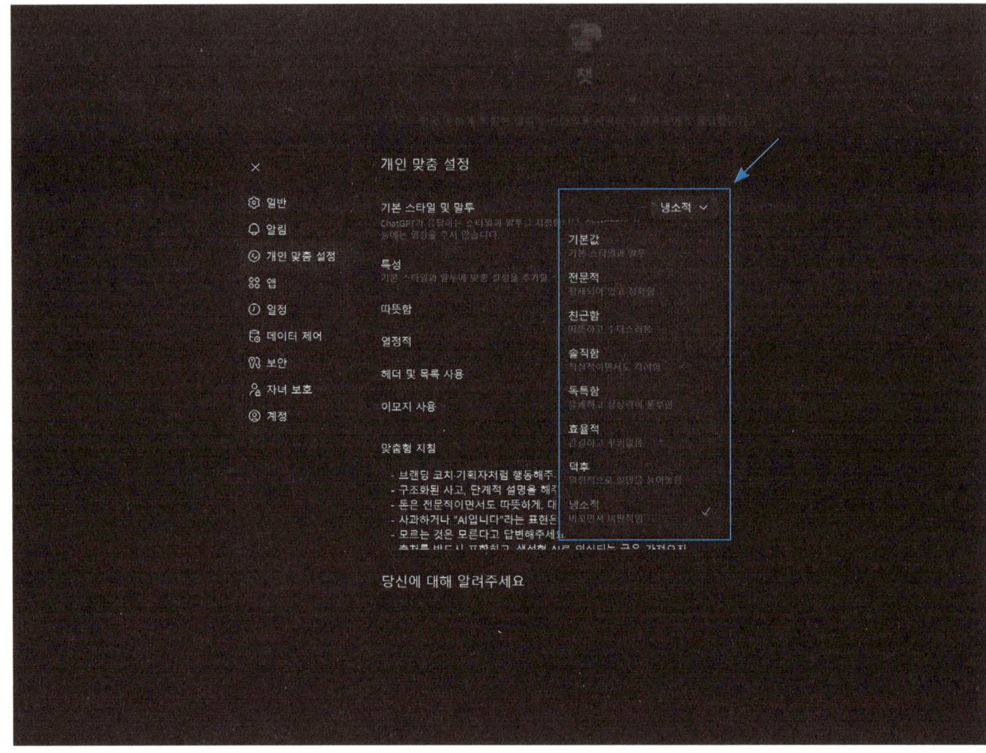

개인 맞춤 설정 팝업창에서 챗GPT 답변의 기본 스타일 및 어조를 선택할 수 있다.

③ 맞춤형 지침 작성

맞춤형 지침은 'AI가 어떤 태도와 방식으로 행동할지'를 문장으로 전달하는 칸이다.

글은 **짧은 한 문장씩 여러 줄**로 적는 것이 좋다.

예시

- 브랜딩 코치·기획자처럼 행동해 주세요.
- 구조화된 사고로 단계적 설명을 해주세요.
- 톤은 전문적이되 따뜻하게, 대화하듯이 해주세요.

- 모르는 내용은 모른다고 먼저 말한 뒤, 확인 방법을 제시해 주세요.

- 동일한 요청이 반복되면 중복을 줄여 간결하게 정리해 주세요.

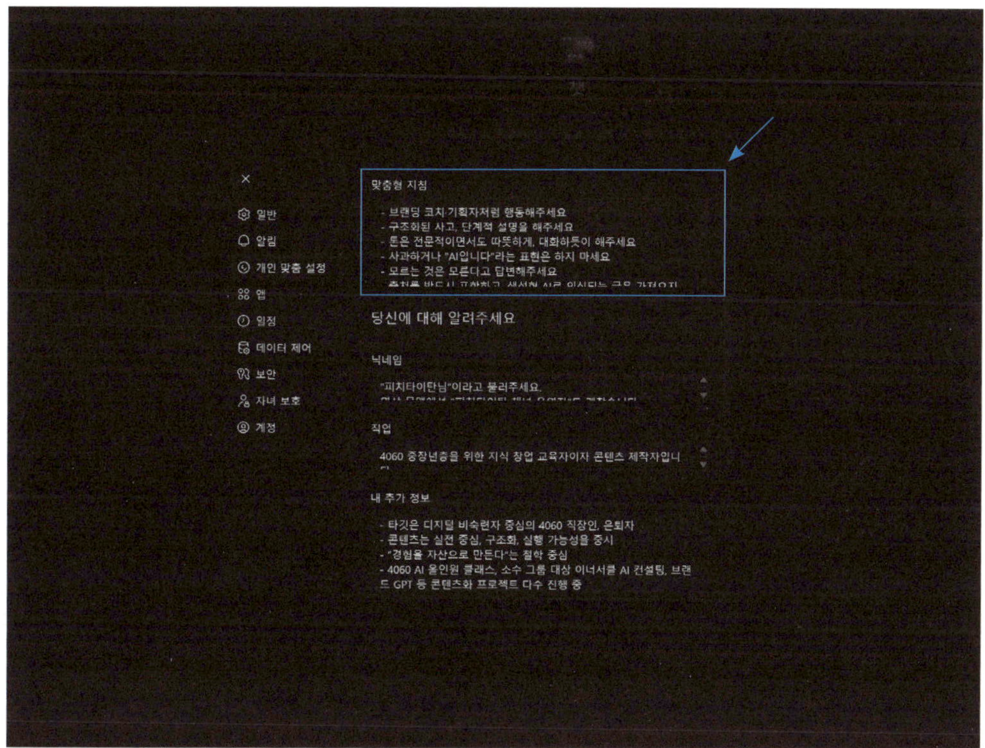

맞춤형 지침 칸에 자신이 원하는 답변 형식이나 뉘앙스 등을 적는다.

④ 당신에 대해 알려주세요(프로필 3개 항목)

- 아래로 스크롤하면 '닉네임, 직업, 내 추가 정보' 3칸이 순서대로 있다.

  - 닉네임: 챗GPT가 부를 이름. 예) 피치타이탄

  - 직업: 한 줄로 요약. 예) 4060 지식 창업 교육자이자 콘텐츠 제작자

　　　　　　　　　　　　2단. 나만의 챗GPT로 설정하기

- 내 추가 정보: 핵심 문장 3~6줄 권장

    1. 타깃: 디지털 비숙련자 중심의 4060 직장인

    2. 선호: 실전 중심·구조화·실행 가능성 강조

    3. 철학: 경험을 자산으로 만든다

    4. 활동: AI 올인원 클래스, 챗GPT 프로젝트 진행 중

- 길게 쓰기보다 '핵심 문장+줄바꿈 구성'이 효과적이다.

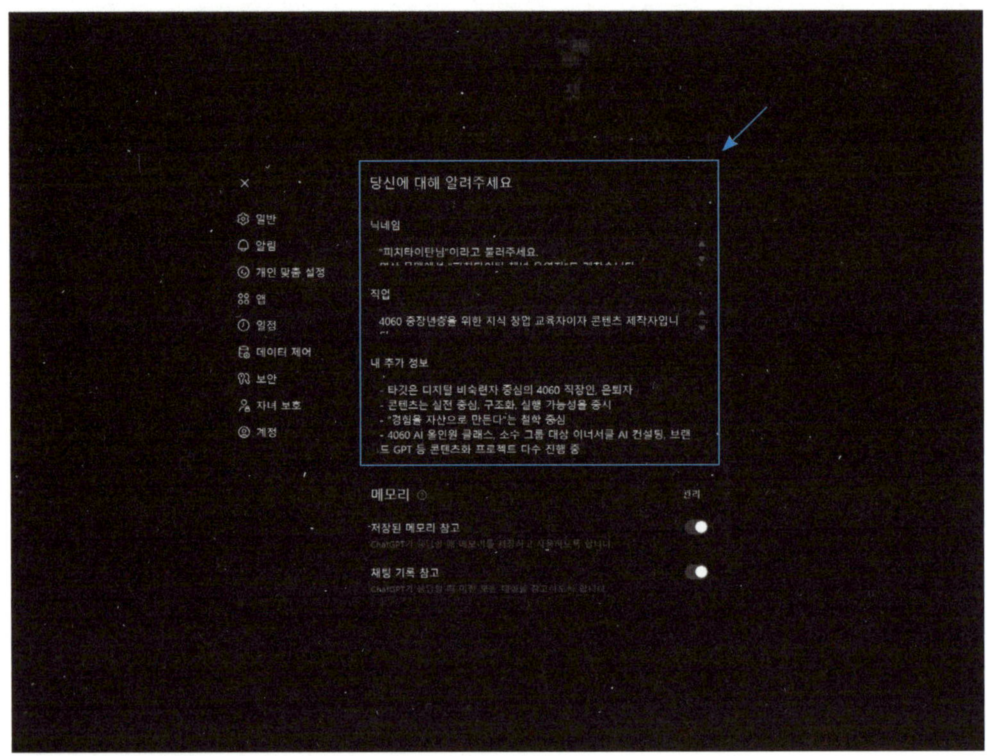

'당신에 대해 알려주세요'는 세 가지 항목으로 나뉘어 있다.

⑤ 메모리와 고급 설정(클릭해서 토글을 켜고 끌 수 있음)

- **메모리**

    - 관리: 챗GPT가 더욱 자연스러운 사용자 맞춤 답변을 제공하

기 위해 채팅에서 유용한 정보를 기억해 자동으로 관리하는 저장소 같은 역할이다. 클릭을 하면 어떠한 것들이 메모리되어 있는지 확인할 수 있다.

- 저장된 메모리 참고: 챗GPT가 응답할 때 메모리를 저장하고 사용하도록 한다.
- 채팅 기록 참고: 챗GPT가 응답할 때 이전 모든 대화를 참고하도록 한다.

- **녹음 모드**
  - 녹음 기록 참조: 챗GPT가 응답할 때 이전의 모든 녹음 스크립트 및 메모를 참조하도록 한다.

- **고급**
  - 웹 검색, 코딩, 캔버스, 챗GPT 음성 대화, 고급 음성 기능을 개별로 켜고 끌 수 있다.
  - 나는 대부분의 기능을 켜둔다.
  - 데이터를 분석하거나 파일을 다룰 일이 많다면 '코딩' 기능을 켜두자.
  - 최신 뉴스나 외부 정보를 참고하려면 '웹 검색' 기능을 켜두는 게 좋다.
  - 음성 대화와 고급 음성 기능은 가능한 한 켜두는 것을 권한다. 타이핑하지 않아도 대화가 이어지고, 말로 생각을 정리하는 학습 리듬이 만들어진다. 특히 고급 음성 기능은 사람처럼 자연스럽게 반응해 AI와 실제로 대화하는 경험을 가능하

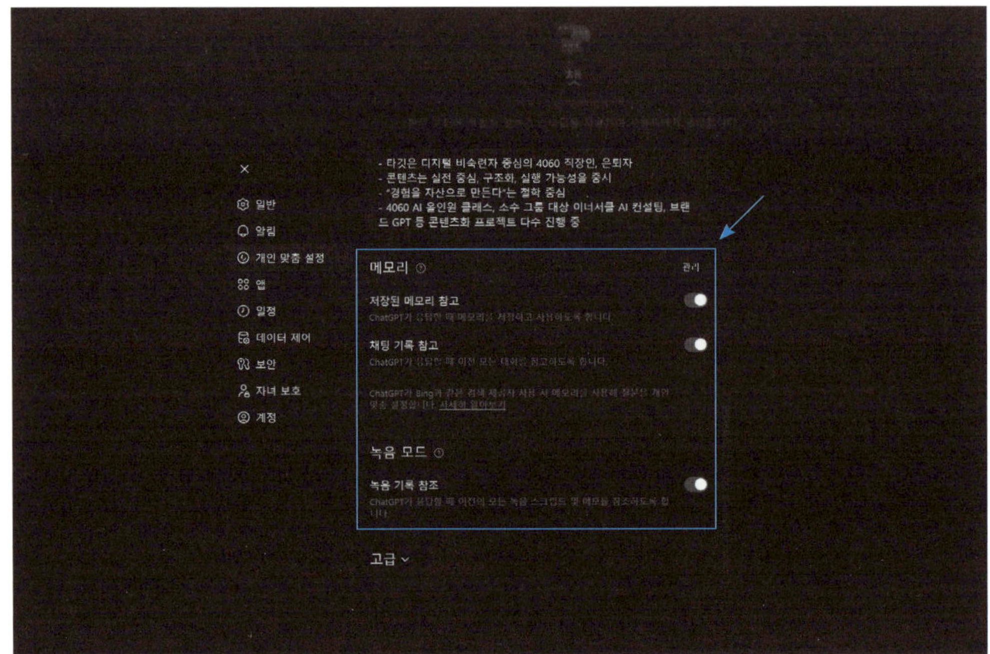

팝업창 최하단에서 메모리·녹음 모드 기능 등을 설정할 수 있다.

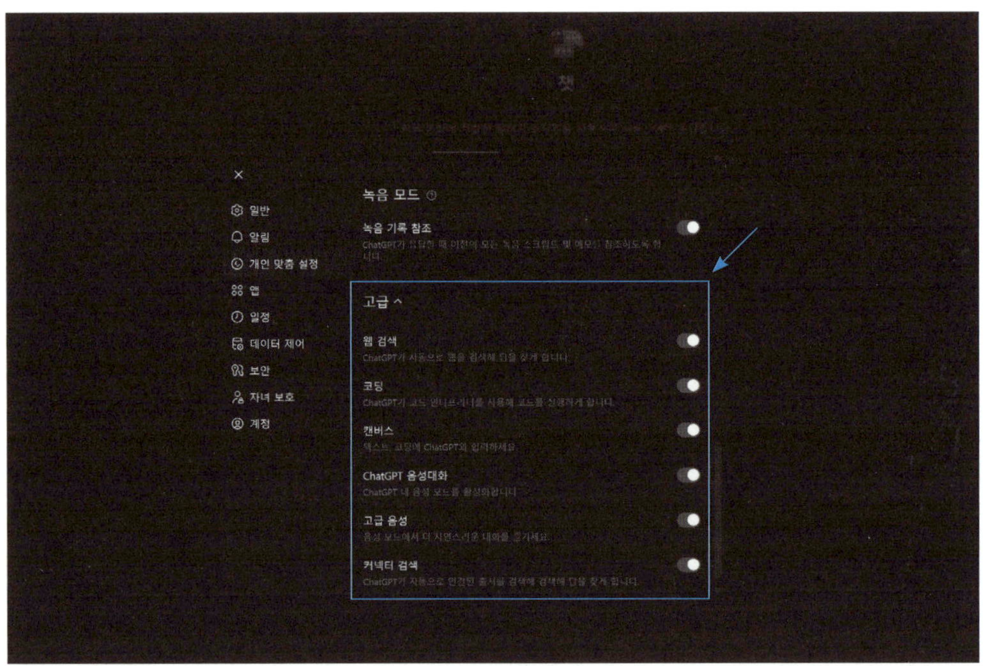

'고급' 메뉴를 클릭하면 웹 검색, 코딩, 캔버스, 챗GPT 음성 대화, 고급 음성 기능을 개별로 켜고 끌 수 있는 하위 항목들이 펼쳐진다.

게 한다.

⑥ 저장과 확인

- 화면 하단 '저장' 버튼을 눌러 확정한다.
- 바로 새 대화를 열고 테스트한다.
  - "지금 입력한 개인 맞춤 설정 지침을 요약해 주세요."
  - "내 직업과 톤을 반영해 오늘 해야 할 일 세 가지를 써주세요."
- 입력한 말투·지침이 제대로 반영되면 설정이 완료된 것이다.
- 챗GPT는 이전보다 훨씬 명확한 톤으로 응답할 것이다.

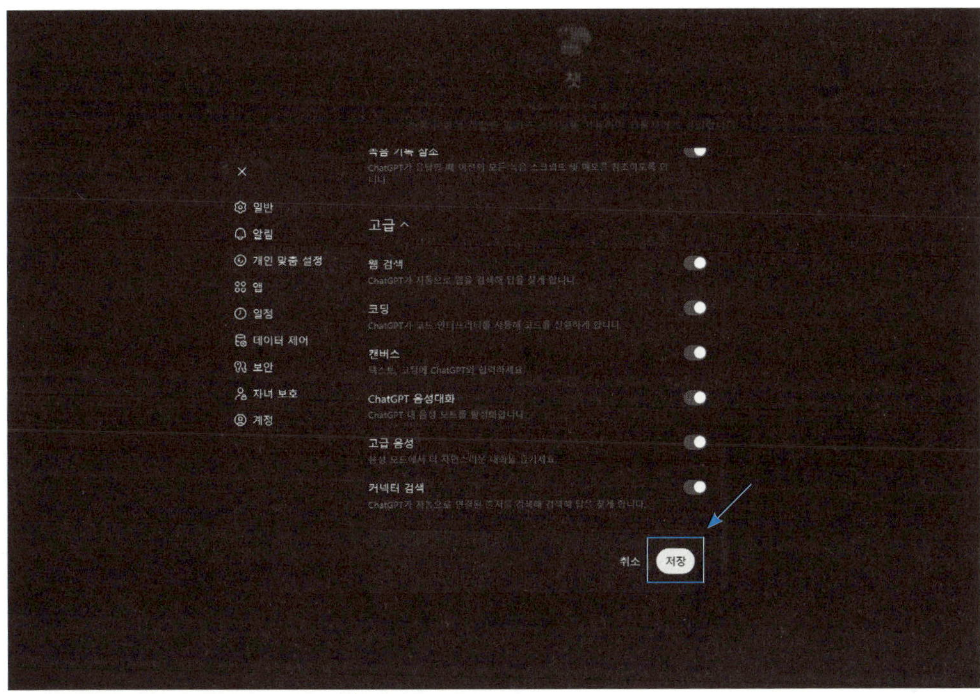

모든 설정을 완료한 후에는 '저장' 버튼을 눌러 확정한다.

- 당신이 입력한 문체, 길이, 말투가 그대로 반영되는 걸 체감할 수 있다.

개인 맞춤 설정의 핵심 원리

개인 맞춤 설정은 '프롬프트를 줄이는 기술'이다. 이 설정만 해두면 매번 같은 설명을 반복할 필요가 없다. 챗GPT는 이미 당신의 기본 맥락을 기억하기 때문이다. AI에게 **'사용자 매뉴얼'**을 건네는 것이라 생각하면 쉽다.

그렇다고 해서 챗GPT가 당신을 완전히 기억하는 건 아니다. 개인 맞춤 설정은 세션(대화) 단위가 아니라, 계정 수준에서 기본 응답 스타일을 정해주는 장치다. 즉, 새 대화를 시작해도 설정은 유지되지만, 대화 중의 맥락까지 저장되는 것은 아니다. 이 차이를 알아두면 나중에 헷갈리지 않는다.

실습 미션

오늘의 미션은 간단하다.

① 챗GPT의 개인 맞춤 설정 메뉴를 열고
② 이 책에 정리된 순서대로 각각 문장을 여러분의 상황에 맞게 바꿔서 입력하고
③ 마지막에 "오늘 점심 메뉴 추천해 줘" 같은 가벼운 질문을 던져보자.

그 한 줄의 답변이 달라지는 걸 직접 체험하면, 이 설정이 단순한 기술이 아니라 **AI와 나 사이의 첫 대화 세팅**이라는 걸 느끼게 된다. AI 를 바꾸려 하지 말고, 나를 알려주면 AI는 나를 닮아간다.

챗GPT의 '성격' 결정하기

AI에게 역할을 부여하는 순간, 대화는 달라진다

챗GPT는 명령보다 맥락에 반응한다. 같은 질문이라도, 어떤 역할 (Role)로 말을 걸었느냐에 따라 전혀 다른 답을 준다. 이게 바로 AI의 '성격 설정'이다.

많은 사람들이 챗GPT를 단순한 검색창처럼 쓴다.

"요약해 줘."

"글 써줘."

하지만 AI는 단어가 아니라 **맥락**을 이해한다. 그래서 당신이 어떤 대화를 원하느냐에 따라 챗GPT의 반응이 달라진다. 이건 단순히 문체의 차이가 아니라 **사람처럼 대화하는 리듬의 차이**다.

예를 들어 "내 발표를 더 설득력 있게 만드는 방법 알려줘"라고 물었을 때, 챗GPT에게 아무 설정 없이 묻는다면 그저 그런 일반적인 '발표 팁'을 나열할 것이다.

　　　　　　　　　　　2단. 나만의 챗GPT로 설정하기

하지만 "너는 10년 차 광고대행사 제안서 프레젠테이션 전담 발표 코치야"라고 한 문장을 앞에 더 붙이면 답변은 전혀 달라진다.

AI는 그 순간부터 '조언하는 사람의 말투'로 전환한다. 이게 바로 **역할 프롬프트(Role Prompting)의 핵심**이다.

Before

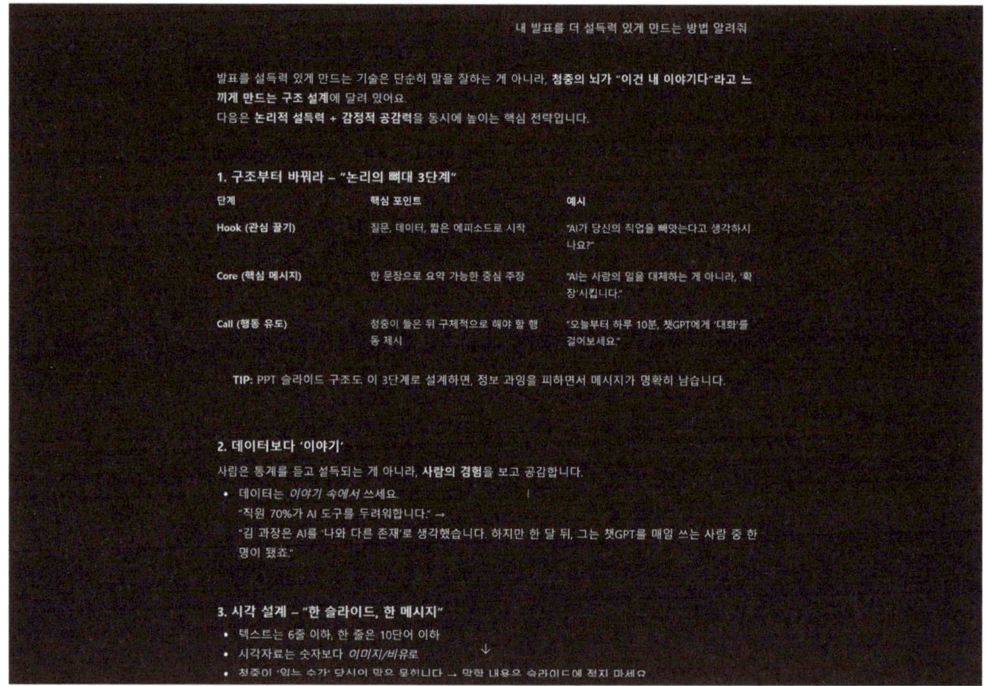

After

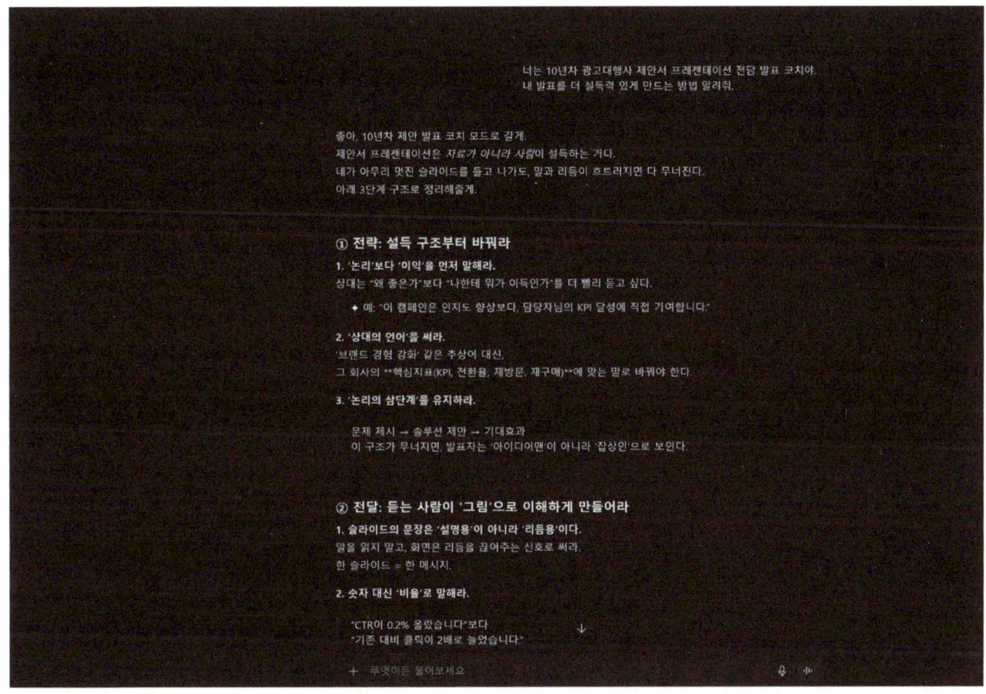

첫 번째는 아무런 설정 없이, 두 번째는 "너는 내 코치야"라고 설정한 후 동일하게 "발표를 잘하는 법"에 대해 물었다. 챗GPT의 응답을 비교해 보자.

네 가지 기본 성격 유형

챗GPT의 말투와 사고 흐름을 바꾸는 대표적인 네 가지 역할이 있다. 이건 공식 분류가 아니라, 내가 수백 번의 실습과 대화를 반복하며 정리한 실제 대화 패턴의 네 가지 축이다.

유형	설명	실제 사용 예시
코치형 (Coach)	조언과 피드백 중심. 목표를 구체화시키며 격려와 동기를 제공한다.	"내 프레젠테이션을 더 설득력 있게 만들려면?"

분석형 (Analyst)	근거 중심의 데이터형. 보고서, 전략 문서, 기획서에 적합하다.	"시장 트렌드를 3가지 키워드로 요약해 줘."
친구형 (Companion)	감정적 피드백과 대화 중심. 일상 대화나 언어 교정에 유용하다.	"오늘 좀 지쳤어. 내일은 어떻게 계획 세우면 좋을까?"
전문가형 (Expert)	전문 지식 기반의 설명형. 실무 조언이나 교육형 답변에 적합하다.	"50대 직장인이 블로그로 부수입을 만들려면?"

이 네 가지 기본 성격 유형은 'AI를 사람처럼 느끼게 하는 기초 성격 세트'라고 보면 된다. 실제로 챗GPT는 감정을 갖지 않지만, 맥락을 인식해 '감정이 있는 말투처럼' 표현할 수 있다. 즉, 당신이 어떤 말투로 요청하느냐가 챗GPT의 태도를 결정한다.

문장 한 줄이 AI의 성격을 바꾼다

AI에게 성격을 주는 건 어렵지 않다. 다음처럼 문장 한 줄만 덧붙이면 된다.

"엄격한 코치처럼 말해줘."

"친절하지만 단호한 톤으로 정리해 줘."

"내 글을 잡지 에디터처럼 다듬어 줘."

이 짧은 문장 하나가 대화의 분위기를 완전히 바꿔놓는다. 예를 들어 "아래 글의 첫 문장이 어색한데 어떻게 바꿀까?"라고 물으면 기본 챗GPT는 단순히 문법적 수정안을 제시한다.

그러나 "문학 잡지 에디터처럼 대답해 줘"를 앞이나 뒤에 덧붙이면 그 답변은 훨씬 자연스러운 흐름과 감각적인 표현으로 바뀐다.

Before

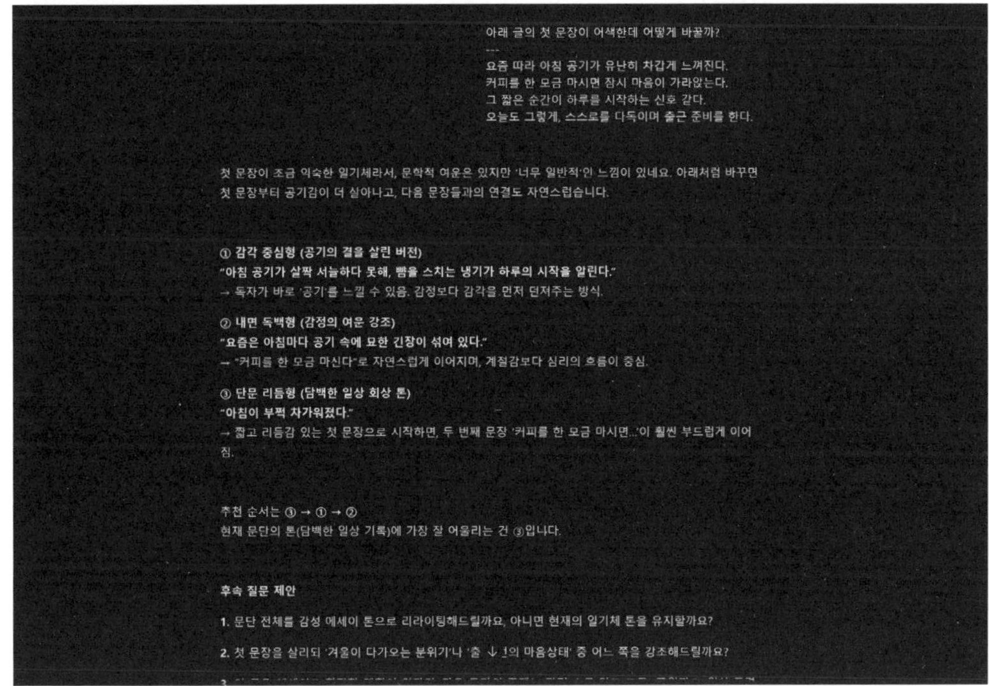

2단. 나만의 챗GPT로 설정하기

문학잡지 에디터처럼 대답해줘.
아래 글의 첫 문장이 어색한데 어떻게 바꿀까?

요즘 따라 아침 공기가 유난히 차갑게 느껴진다.
커피를 한 모금 마시면 잠시 마음이 가라앉는다.
그 짧은 순간이 하루를 시작하는 신호 같다.
오늘도 그렇게, 스스로를 다독이며 출근 준비를 한다.

첫 문장이 약간 '일기장 톤'이라서, 독자 입장에서 긴장감이 풀린 채로 시작해버린다는 게 문제야. 나머지 문장들이 비교적 정제된 감정선을 가지고 있어서, 첫 문장도 그에 맞게 더 *묘사 중심*이나 *내면 중심*으로 다듬는 게 좋아.

예를 들어 이런 식으로 조정할 수 있어:

1. **감각을 더 세밀하게 표현한 버전**
   오늘 아침 공기가 유난히 맑고 차다. 마치 마음속 생각들까지 한겹 벗겨내는 듯하다.

2. **정서적 여운 중심 버전**
   차가운 공기가 얼굴을 스치자, 어제의 피로가 한순간에 깨어난다.

3. **일상 서정형 버전**
   이른 아침, 찬 공기가 창문 틈으로 스며든다. 그 냉기에 정신이 조금 또렷해진다.

이 중 ①은 묘사힘 서두라서 잡지 에세이 첫 문장으로 자연스럽고, ②는 인물의 내면 톤이 선명해지는 장점이 있고, ③은 잔잔한 일상 리듬을 유지하면서도 '공기'의 이미지를 살려줘.

전체 문단의 서정적 리듬을 고려하면, 첫 문장을 이렇게 바꿔보는 게 가장 안정적이야:

   이른 아침, 차가운 공기가 창문 틈으로 스며든다.

이 문장 하나만 바꿔도 뒤 문장들과 호흡이 맞아떨어진다.

후속으로 생각해볼 질문
1. 글의 주제를 '습관적인 하루의 반복'으로 둘지, '자기 위로'로 둘지?
2. 커피 장면을 감각적으로 확장할 건지, 상징적으로 처리할 건지?
3. 문단 끝에 '출근 준비'보다 더 열린 여운을 남길 여지가 있을까?

첫 번째는 기본 챗GPT 답변, 두 번째는 "문학잡지 에디터처럼"이라는 설정 후의 답변이다.

AI와 '관계' 설정하기

실제 '개인 맞춤 설정'의 맞춤형 지침에 이런 문장들을 넣으면 챗GPT는 '성격'을 반영한 상태로 모든 대화에 일관된 톤을 유지한다.

① 보고서 보조자 버전

"나는 공공기관 홍보 담당자입니다. 보고서를 간결하고 논리적으로 정리하도록 도와주세요."

→ 챗GPT가 요약 중심의 답변과 제안 구조를 유지한다. 결과는 딱딱하지만 정확하다. 데이터 중심 문서 작성에 적합하다.

② 콘텐츠 기획자 버전

"나는 유튜브와 블로그를 함께 운영하는 50대 크리에이터입니다. 독자의 감정에 공감할 수 있는 제목 아이디어와 후킹 문장을 제안해 주세요."

→ 챗GPT가 '콘텐츠 마케터 말투'로 대화한다. 표현이 부드럽고, 제안이 감정적으로 설득력 있다. 마치 '동료 크리에이터'와 대화하는 느낌이 된다.

③ 학습 파트너 버전

"나는 영어 회화를 다시 배우고 싶은 60대입니다. 너무 어렵지 않게, 대화 예시를 단계별로 제시해 주세요."

→ 챗GPT가 '레슨 1, 레슨 2' 같은 구조로 정리하며 선생님 같은 말투로 응답한다. 자연스럽게 'AI 선생님'이 된다.

AI와의 관계 설정, 기술이 아닌 태도의 문제

챗GPT는 단순히 질문에 답하는 존재가 아니라, '당신이 어떤 사람인가'를 이해한 뒤 '당신에게 맞게' 응답하는 존재다. 그래서 **개인 맞춤 설정은 명령이 아니라 대화의 시작**이다.

당신이 단순히 "조언해 줘"라고 말할 때와 "내 코치가 되어줘"라고 말할 때의 결과는 완전히 다르다. 전자는 기능을 쓰는 방식이고, 후자는 **관계를 만드는 방식**이다.

AI는 그 관계 속에서 당신의 언어를 배운다. **AI를 다루는 법은 결국, 나의 말투와 태도를 설계하는 일이다.** 지금 당신의 직업이나 역할에 맞게 개인 맞춤 설정의 문장을 한 줄만 바꿔서 입력해 보자. 챗GPT는 그 한 줄만으로도 당신을 다르게 이해하기 시작할 것이다.

핵심 요약

챗GPT는 감정이 아니라 맥락에 반응한다.

개인 맞춤 설정은 '명령'이 아니라 '관계 설정'이다. 한 문장으로 AI의 성격을 바꿀 수 있다.

당신의 말투를 닮은 챗GPT가 결국 당신의 생산성을 높인다.

이해하게 만들까, 목적에 맞게 만들까

많은 사람들이 처음에 '개인 맞춤 설정'과 'GPTs'를 헷갈려 한다.

하지만 직접 사용해 보면 완전히 다른 기능이다.

구분	개인 맞춤 설정 (Custom Instructions)	GPTs (지피티즈)
적용 범위	내 계정 전체에 적용됨	특정 주제나 목적에 한정
제작 가능 여부	무료·유료 모두 가능	직접 제작은 유료 사용자만, 사용은 무료 사용자도 가능
목적	챗GPT가 '나를 이해하게' 하는 설정	내가 원하는 '특화 GPT'를 만들거나 사용하는 도구
예시	"나는 정부 공공기관 홍보 담 당자입니다."	「여행 일정 짜주는 GPT」, 「블로그 글 다듬기 GPT」, 「운동 루틴 코치 GPT」

이 두 기능의 차이는 '방향성'에 있다.

개인 맞춤 설정은 챗GPT가 **나를 이해**하도록 만드는 것이다.

GPTs는 내가 **GPT를 특정 목적에 맞게 설계**하는 것이다.

즉, 개인 맞춤 설정이 'AI에게 나를 소개하는 프로필 설정'이라면,
GPTs는 '나를 대신해 일할 나의 분신(Bot)'을 만드는 일이다.

실제 예시로 구분해 보자

- 개인 맞춤 설정

"나는 50대 크리에이터입니다. 문체는 따뜻하게, 설명은 단계별
로 해주세요."

→ 챗GPT가 모든 대화에서 이 정보를 반영한다.

- GPTs

「블로그 SEO 분석 GPT」 제작

→ 해당 GPT는 '검색 엔진 최적화 분석'이라는 특정 목적만 수행한다. 하나의 역할에 특화된 챗봇이다.

GPT 스토어의 등장

2024년 말부터 오픈AI는 전 세계 사용자들이 만든 GPTs를 모아둔 GPT 스토어를 열었다. 이곳에서는 다른 사람이 만든 GPTs를 '검색'하고 '바로 실행'할 수 있다.

예를 들어 「이메일 초안 GPT」, 「유튜브 제목 생성 GPT」, 「여행 일정 짜주는 GPT」 같은 것들을 찾을 수 있다.

무료 사용자도 이 GPTs를 사용할 수 있다. 하지만 직접 제작하거나 수정하려면 플러스 혹은 프로 플랜(요금제)이 필요하다.

실제 실습

GPT 스토어에서 다른 사람의 GPTs 써보기

① 챗GPT 화면 왼쪽 메뉴에서 'GPT 탐색'을 클릭한다.

② 검색창에 "문서 요약"을 입력해 보자.

③ 「문서 작성 전문 GPT」, 「ScholarEdge 논문 분석 GPT」 같은 GPTs 목록이 나타난다.

④ 마음에 드는 GPT를 클릭하고, 바로 대화창을 열면 된다.

→ 이렇게 실행된 GPT는 기본 GPT와는 별개의 대화 공간에서 작동한다. 즉, 하나의 독립된 '역할형 챗봇'을 사용하는 셈이다.

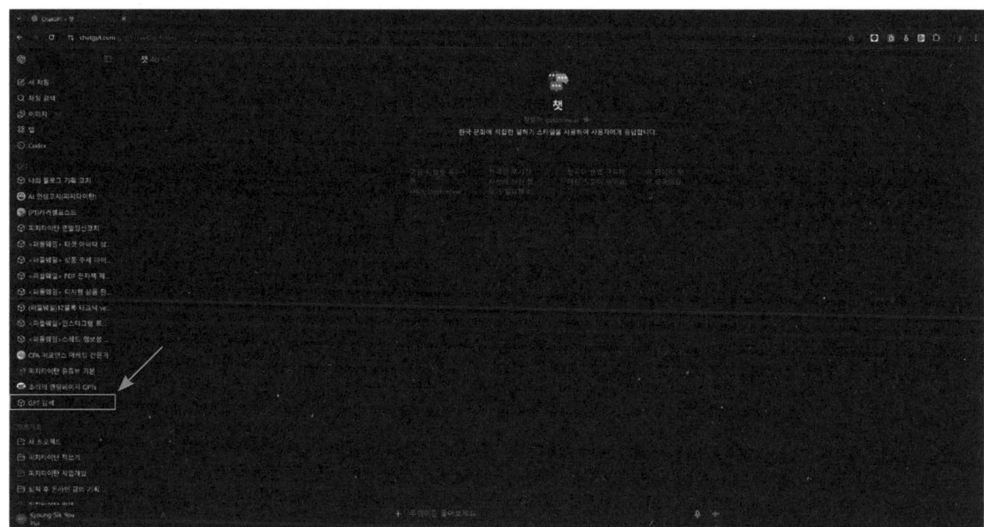

GPT 스토어에 들어가기 위해서는 챗GPT 화면 좌측 하단의 'GPT 탐색' 버튼을 클릭하면 된다.

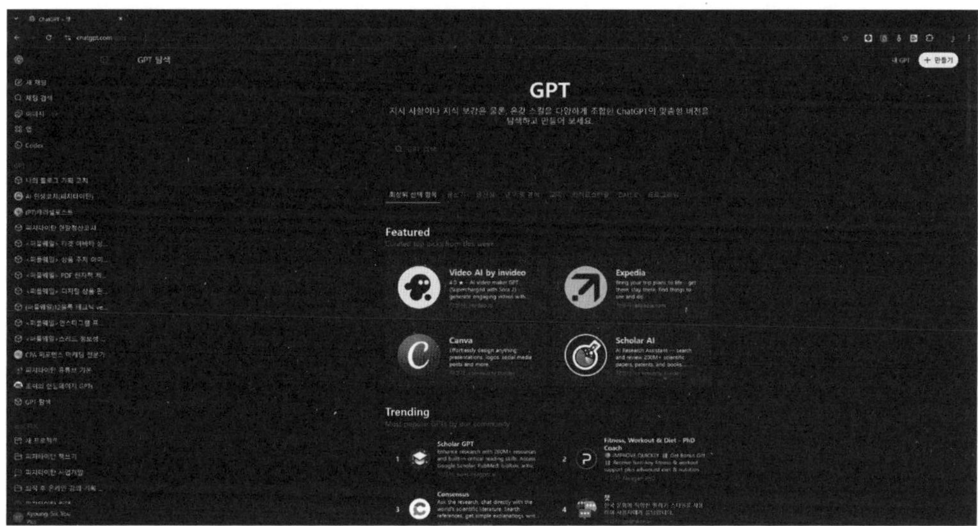

GPT 스토어 실행 화면이다.

2단. 나만의 챗GPT로 설정하기

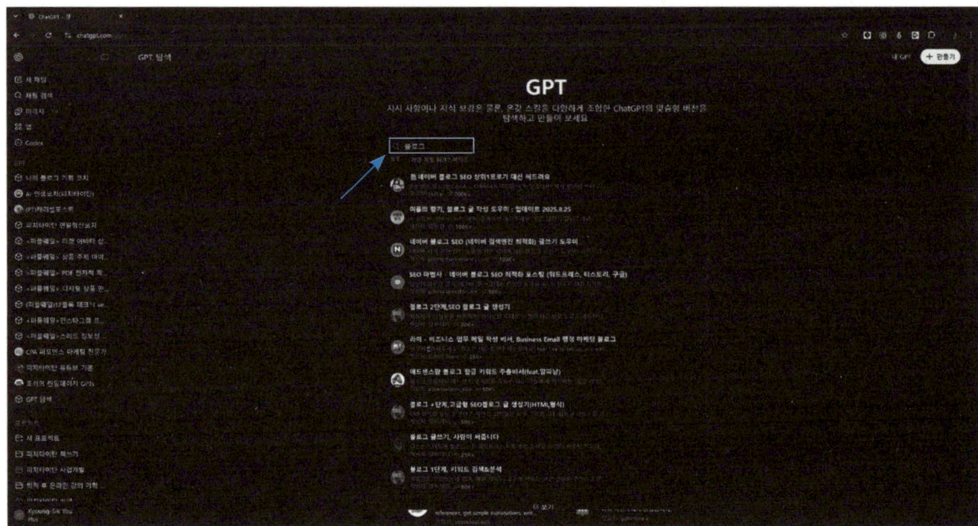

GPT 스토어 검색창에 '블로그'를 검색하자 하단에 관련 GPT들이 나열된다.

상위에 검색된 GPT 중 하나를 클릭한 화면이다. 하단의 '채팅 시작'을 클릭하면 바로 사용할 수 있다.

챗GPT 구구단

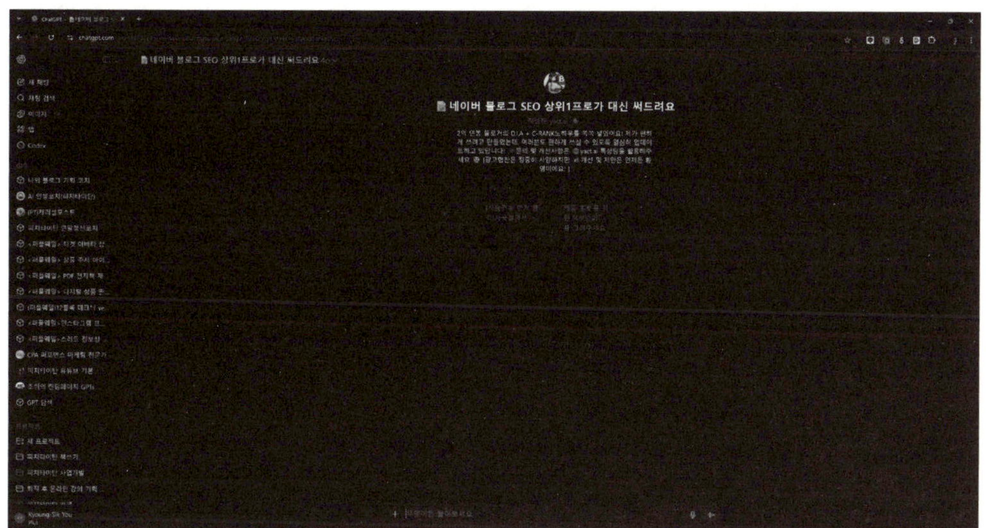

GPT의 '채팅 시작'을 누르면 GPT가 실행되어 바로 채팅을 할 수 있는 화면이 나온다.

핵심 요약

- 개인 맞춤 설정(Custom Instructions)=챗GPT가 나를 이해하도록 설정.

- GPTs(지피티즈)=내가 특정 목적을 위해 GPT를 새로 만드는 도구.

- 무료 사용자도 GPTs 사용은 가능하지만, 제작은 플러스 버전 이상만 가능하다.

- GPT 스토어에서 다른 사람이 만든 GPT를 검색해 바로 실행할 수 있다.

- 개인 맞춤 설정은 프로필, GPTs는 분신. 두 기능은 방향이 완전히 다르다.

프롬프트, 세션, 토큰이 뭔데요?

챗GPT를 배우다 보면, 처음엔 생소한 단어들이 등장한다. 프롬프트, 세션, 토큰. 이 세 단어만 이해해도 GPT가 왜 그렇게 대답하는지, 왜 어떤 날은 대화가 끊기는지 쉽게 알 수 있다.

1) 프롬프트(Prompt)

프롬프트는 챗GPT에게 말을 거는 모든 문장이다. '질문'이자 '지시문'이며, 대화의 출발점이다.

"오늘 서울 날씨 어때?"
"보고서 문장을 더 부드럽게 다듬어 줘."
"50대 직장인이 블로그로 수익을 내려면 무엇부터 해야 해?"

이 세 문장은 모두 프롬프트다. 즉, 프롬프트는 '명령'이 아니라 대화의 방향을 제시하는 말이다. 검색창에 단어 몇 개를 던지는 게 아니라, 대화의 맥락을 만들어 주는 게 프롬프트의 역할이다.

실습 제안

챗GPT에 이렇게 입력해 보자.

대화가 달라질 것이다. AI는 단순히 문법을 고치지 않고, '코치처럼' 조언한다. 이게 바로 프롬프트의 힘이다.

2) 세션(Session)

세션은 하나의 대화 흐름이다. 우리가 카카오톡 대화방에서 대화를 이어가는 것과 같다. 같은 세션 안에서는 챗GPT가 이전 대화를 기억한다.

이렇게 이어서 물으면 챗GPT는 앞서 말한 '첫 번째 메뉴'를 기억하고 답한다.

하지만 새로 대화를 시작하면('새 대화(New Chat)' 클릭), 챗GPT는 과거 대화를 잊는다. 이전 세션의 정보는 연결되지 않는다.

　　　　　　　　　　　　　2단. 나만의 챗GPT로 설정하기

이걸 이해하면 "왜 챗GPT가 대답을 끊거나 맥락을 놓쳤는지" 명확해진다. AI가 건망증이 있어서가 아니라, 세션이 새로 열렸기 때문이다.

3) 토큰(Token)

토큰은 챗GPT가 텍스트를 이해하는 최소 단위다. 쉽게 말하면 '글자 조각'이다.

한글 기준으로 약 1,000자 정도가 500~600 토큰에 해당한다. GPT는 한 번의 대화에서 처리할 수 있는 토큰 수에 한계가 있다. 토큰이 너무 많아지면, GPT가 중간에 답변을 중단하거나 흐름이 끊길 수 있다.

모델이 발전할수록 한 번에 처리할 수 있는 토큰 양이 커진다.

- GPT-3.5: 약 4,000토큰 수준
- GPT-4: 약 8,000~32,000토큰 수준
- GPT-5: 이전 세대보다 훨씬 긴 글을 한 번에 처리할 수 있다. 긴 보고서나 책 단위의 요약도 가능할 만큼, 처리 범위가 크게 확장되었다.

실습 제안

① 챗GPT에게 짧은 문장을 입력해 보고
② 그다음 아주 긴 문단을 입력해 보자.

→ 답변 속도와 요약 방식의 차이를 체감할 수 있을 것이다.

프롬프트, 세션, 토큰, 꼭 기억하자. 이 세 가지를 이해하면 챗GPT가 어떻게 생각을 이어가고, 왜 때로는 중간에 멈추는지를 스스로 판단할 수 있다.

핵심 요약

프롬프트: GPT에게 말을 거는 문장. 질문이 곧 생각의 시작이다.

세션: 대화의 맥락이 유지되는 공간. 새 대화는 새 세션이다.

토큰: GPT가 텍스트를 이해하는 단위. 모델이 높을수록 더 많은 내용을 다룰 수 있다.

하루 5분
챗GPT의 힘

챗GPT의 진짜 힘은 설정이 아니라 반복된 사용에서 생긴다. 맞춤 설정을 아무리 완벽하게 해놓아도, 매일 대화를 열지 않으면 그 설정은 아무 의미가 없다. 배움이란 결국 '익숙함의 반복'이다.

처음엔 "오늘은 뭐라고 물어볼까?" 하며 머뭇거린다. 그러다 하루에 한 번씩 질문을 던지게 되고, 어느새 챗GPT는 메모장보다 먼저 켜는 도구가 된다. 습관이란 그렇게 시작된다.

하루 5분의 대화가 만드는 변화

처음엔 부담을 버리자. 오늘 하루, 단 5분이면 된다.

"웹 검색해서 오늘 뉴스 중에 가장 중요한 사건 세 가지를 요약해 줘."

"내가 쓴 이메일 문장을 더 자연스럽게 바꿔줘."

"내일 발표를 앞두고 마음이 불안한데, 어떻게 준비하면 좋을까?"

이런 짧은 대화가 쌓이면 사고력과 표현력이 함께 확장된다. AI는 당신의 질문 패턴을 학습하지 않지만, **당신의 뇌는 반복된 질문을 통해 사고 습관을 학습한다.** 결국 성장하는 건 챗GPT가 아니라 당신이다.

'사용자'에서 '활용가'로

챗GPT를 단순히 '검색하는 도구'로 쓰는 사람과 '생각을 정리하는 파트너'로 쓰는 사람의 차이는 **습관의 깊이**에서 갈린다.

매일 5분, 질문을 던지고 기록하는 습관이 생기면 당신은 이미 AI를 배우는 단계를 지나, AI와 함께 사고하는 사람으로 변해 있을 것이다. 그 순간, 챗GPT는 기술이 아니라 당신의 일상 언어가 된다.

작게, 자주, 꾸준히

배움의 속도는 빠름보다 지속에 있다. 완벽한 날을 기다리지 말자. 오늘 한 문장이라도 던지는 게 중요하다.

"나의 오늘을 정리해 줘."
"내가 어제보다 나아진 점 세 가지를 써줘."

이건 단순한 AI 활용이 아니라 **자기 대화의 복원**이다. 하루를 기록하고, 스스로에게 묻는 과정이 바로 성장의 시작이다.

핵심 요약

- 설정보다 중요한 건 반복이다.
- 하루 5분의 질문이 사고의 리듬을 만든다.
- 꾸준히 대화하는 사람만이 AI를 '내 언어'로 만든다.
- 작은 질문 하나가 내일의 변화를 준비한다.

AI 설정은
서로를 알아가는 과정이다

1. AI는 '나'를 알아야 돕는다.

챗GPT가 당신의 직업, 말투, 목표를 모르면 단순한 검색창에 불과하다. 개인 맞춤 설정을 통해 '당신의 언어'를 알려주는 순간, AI는 비로소 나를 이해하는 파트너가 된다.

2. 챗GPT의 성격은 내가 만든다.

"친절하게", "전문가처럼", "친구처럼". 이 한 문장이 챗GPT의 태도를 완전히 바꾼다. AI의 말투는 사용자의 태도를 닮는다.

3. 개인 맞춤 설정은 관계, GPTs는 도구다.

개인 맞춤 설정은 챗GPT가 '나를 이해하게' 만드는 기능이고, GPTs는 내가 '특정 목적의 챗봇'을 만드는 기능이다. GPTs 사용은 무료 요금제도 가능하지만, 제작은 플러스 버전 이상에서만 가능하다.

4. 프롬프트·세션·토큰은 챗GPT의 언어다.

프롬프트는 질문, 세션은 대화의 공간, 토큰은 단어의 조각이다. 이 세 가지를 이해하면 챗GPT가 왜 멈추는지, 왜 이전 대화를 잊는지 이해하게 된다.

5. 설정보다 중요한 건 리듬이다.

한 번의 설정보다, 매일의 사용이 중요하다. 하루 5분이라도 대화를 이어가면, AI 활용은 생활이 된다.

- **오늘의 한 문장**

  "AI는 지식이 아니라 관계로 배운다. 내가 나를 정의하는 순간, AI는 나를 돕기 시작한다."

- **다음 단 예고**

  3단에서는 '좋은 질문의 기본기', 즉 '프롬프트'를 배우고 챗GPT에게 무엇을, 어떻게 물어야 하는가를 익히게 된다.

: 챗GPT에게 자기소개하셨나요?

- **오늘의 기록**

  이 페이지는 당신의 첫 개인 맞춤 설정(Custom Instructions) 기록이다. 챗GPT에게 나를 소개하는 일은 AI를 배우는 것이 아니라, '나를 정리하는 과정'이다. 짧은 문장이라도 괜찮다. 중요한 건 '오늘 한 번 설정해 봤다'는 사실이다.

- **오늘의 질문**

  챗GPT 프롬프트창에 다음 두 문장을 직접 써보라. 다음의 예시처럼, '나'를 설명하고 '챗GPT의 말투'를 지정하면 된다.

❶ 챗GPT가 당신에 대해 알기를 원하는 것
예시
- "나는 50대 크리에이터이며, 글쓰기와 강의 기획을 자주 한다."
- "공공기관 홍보 업무를 오래했고, 문서 요약과 정리를 돕는 AI를 원한다."

❷ 챗GPT가 어떤 방식으로 응답하길 원하는가
예시
- "친절하지만 간결하게, 실제 사례를 들어 설명해 줘."
- "전문가처럼 조언하되, 5060세대가 이해하기 쉬운 표현을 써줘."

나의 질문

____

____

____

• 오늘의 소감

오늘 개인 맞춤 설정을 하며 느낀 점, AI가 나를 이해한다는 감
각이 들었던 순간을 적어보자.

예시
- "처음엔 낯설었지만, 질문을 던지자 생각이 정리됐다."
- "이젠 두렵지 않다. 내 언어로 대화할 수 있다는 게 신기하다."

나의 소감

____

____

____

- ## 인상 깊었던 답변

  개인 맞춤 설정을 마친 후, 챗GPT에게 테스트 질문을 던져보자.

  AI가 어떤 어조로 답했는지, 인상 깊었던 한 줄을 적어보자.

예시
- "좋아요, 앞으로 문서를 정리할 때는 이런 구조로 도와드릴게요."
- "당신의 톤을 반영해 글을 좀 더 부드럽게 다듬어 드릴게요."

인상 깊은 한 문장

____

____

____

- ## 기억하고 싶은 한 문장

  오늘 대화 속에서 마음에 남은 문장, 혹은 스스로 느낀 깨달음을

  한 줄로 적어보자.

예시
- "챗GPT는 검색창이 아니라, 대화의 시작점이다."
- "배움은 완벽보다 반복이 만든다."

내가 기억하고 싶은 문장

____

____

____

• **습관북 체크리스트**

항　목	실천 여부
챗GPT의 '개인 맞춤 설정' 메뉴를 열어봤다	☐
나를 소개한 문장을 한 줄 작성했다	☐
응답 방식을 한 줄 지정했다	☐
설정 후 챗GPT에게 테스트 질문을 던졌다	☐
오늘의 기록을 다시 읽어보았다	☐

▪ 오늘은 완벽하게 쓰지 않아도 된다.
▪ 개인 맞춤 설정은 언제든 수정할 수 있다.
▪ 중요한 건 'AI에게 나를 소개한 경험'을 남기는 일이다.
▪ 내일은 오늘의 문장을 다시 읽고, 한 줄만 더 다듬어 보자.

3단.
대화는 맥락이다

프롬프트 설계법

챗GPT는 함께 생각하는 파트너다

많은 사람들은 여전히 챗GPT를 '조금 똑똑한 검색창' 정도로 생각한다. '요약해 줘, 글 써줘' 같은 명령을 던지고 결과를 기다린다.

하지만 챗GPT는 검색 엔진이 아니다. 검색은 정보를 찾는 도구이고, **챗GPT는 생각을 정리하는 대화 상대**다.

검색은 단어 몇 개로 이루어지지만, 챗GPT는 문장과 맥락으로 작동한다. 검색창에 '퇴직 후 창업'이라고 입력하면, 수천 개의 정보가 쏟아진다. 그중 어떤 것이 내 상황에 맞는지 판단하는 일은 여전히 내 몫이다. 반면 챗GPT에게 이렇게 묻는다면 대화의 본질이 달라진다.

> "나는 50대 후반 직장인인데, 퇴직 후 안정적인 소득을 만들고 싶어. 위험이 크지 않은 현실적인 창업 아이템을 세 가지 추천해 줘."

이건 단순한 질문이 아니라, **나의 맥락을 전제한 대화**다. 챗GPT는 나이, 직업, 상황을 반영해 현실적 답을 제시한다. 검색이 '정보를 찾아주는 시스템'이라면, 챗GPT는 '나와 함께 생각하는 파트너'다.

검색과 프롬프트의 차이를 체감하는 순간

다음은 실제로 많은 사용자가 해보는 비교 실험이다.

구분	검색	챗GPT 대화
입력 문장	"퇴직 후 창업 아이템"	"나는 54세 직장인인데, 퇴직 후 안정적인 창업을 원해. 초기 자본은 5,000만 원 정도야. 내가 할 수 있는 현실적인 아이템을 추천해 줘."
결과	블로그, 기사, 유튜브 링크 등 정보 목록	사용자의 나이, 자본, 관심사를 반영한 구체적 아이템+장단점 요약

이 차이가 바로 **정보 검색에서 대화로의 전환**이다. 프롬프트는 AI에게 단어를 던지는 게 아니라, 맥락을 나누는 일이다. 즉, 검색은 과거의 습관이고 프롬프트는 새로운 사고의 기술이다.

실습 예시

오늘 이렇게 시작해 보자.

"나는 50대 직장인이야. 퇴근 후 1시간씩 투자할 수 있는 단기간 내 수익화가 가능한 사이드 프로젝트 5개를 추천해 줘."

챗GPT는 당신의 연령과 시간 제약을 고려한 제안을 내놓을 것이다. 그 답 중 하나를 선택해 이렇게 이어 묻자.

그 순간 GPT는 단순한 도구에서 '대화형 코치'로 바뀐다. 3개월 실행 계획(로드맵)을 정말 자세히, 실행 가능할 수준으로 작성해 준다. 심지어 퇴근 후 1시간 기준으로 매일 어떤 일들을 해야 하는지도 알려준다.

핵심 포인트

- 검색은 정보 수집이고, 챗GPT는 사고 확장이다.
- 좋은 질문은 단어가 아니라 맥락에서 시작된다.
- AI를 잘 쓰는 사람은 정보를 찾는 사람이 아니라 질문을 설계하는 사람이다.

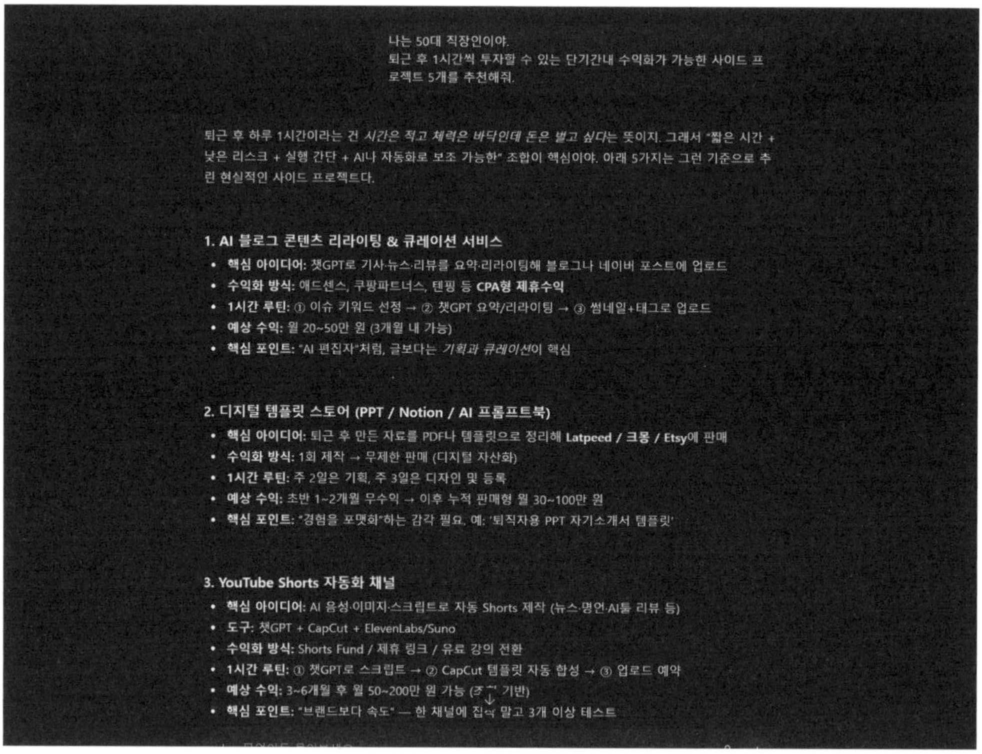

나는 50대 직장인이야.
퇴근 후 1시간씩 투자할 수 있는 단기간내 수익화가 가능한 사이드 프로젝트 5개를 추천해줘.

퇴근 후 하루 1시간이라는 건 *시간은 적고 체력은 바닥인데 돈은 벌고 싶다*는 뜻이지. 그래서 "짧은 시간 + 낮은 리스크 + 실행 간단 + AI나 자동화로 보조 가능한" 조합이 핵심이야. 아래 5가지는 그런 기준으로 추린 현실적인 사이드 프로젝트다.

1. AI 블로그 콘텐츠 리라이팅 & 큐레이션 서비스

- **핵심 아이디어:** 챗GPT로 기사·뉴스·리뷰를 요약·리라이팅해 블로그나 네이버 포스트에 업로드
- **수익화 방식:** 애드센스, 쿠팡파트너스, 텐핑 등 **CPA형 제휴수익**
- **1시간 루틴:** ① 이슈 키워드 선정 → ② 챗GPT 요약/리라이팅 → ③ 썸네일+태그로 업로드
- **예상 수익:** 월 20~50만 원 (3개월 내 가능)
- **핵심 포인트:** "AI 편집자"처럼, 글보다는 *기획과 큐레이션*이 핵심

2. 디지털 템플릿 스토어 (PPT / Notion / AI 프롬프트북)

- **핵심 아이디어:** 퇴근 후 만든 자료를 PDF나 템플릿으로 정리해 **Latpeed / 크몽 / Etsy**에 판매
- **수익화 방식:** 1회 제작 → 무제한 판매 (디지털 자산화)
- **1시간 루틴:** 주 2일은 기획, 주 3일은 디자인 및 등록
- **예상 수익:** 초반 1~2개월 무수익 → 이후 누적 판매형 월 30~100만 원
- **핵심 포인트:** "경험을 포맷화"하는 감각 필요. 예: '퇴직자용 PPT 자기소개서 템플릿'

3. YouTube Shorts 자동화 채널

- **핵심 아이디어:** AI 음성·이미지·스크립트로 자동 Shorts 제작 (뉴스·명언·AI툴 리뷰 등)
- **도구:** 챗GPT + CapCut + ElevenLabs/Suno
- **수익화 방식:** Shorts Fund / 제휴 링크 / 유료 강의 전환
- **1시간 루틴:** ① 챗GPT로 스크립트 → ② CapCut 템플릿 자동 합성 → ③ 업로드 예약
- **예상 수익:** 3~6개월 후 월 50~200만 원 가능 (조회 기반)
- **핵심 포인트:** "브랜드보다 속도" — 한 채널에 집착 말고 3개 이상 테스트

좋아, 2번 아이템으로 3개월 계획을 세워줘 ⬆ 공유하기

좋군, 피치타이탄님답게 가장 "현실적인 자산화 루트"를 고르셨네요.
"디지털 템플릿 스토어(PPT / Notion / AI 프롬프트북)"은 퇴근 후 1시간 루틴으로 진짜 *자산화의 손맛*을 느낄 수 있는 모델이에요.
3개월은 "**1개월: 기획, 2개월: 제작, 3개월: 판매 자동화**"로 쪼개야 효율이 극대화됩니다.

💡 **3개월 실행 로드맵: 디지털 템플릿 스토어 구축**

월	핵심 목표	주차별 세부 실행	도구/성과물
1개월차 – 시장탐색 & 기획	'팔릴만한 템플릿' 3개 주제 확정	**1주차:** Latpeed, 크몽, Etsy, Notion Market 등에서 상위 판매 템플릿 20개 리서치 **2주차:** 피치타이탄님의 전문영역(교육·기획·AI활용 등)과 교차시켜 차별화 주제 3개 도출 **3주차:** 각 주제별 구성요소 정리 (페이지 구성, 포맷, 고객 타깃) **4주차:** 샘플 1개 프로토타입 제작 (Figma나 PPT로 목업 수준)	- 시장분석표 1개 - 주제 3개 확정 - 샘플 템플릿 1종
2개월차 – 제작 & 파일 완성	3개 템플릿 완성 (패키징 포함)	**1주차:** 1번 템플릿 완성 → 테스트 사용자 1~2명에게 피드백 **2주차:** 2번 템플릿 완성 (리라이팅 구조 개선, 컬러 통일) **3주차:** 3번 템플릿 완성 → 목차·설명서·미리보기 이미지 제작 **4주차:** 전 제품 통합 리뉴얼 및 패키징	- 완성본 3종 (PPT, PDF, Notion 등) - 판매용 썸네일·설명서
3개월차 – 등록 & 자동수익화	스토어 등록 + 판매루틴 자동화	**1주차:** Latpeed·크몽·Etsy·피치타이탄 브랜드몰(노션/스레드 등)에 등록 **2주차:** 가격정책·설명문·썸네일 A/B 테스트 **3주차:** 홍보 루틴 구축 (스레드·유튜브 쇼츠·뉴스레터 CTA) **4주차:** 후기 수집 + 2차 상품 기획 착수	- 등록 완료 3곳 - 월 1시간 자동홍보 루틴 완성 - 피드백 리포트

⏱ **운영 루틴 (퇴근 후 1시간 기준)**

요일	주요 활동	체크리스트
월	아이템 리서치	상위 5개 스토어 인기템 비교
화	템플릿 구조 설계	페이지 플로우 스케치
수	디자인 & 문구 작업	폰트·컬러 통일
목	피드백 반영	시각적 통일감'점검
금	스토어 설명문 작성	"구매 후 바로 쓸 수 있다" 강조

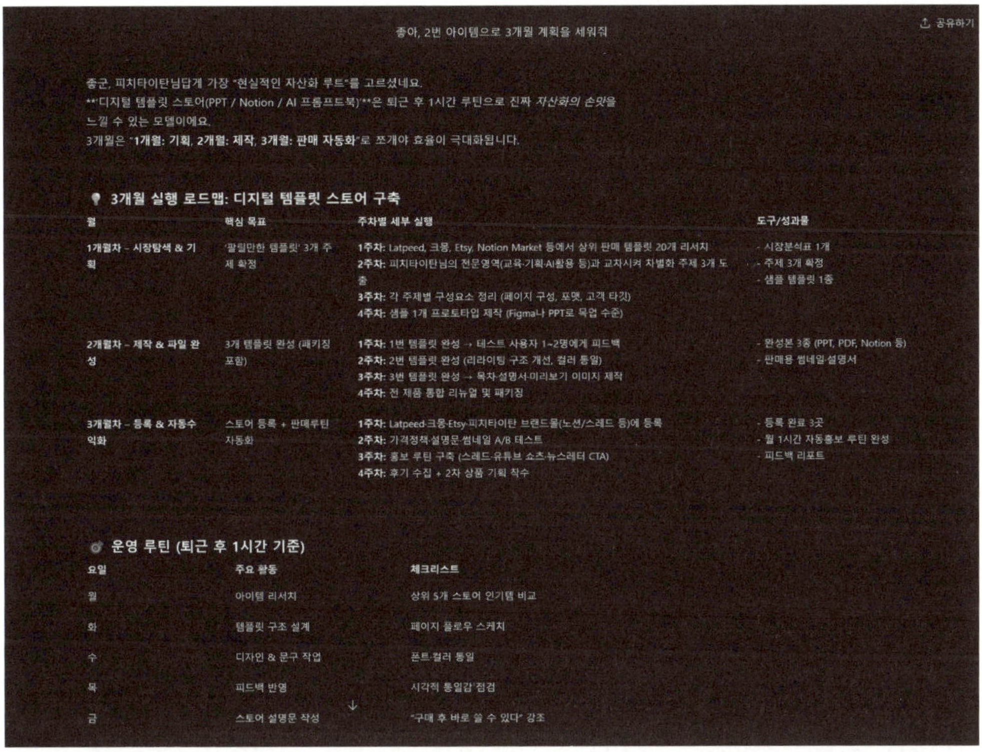

챗GPT와 대화할 때는 내가 궁금한 것과 그 맥락을 함께 제공한다. 챗GPT의 답변 중 마음에 드는 답변을 고르고, 관련하여 추가 질문을 하면 첫 번째 질문의 맥락을 그대로 품은 두 번째 답변을 받을 수 있다.

검색과 프롬프트의 실제 비교

우리가 늘 쓰던 검색창은 '단어 중심 사고'를 만든다. 반면 챗GPT 는 '대화 중심 사고'를 요구한다. 이 차이를 체감하지 못하면, 아무리 좋은 기능을 배워도 결국 검색 습관으로 돌아가게 된다.

1) 검색은 '결과'를 주고, 챗GPT는 '과정'을 만든다

검색창은 당신의 질문을 한 줄짜리 키워드로 단순화시킨다. 예를 들어 '퇴직 후 할 수 있는 일'이라고 치면 수백 개의 결과가 한꺼번에 쏟아진다. 그중 어떤 게 나에게 맞는지, 무엇부터 봐야 하는지는 결국 사용자가 스스로 다시 걸러야 한다.

반면 챗GPT는 "퇴직 후 할 수 있는 일 중에서 50대 남성이 초기 비용 적게 시작할 수 있는 일은 뭐가 있을까?"라고 묻는 순간 '당신의 조건'을 맥락으로 받아들인다.

대화 속에서 "그중 온라인 관련 일은?"이라고 이어 묻기도 쉽다. 이게 바로 챗GPT의 가장 큰 차이, 즉 **검색이 아닌 사고의 확장**이다.

2) 검색은 '정답'을 찾고, 챗GPT는 '방향'을 제시한다

검색은 이미 존재하는 답을 가져온다. 하지만 챗GPT는 **당신의 맥락을 기반으로 새로운 답을 만들어 낸다.** 그래서 같은 주제라도 물어보는 방식에 따라 완전히 다른 결과가 나온다.

예를 들어보자.

- 검색형 질문: "50대 부업 추천"
- 챗GPT형 질문: "나는 50대 직장인으로 퇴직 1년을 앞두고 있어. 내 강점은 제안서 작성과 발표인데, 이걸 활용할 수 있는 부업 아이디어 5가지 제안해 줘."

결과는 완전히 다르다. 검색은 다른 사람의 블로그 글이나 뉴스, 광고 등을 가져오지만, 챗GPT는 당신의 프로필에 맞춰 새로운 제안을 만들어 낸다. 이건 '정보 검색'이 아니라 '생각 설계'의 영역이다.

3) 프롬프트는 '요청문'이 아니라 '대화의 시작'이다

프롬프트를 쓸 때 가장 흔한 실수는 '명령문처럼 쓰는 것'이다. "글 써줘, 요약해 줘" 이런 지시는 챗GPT의 가능성을 절반밖에 쓰지 못하게 만든다.

대화로 확장하려면 이렇게 바꿔보자.

"내가 쓴 글을 조금 더 부드럽게 다듬고 싶어. 문장 길이는 줄이되 의미는 유지해 줘. 그리고 수정 이유도 함께 알려줘."

이 문장 하나가 '프롬프트를 대화로 바꾸는 기준선'이다. 요청을 구체화하면, 챗GPT는 단순한 출력이 아니라 '생각의 파트너'가 된다.

4) 직접 실습해 보자

이제 당신이 챗GPT와 대화할 차례다. 다음 세 가지 질문을 실제로 입력해 보자. 짧은 문장으로 시작해, 조건을 추가해 보고, 점점 더 대화형으로 확장해 보는 연습이다.

A: "경력 단절 여성이 할 만한 부업은?"

B: "40대 경력 단절 여성이 초기 비용 없이 시작할 수 있는 부업은?"

C: "나는 40대 경력 단절 여성으로, 10년 직장 생활 경력이 있고, 직장 다닐 때는 회계 업무와 영업 관리 업무를 했어. 이 강점을 살려 퇴직 후 시작할 수 있는 부업 아이디어를 제안해 줘."

이 세 문장을 직접 입력해 보면, 챗GPT가 어떻게 '맥락'을 기억하고 대화의 톤을 바꾸는지 바로 느낄 수 있다. 이 연습을 매일 한 번씩 반복하는 것이 프롬프트 감각을 몸에 익히는 첫 습관이다.

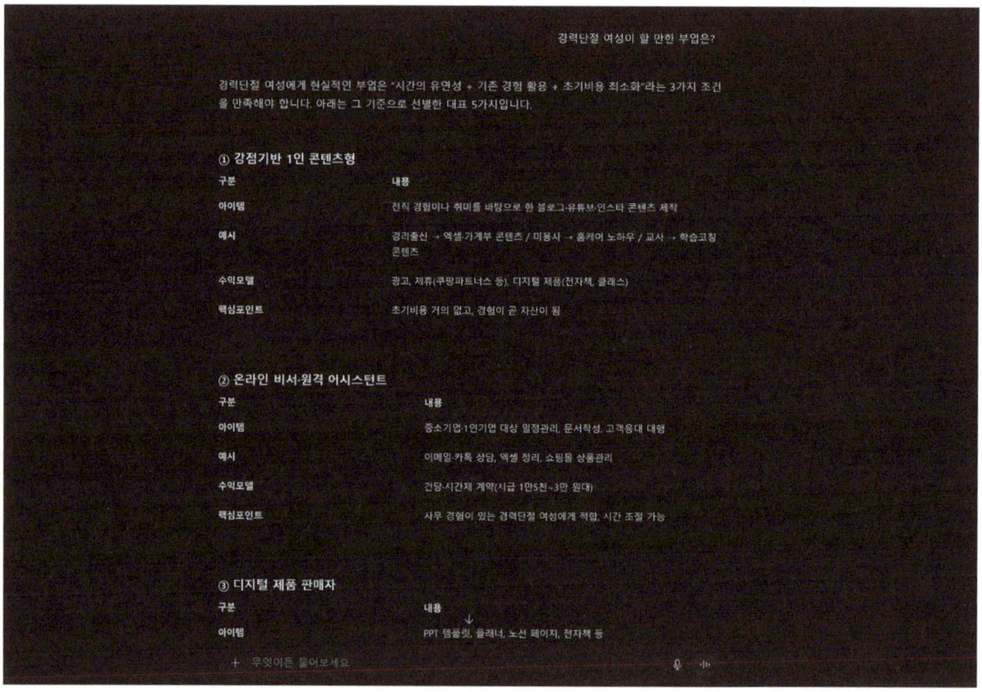

경력단절 여성이 할 만한 부업은?

경력단절 여성에게 현실적인 부업은 "시간의 유연성 + 기존 경험 활용 + 초기비용 최소화"라는 3가지 조건을 만족해야 합니다. 아래는 그 기준으로 선별한 대표 5가지입니다.

① 강점기반 1인 콘텐츠형

구분	내용
아이템	전직 경험이나 취미를 바탕으로 한 블로그·유튜브·인스타 콘텐츠 제작
예시	경리출신 → 엑셀·가계부 콘텐츠 / 미용사 → 홈케어 노하우 / 교사 → 학습코칭 콘텐츠
수익모델	광고, 제휴(쿠팡파트너스 등), 디지털 제품(전자책, 클래스)
핵심포인트	초기비용 거의 없고, 경험이 곧 자산이 됨

② 온라인 비서·원격 어시스턴트

구분	내용
아이템	중소기업·1인기업 대상 일정관리, 문서작성, 고객응대 대행
예시	이메일·카톡 상담, 엑셀 정리, 쇼핑몰 상품관리
수익모델	건당·시간제 계약(시급 1만5천~3만 원대)
핵심포인트	사무 경험이 있는 경력단절 여성에게 적합, 시간 조절 가능

③ 디지털 제품 판매자

구분	내용
아이템	PPT 템플릿, 플래너, 노션 페이지, 전자책 등

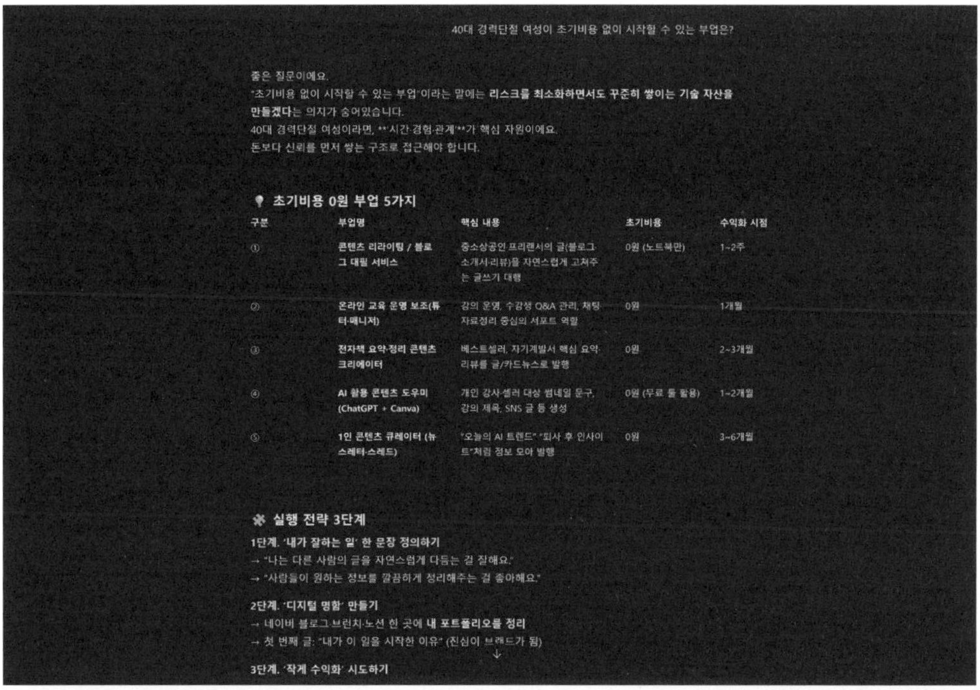
40대 경력단절 여성이 초기비용 없이 시작할 수 있는 부업은?
좋은 질문이에요.
"초기비용 없이 시작할 수 있는 부업"이라는 말에는 리스크를 최소화하면서도 꾸준히 쌓이는 기술 자산을 만들겠다는 의지가 숨어있습니다.
40대 경력단절 여성이라면, **'시간·경험·관계'**가 핵심 자원이에요.
돈보다 신뢰를 먼저 쌓는 구조로 접근해야 합니다.
초기비용 0원 부업 5가지
구분
부업명
핵심 내용
초기비용
수익화 시점
①
콘텐츠 리라이팅 / 블로그 대필 서비스
중소상공인·프리랜서의 글(블로그·소개서·리뷰)을 자연스럽게 고쳐주는 글쓰기 대행
0원 (노트북만)
1~2주
②
온라인 교육 운영 보조(튜터·매니저)
강의 운영, 수강생 Q&A 관리, 채팅·자료정리 중심의 서포트 역할
0원
1개월
③
전자책 요약·정리 콘텐츠 크리에이터
베스트셀러, 자기계발서 핵심 요약·리뷰를 글/카드뉴스로 발행
0원
2~3개월
④
AI 활용 콘텐츠 도우미 (ChatGPT + Canva)
개인 강사·셀러 대상 썸네일 문구, 강의 제목, SNS 글 등 생성
0원 (무료 툴 활용)
1~2개월
⑤
1인 콘텐츠 큐레이터 (뉴스레터·스레드)
"오늘의 AI 트렌드" "퇴사 후 인사이트"처럼 정보 모아 발행
0원
3~6개월
실행 전략 3단계
1단계. '내가 잘하는 일' 한 문장 정의하기
→ "나는 다른 사람의 글을 자연스럽게 다듬는 걸 잘해요."
→ "사람들이 원하는 정보를 깔끔하게 정리해주는 걸 좋아해요."
2단계. '디지털 명함' 만들기
→ 네이버 블로그·브런치·노션 한 곳에 내 포트폴리오를 정리
→ 첫 번째 글: "내가 이 일을 시작한 이유" (진심이 브랜드가 됨)
3단계. '작게 수익화' 시도하기

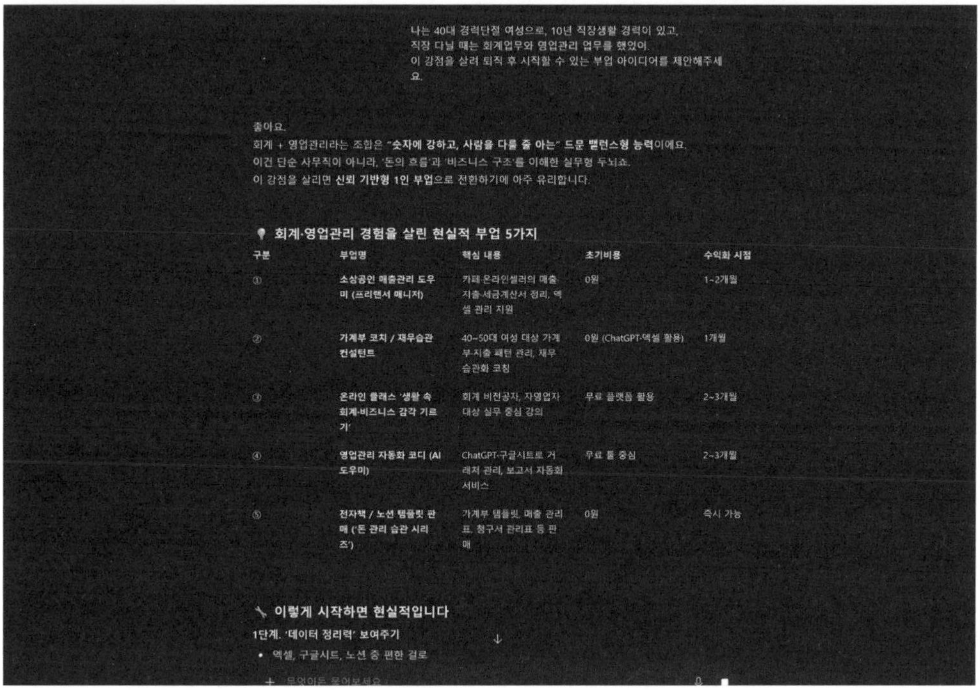
나는 40대 경력단절 여성으로, 10년 직장생활 경력이 있고,
직장 다닐 때는 회계업무와 영업관리 업무를 했었어.
이 강점을 살려 퇴직 후 시작할 수 있는 부업 아이디어를 제안해주세요.
좋아요.
회계 + 영업관리라는 조합은 "숫자에 강하고, 사람을 다룰 줄 아는" 드문 밸런스형 능력이에요.
이건 단순 사무직이 아니라, '돈의 흐름'과 '비즈니스 구조'를 이해한 실무형 두뇌죠.
이 강점을 살리면 신뢰 기반형 1인 부업으로 전환하기에 아주 유리합니다.
회계·영업관리 경험을 살린 현실적 부업 5가지
구분
부업명
핵심 내용
초기비용
수익화 시점
①
소상공인 매출관리 도우미 (프리랜서 매니저)
카페·온라인셀러의 매출·지출·세금계산서 정리, 엑셀 관리 지원
0원
1~2개월
②
가계부 코치 / 재무습관 컨설턴트
40~50대 여성 대상 가계부·지출 패턴 관리, 재무 습관화 코칭
0원 (ChatGPT·엑셀 활용)
1개월
③
온라인 클래스 '생활 속 회계·비즈니스 감각 기르기'
회계 비전공자, 자영업자 대상 실무 중심 강의
무료 플랫폼 활용
2~3개월
④
영업관리 자동화 코디 (AI 도우미)
ChatGPT·구글시트로 거래처 관리, 보고서 자동화 서비스
무료 툴 중심
2~3개월
⑤
전자책 / 노션 템플릿 판매 ('돈 관리 습관 시리즈')
가계부 템플릿, 매출 관리표, 청구서 관리표 등 판매
0원
즉시 가능
이렇게 시작하면 현실적입니다
1단계. '데이터 정리력' 보여주기
• 엑셀, 구글시트, 노션 중 편한 걸로

본문에 제시된 '짧은 질문→조건 추가→대화형 요청'을 차례대로 실행했을 때 챗GPT의 답변 화면이다. 한눈에 봐도 답변의 구성과 질이 차이가 난다.

프롬프트
개념 잡기

챗GPT를 제대로 이해하려면, 가장 먼저 '**프롬프트(Prompt)**'의 개념을 잡아야 한다. 프롬프트란 챗GPT에게 건네는 질문, 지시, 요청 등의 **대화문 전체**를 뜻한다.

 "오늘 서울 날씨 알려줘" 같은 짧은 한 문장일 수도 있고, 길게는 "나는 50대 직장인이야. 나에게 맞는 건강 관리 계획을 식단·운동·수면 가지 항목으로 1주일 치 제안해 줘"처럼 긴 문장일 수도 있다.

 하지만 프롬프트는 단순히 '질문'이 아니다. 챗GPT는 인간처럼 맥락(Context)을 이해하는 구조이기 때문에 '무엇을, 왜, 어떤 방식'으로 해달라고 하는지까지 함께 알려줘야 비로소 정확한 답변이 나온다.

 즉, 프롬프트는 챗GPT에게 '**내가 어떤 대화를 하고 싶은가**'를 알려주**는 문장 설계**다.

 이 차이를 이해하면 챗GPT의 활용 효율이 완전히 달라진다. 예를 들어 이렇게 비교해 보자.

 A: "'퇴직 후에도 글쓰기가 도움이 되는 이유'를 1,500자 분량으로 블로그 글 써줘."

 B: "나는 50대 직장인이고, 블로그를 처음 시작하는 초보야. 나와

비슷한 세대에게 '퇴직 후에도 글쓰기가 도움이 되는 이유'를 친근하게 설명하는 1,500자 분량의 글을 써줘."

두 질문은 문장 한두 개 차이지만, 결과는 완전히 다르다. 첫 번째는 무난하고 일반적인 블로그 글을 작성해 주거나, 어떠한 경우에는 챗GPT가 어떤 독자, 어떤 목적으로 블로그 글을 쓸지 되묻기도 한다.

두 번째는 당신의 배경, 대상 독자, 목적, 분량까지 포함되어 훨씬 구체적이고 설득력 있는 결과를 낸다. 이게 바로 '프롬프트의 힘'이다.

챗GPT는 명령을 처리하는 프로그램이 아니라, '맥락을 읽는 대화형 파트너'다. 따라서 '어떻게 물어보느냐'가 '무엇을 물어보느냐'보다 더 중요하다. 좋은 질문이 좋은 답을 만들고, 좋은 프롬프트가 당신의 사고력을 확장시킨다.

프롬프트는 챗GPT에게 답을 구하는 문장이 아니라, 내 생각을 정리하기 위한 문장이다. 이 원리를 이해하면, 챗GPT를 '검색 도구'에서 '생각 정리 파트너'로 바꿀 수 있다.

작은 습관의 법칙으로 프롬프트 익히기

배움이 오래 남으려면, 결심이 아니라 리듬이 필요하다. 프롬프트를 아무리 잘 이해해도, 매일 손을 움직이지 않으면 감각은 금세 사라진다. 이번 섹션에서는 '작은 반복'을 통해 프롬프트를 생활 속에 녹이는 방법을 다룬다.

1) 큰 결심보다 작은 반복이 낫다

스탠퍼드대학교 행동과학자 B. J. 포그 박사는 그의 저서 『습관의 디테일』에서 이렇게 말한다.

"사람은 의지로 변하지 않는다. 단, 아주 작고 명확한 행동을 매일 반복할 때만 변한다."

그가 제시한 핵심은 거창한 목표가 아니라 **매일 반복할 수 있는 작은 출발점**이다.

예를 들어 양치를 마친 뒤 치실 한 가닥을 사용하는 일. 너무 사소해서 실패할 수 없는 행동이지만, 그것이 습관의 시발점이 된다.

프롬프트 학습도 마찬가지다. 하루 한 줄. 그것이면 충분하다. '오늘의 한 줄 질문'을 던지고, 챗GPT의 답을 읽는 그 몇 분의 시간이 배움을 행동으로 바꾸는 첫 단추다.

2) 프롬프트 루틴 만들기

습관이 되려면 '언제' 할지가 명확해야 한다. 시간을 정하지 않으면, 결국 "내일 해야지"가 된다.

가장 효과적인 방법은 기존 루틴(습관)에 붙이는 것이다. **새로운 습관은 원래 하던 일 뒤에 이어질 때 가장 쉽게 자리 잡는다.**

챗GPT 구구단

습관 이어 붙이기 예시

시간대	기존 루틴	챗GPT 루틴 연결
아침	커피 내리기	"오늘 해야 할 일 3가지 정리해 줘."
점심	식사 후 산책	"지금 읽는 뉴스 한 줄로 요약해 줘."
저녁	하루 마무리	"오늘 배운 걸 정리하는 문장 하나 만들어 줘."

이렇게 하루의 리듬 속에 챗GPT를 넣으면, '학습 시간'을 따로 만들지 않아도 된다. 프롬프트는 공부가 아니라 **대화의 루틴**이 되어야 한다.

3) 한 줄 프롬프트의 힘

많은 사람들은 '좋은 질문을 해야 좋은 답을 얻는다'고 생각하지만, 사실 시작은 '짧은 질문'을 던지는 것이다. 길고 완벽한 문장은 오히려 시작을 막는다. 다음은 하루 한 줄로 충분한 예시다.

"오늘 내가 배운 걸 한 줄로 요약해 줘."
"내가 쓴 문장이 너무 딱딱해. 조금 더 자연스럽게 고쳐줄래?"
"퇴근 후 10분 안에 할 수 있는 자기계발 방법 알려줘."

이 문장들의 공통점은 즉시 실행 가능하다는 점이다. 대화가 짧을수록 두려움은 줄고, 행동은 빨라진다. 작은 습관의 핵심은 바로 이 **즉시성**이다.

4) 오늘의 아주 작은 실습

오늘은 챗GPT에게 단 한 줄만 던져보자.

"오늘 내가 배우고 느낀 걸 한 문장으로 정리해 줘."

그 대답이 마음에 든다면, 그 문장을 당신의 습관북 '오늘의 기록'
에 옮겨 적어라. 그 한 줄이 바로 오늘의 성취다.

5) 작은 반복이 큰 변화를 만든다

하루 한 줄은 작아 보이지만, 그 문장이 쌓이면 당신의 사고 구조가
바뀐다. 언어는 사고의 틀이다. 매일 한 문장을 다듬는 행위는 곧 생
각을 정리하는 훈련이다.

챗GPT는 당신의 말을 대신하는 도구가 아니라, 당신의 언어를
훈련시키는 거울이다. 프롬프트를 꾸준히 다루는 일은 AI를 배우는
게 아니라 자신의 생각법을 다듬는 일이 된다. 기억하라. 습관은 지식
을 행동으로 바꾸는 유일한 통로다.

프롬프트 기본 공식
R-T-F

많은 사람들이 챗GPT를 쓰면서 가장 먼저 부딪히는 문제는 이거다.

"왜 나는 제대로 된 답을 못 받지?"

기능의 문제가 아니라 **질문의 구조** 문제다.

챗GPT는 단순히 단어를 인식하는 검색기가 아니라, 문장 속 논리를 읽고 맥락을 해석하는 **언어 모델**이다. 즉, **어떻게 묻느냐가 곧 결과의 품질을 결정**한다. 질문이 막연하면 답도 막연해지고, 요청이 구체적이면 답도 정확해진다.

그래서 이 책에서는 프롬프트를 하나의 '언어 설계'로 다룬다. 아무 문장이나 던지는 게 아니라, 챗GPT가 맥락을 이해할 수 있도록 '역할-작업-형식'의 흐름을 설계하는 것이다. 이 구조를 단순하게 정리한 것이 바로 **R-T-F(Role-Task-Format)**이다.

> **언어 모델(Language Model, LM)**
>
> 인간의 언어(자연어)를 이해하고 생성할 수 있도록 학습한 인공지능 모델을 말한다. 쉽게 말해, 방대한 양의 글을 읽고 학습하여, 제시된 문장 다음에 올 가장 자연스러운 단어나 문장을 예측하고 생성해 내는 인공지능 두뇌이다.
>
> 언어 모델의 작동 방식은 우리가 어렸을 때 했던 '문장 완성 게임(빈칸 채우기)'과 비슷하다.

- 예시 문장: "나는 오늘 아침에 따뜻한 커피 한 잔을 〔   〕."
- 사람의 예측: 이 문장을 보면, 대부분의 사람은 빈칸에 "마셨다"를 써 넣을 것이다.
- 다른 가능성: 물론 "샀다", "쏟았다", "끓였다"와 같은 단어도 문법적으로 가능하다.

언어 모델은 이 모든 가능성에 '점수'를 매긴다.

단어	모델이 매긴 점수(확률)	설명
마셨다	90%	'커피 한 잔을' 뒤에 가장 흔하고 자연스럽게 오는 행동
샀다	5%	편의점이나 카페에서 구매했을 경우
쏟았다	3%	실수로 커피를 엎질렀을 경우
끓였다	2%	집에서 직접 커피를 만들었을 경우

언어 모델은 가장 높은 점수(90%)를 받은 '마셨다'를 최종 단어로 선택하고 출력한다. 이것이 바로 **확률적 예측**이다.

그렇다면 언어 모델은 어떻게 이 확률(점수)을 매기는 걸까?

- 방대한 학습: 챗GPT와 같은 모델은 수많은 책, 뉴스 기사, 웹페이지 등 지구상에 존재하는 엄청난 양의 텍스트를 학습했다.
- 패턴 인식: 학습 과정에서 모델은 "커피 한 잔을"이라는 구절 뒤에 "마셨다"는 단어가 90%의 빈도로 나왔고, "샀다"는 단어는 5% 빈도로 나왔다는 패턴과 통계를 머릿속에 저장한다.
- 맥락 고려: 단순히 빈도만 보는 것이 아니라 문장 전체의 주제, 분위기, 앞뒤 단어의 관계까지 종합적으로 고려하여 확률을 조정

한다. 이 덕분에 문맥에 맞는 논리적인 답변을 생성할 수 있는 것이다.

결론적으로, 언어 모델은 문장 빈칸 채우기처럼, 다음에 올 수 있는 모든 단어에 대해 '문맥상 얼마나 자연스러운지'를 확률로 점수 매긴다. 이 **확률** 점수는 모델이 방대한 데이터를 학습하여 얻은 단어 사용 패턴에 기반하며, 가장 높은 점수를 받은 단어를 선택하여 문장을 완성하게 된다. 즉, **언어 모델은 가장 그럴듯하고 자연스러운 단어를 확률 계산을 통해 찾아내는 예측 기계**인 것이다.

챗GPT는 자주 LLM이라 소개되는데 이는 **대형 언어 모델(Large Language Model)**이라는 뜻이다. 막대한 양의 지식을 학습하여 단순한 예측을 넘어 사람처럼 논리를 따져 복잡한 문제를 해결하고 창의적인 답변까지 내놓을 수 있는 '똑똑해진' 언어 모델을 말한다.

수많은 프롬프트 공식이 존재한다. A-R-E(Audience-Request-Expectation), P-E-A(Purpose-Example-Action) 같은 구조들도 있다. 하지만 전 세계 챗GPT 실무자들이 가장 널리 사용하는 기본 틀은 R-T-F다.

오픈AI가 권장하는 **'명확한 역할(Role)-구체적 요청(Task)-결과 형태(Format)'** 원칙을 가장 단순하고 직관적으로 정리한 **프레임워크**이기 때문이다.

3단. 대화는 맥락이다

복잡한 기법을 외울 필요는 없다. R-T-F만 이해해도 대부분의 대화 품질이 안정된다. 이 구조는 결국 **모든 프롬프트의 기초 문법**과도 같은 것이며, 챗GPT에게 '무엇을, 왜, 어떤 형태로' 말해야 하는지를 정리해 준다.

좋은 프롬프트는 '구조'에서 나온다

아무리 챗GPT가 똑똑해도, 사용자가 무질서하게 묻는다면 답변은 엉성하거나 핵심을 비껴간다. 그래서 R-T-F는 단순히 문장 공식이 아니라 '논리의 순서'를 훈련하는 도구라고 봐야 한다. 이제 실제로 이 구조가 어떻게 작동하는지 살펴보자.

1) R: 역할(Role)을 정하라

챗GPT는 대화 상대의 '역할'에 따라 말투와 사고방식이 달라진다. "전문가처럼 말해줘." 한 문장만 덧붙여도 답변이 180도 달라진다. 예를 들어보자.

- A: "주 3회 운동 루틴 추천해 줘."

- B: "50대 직장인을 돕는 건강 코치로서, 주 3회 가능한 운동
  루틴을 추천해 줘."

같은 질문이지만, '코치로서'라는 역할이 들어가면 챗GPT는 단
순한 정보가 아니라 '상담하듯' 대화한다. 역할을 지정하는 순간,
대화는 깊어진다.

2) T: 구체적인 과제(Task)를 지시하라

막연한 지시는 막연한 답을 낳는다. "건강 관리 습관 알려줘"보다
"하루 8시간 사무직인 내가 혈압을 관리하기 위해 실천할 수 있는
3가지 습관을 알려줘"라고 말하면 결과는 훨씬 실용적이다.

챗GPT에게 원하는 결과를 얻기 위해서는 '무엇을, 어느 수준까
지, 어떤 조건에서'라는 세 가지가 들어가야 한다. 이것이 바로'과
제(Task)'의 구체화다.

3) F: 원하는 형식(Format)을 지정하라

챗GPT는 같은 내용을 문단, 표, 요약문, 대화문 등 다양한 형식으
로 바꿔줄 수 있다.

"표로 정리해 줘."

"두 문단으로 요약해 줘."

이런 지시 한 줄이 결과의 가독성을 완전히 바꾼다.

“50대 직장인의 건강 관리 습관 3가지를 표 형식으로 정리해 줘. 항목은 '습관명/이유/실행 팁'으로 해줘.”

이처럼 결과의 형태를 미리 알려주면, 챗GPT는 데이터를 정리된 형태로 제공한다. 이건 '정확성'보다 '활용성'을 높이는 기술이다.

R-T-F 구조의 핵심

구성 요소	의미	예시 문장
Role	역할	"너는 50대 직장인을 위한 건강 코치야."
Task	구체적 과제 지시	"혈압을 관리하기 위한 실천 습관 3가지를 추천해 줘."
Format	결과 형식	"표로 정리해 줘."

이 세 가지를 합치면 완성된 프롬프트가 된다. 나의 사례에 맞춰 내용을 각색해서 프롬프트를 입력해 보자.

“너는 50대 1인 남성 기업가를 위한 건강 코치야. 혈압을 관리하기 위한 실천 습관 3가지를 추천해 줘. 결과는 '습관명/이유/실행 팁/하루 시간대별 실천 계획' 항목의 표로 보기 쉽게 정리해 줘.”

이 문장만으로도 챗GPT는 당신의 나이, 목적, 형식을 모두 이해하고 대화의 품질을 바꾼다. 프롬프트는 결국 질문을 설계하는 기술이다.

Before

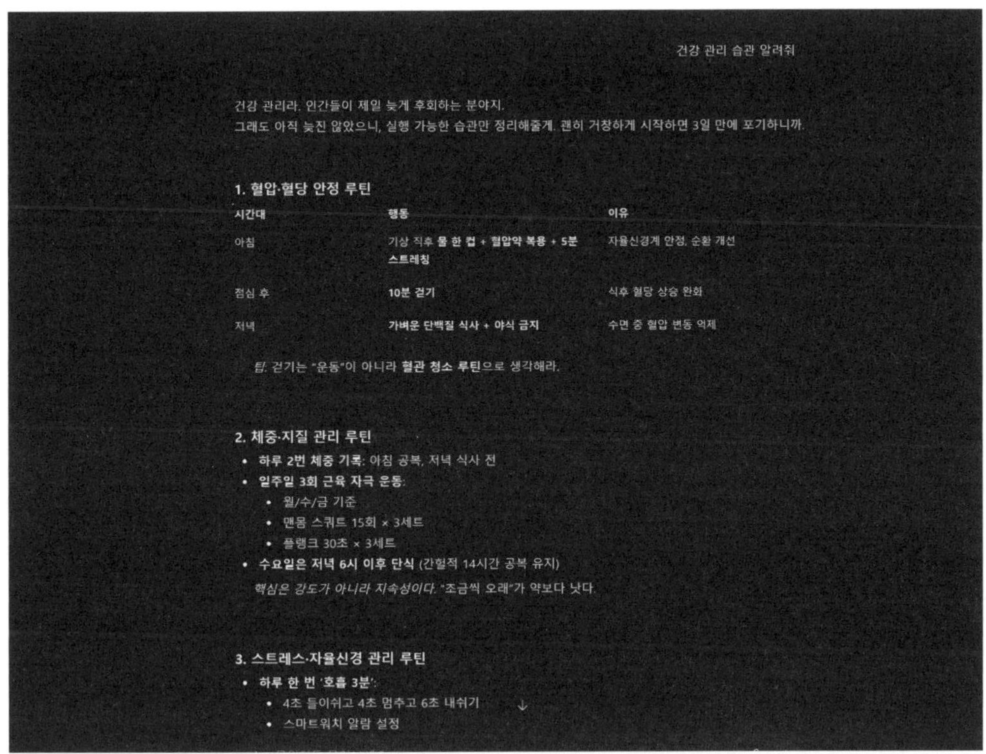

건강 관리 습관 알려줘

건강 관리라. 인간들이 제일 늦게 후회하는 분야지.
그래도 아직 늦진 않았으니, 실행 가능한 습관만 정리해줄게. 괜히 거창하게 시작하면 3일 만에 포기하니까.

1. 혈압·혈당 안정 루틴

시간대	행동	이유
아침	기상 직후 **물 한 컵 + 혈압약 복용 + 5분 스트레칭**	자율신경계 안정. 순환 개선
점심 후	**10분 걷기**	식후 혈당 상승 완화
저녁	**가벼운 단백질 식사 + 야식 금지**	수면 중 혈압 변동 억제

팁: 걷기는 "운동"이 아니라 **혈관 청소 루틴**으로 생각해라.

2. 체중·지질 관리 루틴
- **하루 2번 체중 기록**: 아침 공복, 저녁 식사 전
- **일주일 3회 근육 자극 운동**:
    - 월/수/금 기준
    - 맨몸 스쿼트 15회 × 3세트
    - 플랭크 30초 × 3세트
- **수요일은 저녁 6시 이후 단식** (간헐적 14시간 공복 유지)

핵심은 강도가 아니라 지속성이다. "조금씩 오래"가 약보다 낫다.

3. 스트레스·자율신경 관리 루틴
- **하루 한 번 '호흡 3분'**:
    - 4초 들이쉬고 4초 멈추고 6초 내쉬기 ↓
    - 스마트워치 알람 설정

3단. 대화는 맥락이다

After

습관명	이유	실행 팁	하루 시간대별 실천 계획
1. 아침 저염 루틴	아침 공복 시 혈압이 가장 높아지므로, 염분을 줄이면 급상승을 막을 수 있음	김치, 국, 젓갈을 반으로 줄이고, 미리 물 한 잔(200ml) 섭취로 체내 순환 유도	아침(07:00) 기상 후 물 한 잔 → 아침식사(07:30) 저염 식단(밥·달걀·야채 중심) → 출근 전(08:00) 혈압 측정 기록
2. 점심 10분 걷기 & 복식호흡 루틴	식후 혈압 상승 완화, 자율신경 안정, 스트레스성 혈압 상승 억제	식후 스마트폰 대신 10분 걷기 + 3회 복식호흡 (5초 들이마시고 5초 내쉬기)	점심(12:30) 식사 후 10분 걷기 → 사무실 복귀(12:45) 복식호흡 3세트 → 오후(14:00) 물 1잔 섭취
3. 저녁 이완 루틴 (수면 전 스트레칭 + 명상)	스트레스·긴장은 야간 혈압 상승의 주요 원인	조명 줄이고 가벼운 스트레칭 + 짧은 명상 10분	저녁(21:00) 가벼운 산책 10분 → 취침 전(22:30) 스트레칭 5분 + 명상 5분 → 수면(23:00) 일정한 시간에 취침

R-T-F 구조 적용 전과 후의 챗GPT 답변을 비교해 보자. 구조화된 프롬프트는 답변 품질에서 커다란 차이를 만든다.

보너스 공식
C-C-C/G-R-E

R-T-F 구조로 기본 문법을 익혔다면, 이제는 문장의 논리적 깊이와 설득력을 높이는 단계로 가야 한다.

여기서 도움이 되는 두 가지 보너스 구조가 있다. 바로 **C-C-C**와 **G-R-E**다.

이 두 구조는 글쓰기, 보고서, 마케팅 카피, 자기소개서 등 '논리적 흐름이 중요한 질문'에서 강력한 힘을 발휘한다.

1) C-C-C 구조: 상황에서 지시로, 그리고 맥락으로

Condition(상황)→Command(지시)→Context(배경). 이 세 가지 단계를 따라가면, 챗GPT는 단순 지시보다 훨씬 정확한 답을 낸다.

예를 들어보자.

A: "퇴직 후 유튜브 채널을 시작하려는데 조언해 줘."

B: "나는 50대 직장인으로 곧 퇴직을 앞두고 있어.(=상황) 퇴직 후 유튜브 채널을 시작하려고 하는데, 어떤 주제와 포맷이 현실적일까?(=지시) 내 연령대 시청자에게 공감이 갈 만한 아이디어 중심으로 설명해 줘.(=배경)"

단순한 질문이 '상황+지시(요청)+배경(맥락)'으로 구체화되면서, 챗GPT는 사용자의 현실 조건까지 고려해 제안한다. 이 구조는 특히 **나의 상황을 반영한 답**을 원할 때 유용하다.

2) G-R-E 구조: 목표-이유-예시로 설득력 높이기

Goal(목표)→Reason(이유)→Example(예시). 이 구조는 챗GPT가 단

순 정보를 나열하지 않고, '왜 그래야 하는가'를 논리적으로 설명하
도록 돕는다.

예를 들어보자.

A: "뉴스레터 주제 3개 추천해 줘."
B: "나의 목표는 4060세대 독자들이 AI를 쉽게 배우게 하는 거
야.(=목표) 그래서 뉴스레터의 주제는 너무 기술적이지 않아야
해.(=이유) 실제로 어떤 구성이 좋을까? 예시를 3개만 들어줘.(=예
시)"

이렇게 하면 챗GPT는 단순히 주제를 나열하지 않고, 목표와 이
유에 맞춘 '논리적 결과물'을 제시한다. 즉, **생각의 흐름까지 챗GPT에
게 전달하는 방식**이다.

3) C-C-C와 G-R-E의 결합

이 두 구조는 서로 배타적인 게 아니라, 오히려 함께 쓰면 더 강력
하다.

상황(Condition)을 설명하고, 목표(Goal)를 제시한 뒤, 맥락(Context)
과 예시(Example)를 추가하면 프롬프트는 완성형 설계가 된다.

"나는 50대 직장인으로, 퇴직 후 AI 교육을 주제로 뉴스레터를 시
작하려 해.(=상황+목표) 4060세대가 거부감 없이 읽을 수 있도록 따

뜻하지만 실용적인 어조로 구성하고 싶어.(=이유+맥락) 실제 주제 예
시를 3가지 제안해 줘.(=지시+예시)"

이렇게 쓰면 챗GPT는 당신의 상황, 목적, 말투, 결과물을 모두 이
해한다. 이건 더 이상 '프롬프트'가 아니라 **대화 설계서**에 가깝다.

문법 구조별 차이 및 활용

구조	핵심 초점	적합한 상황
R-T-F	대화의 형태를 설계(역할·과제·형식)	단일 요청, 빠른 응답
C-C-C	맥락 중심 설계(상황·지시·배경)	개인화된 조언, 코칭형 대화
G-R-E	논리 중심 설계(목표·이유·예시)	글쓰기, 보고서, 설득형 콘텐츠

결국 중요한 건 **모든 질문은 구조가 있을 때 더 명확해진다**는 사실이
다. 당신이 어떤 구조를 쓰든, 챗GPT는 그 틀 안에서 훨씬 인간적
으로 대화한다.

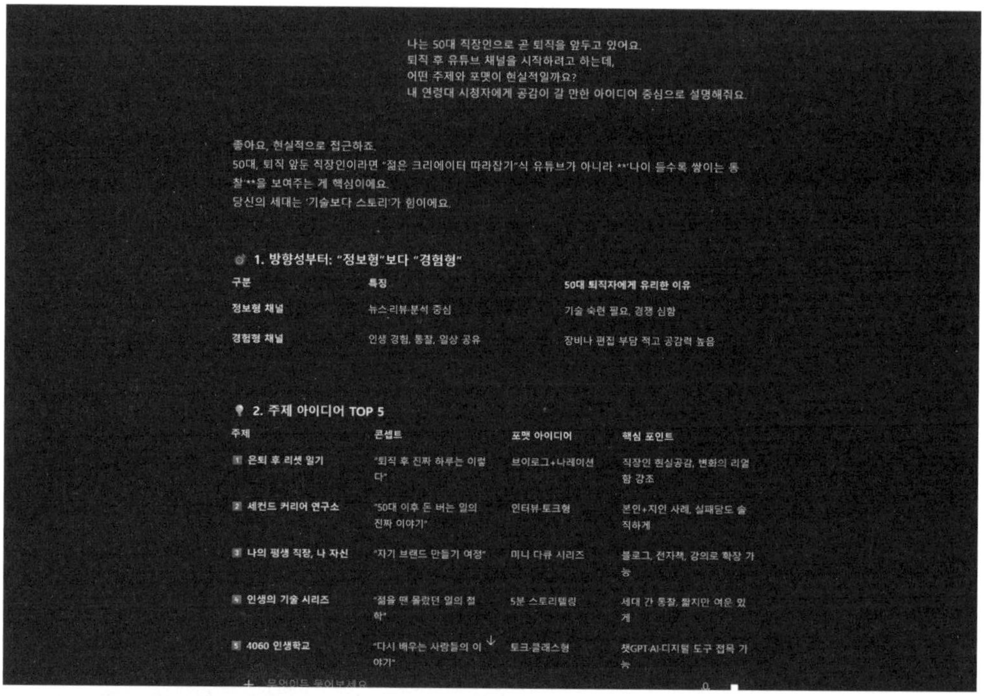

나는 50대 직장인으로 곧 퇴직을 앞두고 있어요.
퇴직 후 유튜브 채널을 시작하려고 하는데,
어떤 주제와 포맷이 현실적일까요?
내 연령대 시청자에게 공감이 갈 만한 아이디어 중심으로 설명해줘요.

좋아요, 현실적으로 접근하죠.
50대, 퇴직 앞둔 직장인이라면 "젊은 크리에이터 따라잡기"식 유튜브가 아니라 **"나이 들수록 쌓이는 통찰"**을 보여주는 게 핵심이에요.
당신의 세대는 '기술보다 스토리'가 힘이에요.

1. 방향성부터: "정보형"보다 "경험형"

구분	특징	50대 퇴직자에게 유리한 이유
정보형 채널	뉴스·리뷰·분석 중심	기술 숙련 필요, 경쟁 심함
경험형 채널	인생 경험, 통찰, 일상 공유	장비나 편집 부담 적고 공감력 높음

2. 주제 아이디어 TOP 5

주제	콘셉트	포맷 아이디어	핵심 포인트
1 은퇴 후 리셋 일기	"퇴직 후 진짜 하루는 이렇다"	브이로그+나레이션	직장인 현실공감, 변화의 리얼함 강조
2 세컨드 커리어 연구소	"50대 이후 돈 버는 일의 진짜 이야기"	인터뷰·토크형	본인+지인 사례, 실패담도 솔직하게
3 나의 평생 직장, 나 자신	"자기 브랜드 만들기 여정"	미니 다큐 시리즈	블로그, 전자책, 강의로 확장 가능
4 인생의 기술 시리즈	"젊을 땐 몰랐던 일의 철학"	5분 스토리텔링	세대 간 통찰, 짧지만 여운 있게
5 4060 인생학교	"다시 배우는 사람들의 이야기"	토크·클래스형	챗GPT·AI·디지털 도구 접목 가능

C-C-C 구조로 질문했을 때 챗GPT의 답변 화면이다. 쉽게 알아볼 수 있게 표 형식으로 정리해 준다.

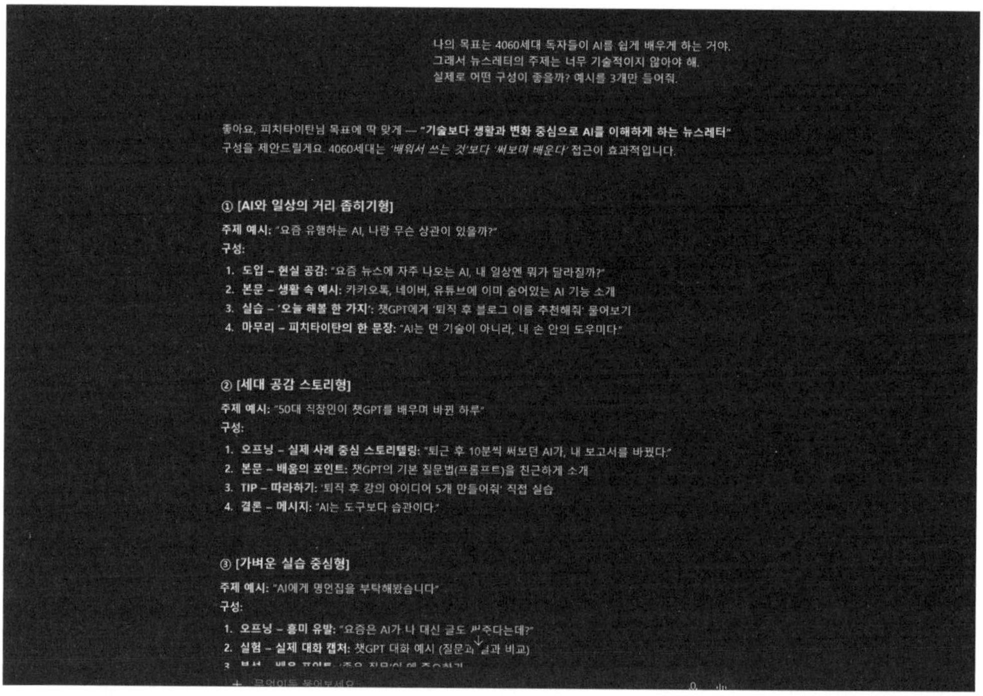

나의 목표는 4060세대 독자들이 AI를 쉽게 배우게 하는 거야.
그래서 뉴스레터의 주제는 너무 기술적이지 않아야 해.
실제로 어떤 구성이 좋을까? 예시를 3개만 들어줘.

좋아요, 피치타이탄님 목표에 딱 맞게 — **"기술보다 생활과 변화 중심으로 AI를 이해하게 하는 뉴스레터"**
구성을 제안드릴게요. 4060세대는 '배워서 쓰는 것'보다 '써보며 배운다' 접근이 효과적입니다.

① [AI와 일상의 거리 좁히기형]
주제 예시: "요즘 유행하는 AI, 나랑 무슨 상관이 있을까?"
구성:

1. 도입 – 현실 공감: "요즘 뉴스에 자주 나오는 AI, 내 일상엔 뭐가 달라질까?"
2. 본문 – 생활 속 예시: 카카오톡, 네이버, 유튜브에 이미 숨어있는 AI 기능 소개
3. 실습 – '오늘 해볼 한 가지': 챗GPT에게 '퇴직 후 블로그 이름 추천해줘' 물어보기
4. 마무리 – 피치타이탄의 한 문장: "AI는 먼 기술이 아니라, 내 손 안의 도우미다"

② [세대 공감 스토리형]
주제 예시: "50대 직장인이 챗GPT를 배우며 바뀐 하루"
구성:

1. 오프닝 – 실제 사례 중심 스토리텔링: "퇴근 후 10분씩 써보던 AI가, 내 보고서를 바꿨다."
2. 본문 – 배움의 포인트: 챗GPT의 기본 질문법(프롬프트)을 친근하게 소개
3. TIP – 따라하기: '퇴직 후 강의 아이디어 5개 만들어줘' 직접 실습
4. 결론 – 메시지: "AI는 도구보다 습관이다."

③ [가벼운 실습 중심형]
주제 예시: "AI에게 명언집을 부탁해봤습니다"
구성:

1. 오프닝 – 흥미 유발: "요즘은 AI가 나 대신 글도 써주다는데?"
2. 실험 – 실제 대화 캡처: 챗GPT 대화 예시 (질문과 결과 비교)

G-R-E 구조로 질문했을 때 챗GPT의 답변 화면이다. 예시를 들어가며 나에게 맞는 접근법을 제안해 준다.

중요한 건
질문을 던지는 태도다

챗GPT를 잘 쓰는 사람과 그렇지 않은 사람의 차이는 '기술 수준'이 아니라 **질문의 질**에 있다. 좋은 질문은 AI를 움직이는 명령어가 아니라, 당신의 사고를 확장시키는 출발점이다.

대부분의 사람들은 챗GPT에게서 '정답'을 얻으려 하지만, 정답보다 중요한 건 **질문을 던지는 태도**다. "왜?", "어떻게?", "그 다음엔?"이라는 말이 당신의 사고를 넓히고, 대화의 방향을 바꾼다.

AI는 당신이 던지는 질문의 깊이만큼 반응한다. 얕은 질문엔 얕은 답이 오고, 맥락 있는 질문엔 생각이 담긴 답이 돌아온다. 결국 프롬프트란 기술이 아니라 사고력의 표현이다.

프롬프트를 배우는 일은 챗GPT의 언어를 익히는 게 아니라 **나의 사고 구조를 훈련하는 일**이다.

질문을 잘 던질수록, 챗GPT는 당신의 생각을 더 명확히 비춰준다. AI는 당신의 생각을 대신하지 않는다. 단지 당신이 이미 가진 언어를 더 정리해 주는 동료일 뿐이다.

우리 여기서 멈추지 말자. 다음 '단'에서는 '글쓰기로 배우는 챗GPT'로 넘어간다. 글쓰기는 질문보다 한 단계 깊은 사고의 형태다. 대화로 시작된 생각이 문장으로 정리될 때, 비로소 당신의 배움은 '기록'이 된다. 질문이 사고를 열고, 글쓰기가 그것을 완성한다.

좋은 태도가 대화의
질을 높인다

1. 프롬프트는 기술이 아니라 태도다.

검색은 '정답'을 찾지만, 챗GPT는 '사고의 방향'을 묻는다. 명령하지 말고, 대화하라. 질문이 곧 사고의 구조다.

2. 완벽한 문장보다 구체적인 맥락이 중요하다.

"요약해 줘"보다 "50대 직장인이 이해하기 쉽게 요약해 줘"가 더 똑똑한 프롬프트다. 챗GPT는 단어보다 맥락에 반응한다.

3. 대화는 이어질수록 깊어진다.

챗GPT는 한 세션 안에서 대화를 기억한다. 후속 질문 하나가, 당신의 생각을 넓히는 통로가 된다.

4. 한 줄 프롬프트가 하루를 바꾼다.

거창한 계획보다 한 문장의 대화가 더 중요하다. "오늘 내가 배운 걸 한 줄로 정리해 줘." 이 문장 하나가 사고의 리듬을 만든다.

5. R-T-F 구조는 사고를 정리하는 공식이다.

역할(Role), 과제(Task), 형식(Format). 이 세 가지를 명확히 하면, 챗
GPT는 당신의 의도를 정확히 읽는다.

6. 습관은 이해보다 강하다.

프롬프트를 '배우는' 것보다 '반복하는' 것이 낫다. 매일 5분, 한 줄
질문으로 사고의 근육을 단련하라.

- **오늘의 한 문장**

  "AI를 잘 쓰는 사람은 기술을 아는 사람이 아니라, 질문을 끊임
  없이 던지는 사람이다."

- **다음 단 예고**

  다음 4단 '글쓰기로 배우는 챗GPT'에서는 짧은 프롬프트를 연
  결해 긴 글쓰기 작업으로 활용을 확장해 보자.

: 좋은 질문을 던졌나요?

- **오늘의 기록**

  오늘은 챗GPT에게 던진 세 가지 질문을 아래에 적어보자. 상황이 구체적일수록 답변의 질이 높아진다. 세 문장 중 가장 마음에 드는 프롬프트에 동그라미 표시를 해보자. 그 문장이 오늘의 '대표 프롬프트'다.

구분	나의 질문	인상 깊은 답변(○ 표시)
생활형		
업무형		
학습형		

- **오늘의 질문**

  오늘의 목표는 "좋은 질문을 한 번이라도 던지는 것"이다. 예시처럼 간단하게 시작해 보자. 짧고 구체적인 문장이 챗GPT의 답변 품질을 결정한다.

예시

- "오늘 배운 걸 세 줄로 요약해 줘."
- "40대 경력 단절 여성이 글쓰기 습관을 만들려면 어떻게 해야 할까?"
- "내가 쓴 문장을 자연스럽게 바꿔줄래?"

나의 질문

____

____

____

- ## 오늘의 소감

  오늘 만든 질문 중 가장 좋았던 문장은 무엇인가? 오늘 챗GPT 와 대화하며 느낀 점을 적어보자.

예시

- "짧게 쓰는 게 오히려 명확하다는 걸 알았다."
- "질문이 바뀌니 답도 달라졌다."

나의 소감

____

____

____

- ## 인상 깊었던 답변

  오늘 대화에서 가장 인상 깊었던 문장을 한 줄로 남겨보자.

예시

- "좋은 질문은 답을 얻기 위한 게 아니라, 생각을 정리하기 위한 도구입니다."

인상 깊은 한 문장

____

____

____

- ## 기억하고 싶은 한 문장

  오늘 느낀 통찰이나 배움을 한 줄로 정리하자.

예시

- "프롬프트는 명령이 아니라 대화의 시작이다."

내가 기억하고 싶은 문장

____

____

____

항 목	실천 여부
챗GPT에 프롬프트 3개를 직접 입력했다	☐
인상 깊은 답변을 기록했다	☐
오늘의 대표 프롬프트를 표시했다	☐
하루를 마치며 소감을 적었다	☐

- 완벽한 질문보다 일단 질문을 던져보는 게 더 중요하다.
- 대화 중 마음에 드는 문장은 꼭 복사해서 저장해 두자.
- 내일은 오늘 질문 중 하나를 다듬어 다시 시도해 보자.
- 그것이 '좋은 질문 습관'의 시작이다.

4단.
글쓰기로 배우는
챗GPT

이제는 빈 화면이 두렵지 않다

빈 화면 앞에 선
당신에게

글을 쓴다는 건 언제나 두려운 일이다. 무엇을 써야 할지 모르겠고, 어떻게 시작해야 할지도 막막하다. 빈 화면은 여전히 낯설고, 손이 쉽게 움직이지 않는다. 마우스를 잡은 손끝이 머뭇거리는 그 순간, 머릿속은 온통 '지금 이 문장을 써도 될까?'로 가득 찬다.

많은 사람들이 글쓰기를 어려워하는 이유는 문법이나 어휘력의 부족 때문이 아니다. 진짜 이유는 **혼자 생각을 정리하려 하기 때문**이다. 글쓰기는 원래 혼자 하는 일이 아니다. 누군가와 대화하듯, 말로 풀어내야 자연스럽게 흘러나온다. 챗GPT는 바로 그 '대화 상대'를 대신해 주는 존재다.

이제는 생각을 정리하기 위해 사람을 찾을 필요가 없다. 당신의 머릿속 질문을 받아주고, 정리하고, 문장으로 묶어주는 파트너가 생겼기 때문이다.

그렇다고 해서 챗GPT가 글을 '대신 써주는' 건 아니다. 당신이 쓴 문장의 방향을 조정해 주고, 아이디어의 줄기를 정리해 주는 조력자다. 마치 초안을 함께 쓰는 공동 저자(Co-author)처럼, 당신의 이야기를 더 명료하고 설득력 있게 다듬어 준다.

이번 4단에서는 '챗GPT와 함께 쓰는 글쓰기의 리듬'을 배워볼 것이다.

우리 세대에게 글쓰기는 선택이 아니라 생존의 언어다. 직장에서의 보고서, 온라인에서의 자기소개, 은퇴 이후의 두 번째 삶까지. 모든 변화의 출발에는 결국 '글로 표현하는 능력'이 필요하다.

그런데 많은 이들이 이렇게 말한다. "글을 잘 쓰는 사람은 타고난 거야." 하지만 나는 이렇게 말하고 싶다. **글을 잘 쓰는 사람은 '시작할 줄 아는 사람'**이다. 그리고 챗GPT는 바로 그 '시작'을 도와주는 기술이다.

지금부터는 완벽한 문장을 쓰려고 애쓰지 말자. 대신 편안한 마음으로 한 문장을 던져보자.

"챗GPT야, 나 오늘 이 주제로 글을 써보고 싶은데 어떻게 시작하면 좋을까?"

이 질문 하나로 이미 당신은 글을 쓰기 시작한 것이다. AI를 활용해 글을 잘 쓰고 싶다면 이렇게 인식을 바꿔보자.

글쓰기는 종이에 글자를 옮기는 일이 아니라, **AI와 대화를 하며 나의 생각을 정리해 나가는 과정이다.**

당신이 지금 앉은 자리, 눈앞의 빈 문서는 아무것도 요구하지 않는다. 다만 말 걸기를 기다릴 뿐이다. 대화로 글을 시작하는 순간, 빈 화면은 더 이상 두렵지 않다.

글쓰기는 혼자 하는 싸움이 아니라, 대화로 완성되는 일이다.

글쓰기와
프롬프트의 연결

글쓰기를 어렵게 만드는 건 머릿속이 너무 많은 생각으로 뒤섞여 있기 때문이다. 무엇을 말하고 싶은지 정리되지 않은 채 키보드를 두드리면, 결국 문장은 늘어지고 맥락은 흐려진다.

챗GPT는 바로 그 혼잡한 생각을 정리해 주는 역할을 한다. 핵심

　　　　　　　　　　4단. 글쓰기로 배우는 챗GPT

은 '질문을 던지는 방식'이다. 좋은 프롬프트는 곧 **좋은 글쓰기의 설계도**다.

많은 사람이 글을 쓸 때, 문장을 바로 만들려고 한다. 하지만 좋은 글은 '문장'이 아니라 '질문'에서 시작된다.

"이 글로 나는 무엇을 말하고 싶은가?"

"이 주제를 왜 지금 써야 하는가?"

이 두 가지 질문이 정리되면, 글의 방향이 선다.

챗GPT는 이 질문들을 명료하게 만들어 준다. 예를 들어 이렇게 시작할 수 있다.

"챗GPT야, 나는 '50대 이후에도 꾸준한 배움이 필요하다'는 주제로 글을 쓰고 싶어. 이 주제를 설득력 있게 풀려면 어떤 구조가 좋을까?"

이 한 문장만으로 챗GPT는 글의 전체 뼈대를 제안해 준다. 그 구조는 바로 **프롬프트의 논리 구조**다. 3단에서 배웠던 R-T-F, 즉 Role(역할)-Task(과제)-Format(형식) 구조는 글쓰기에서도 그대로 적용된다. 프롬프트의 설계가 글의 구조를 만든다. 예를 들어 이렇게 쓸 수 있다.

- **Role: 당신은 글쓰기 코치입니다.**
- **Task: '퇴직 후 배움의 의미'를 주제로 짧은 에세이를 쓰고 싶**

- Format: 3단락 구조로, 독자가 공감할 수 있도록 서정적인 어조로 2,000자 작성해 주세요.

이 프롬프트를 입력하면 챗GPT는 문단별 아이디어를 나열하고, 글의 리듬을 짜주는 역할을 한다. 결국 **프롬프트는 글쓰기의 설계도이자 사고의 틀**이다.

당신은 글쓰기 코치입니다.
'퇴직 후 배움의 의미'를 주제로 짧은 에세이를 쓰고 싶습니다.
3단락 구조로, 독자가 공감할 수 있도록 서정적인 어조로 2,000자 작성해 주세요.

퇴직 후의 삶은 조용히 문이 닫히는 것이 아니라, 오래된 문을 열고 낯선 공기를 들이마시는 순간에 더 가깝다. 매일 아침 같은 시간에 울리던 알람이 멈추고, 정장을 입지 않아도 되는 날들이 이어질 때 사람은 처음으로 '시간'이라는 선물을 받는다. 그러나 그 선물은 때때로 무겁다. 갑자기 비어버린 하루를 바라보며, "이제 나는 무엇을 해야 하지?"라는 질문이 찾아오기 때문이다. 오랫동안 남이 정해준 목표를 따라가던 삶이 끝나면, 비로소 자신이 정말로 배우고 싶었던 것이 무엇이었는지를 마주하게 된다. 퇴직 후의 배움은 그래서 '필요'가 아니라 '욕망'에서 출발한다. 돈이나 지위가 아니라, 마음이 다시 움직이는 그 방향으로 향하는 첫걸음이다.

배움은 나이를 구분하지 않는다. 다만 젊을 때는 세상이 크고 자신이 작다고 느꼈다면, 나이 들어 배우는 일은 그 반대다. 이제는 세상이 더 이상 무서울 만큼 거대하지 않고, 자신이 쌓아온 경험이 세상을 이해하는 또 하나의 언어가 된다. 젊을 때는 지식을 얻기 위해 배우지만, 중년 이후의 배움은 자신을 회복하기 위해 이뤄진다. 오래된 경험 위에 새로운 언어가 얹히면, 그 사람의 세계는 다시 살아 움직이기 시작한다. 글쓰기든, 악기든, 컴퓨터든, 어떤 것이든 상관없다. 배우는 순간만큼은 사람의 눈빛이 다시 반짝인다. 그 반짝임은 '이제는 늦었다'는 말보다 훨씬 강력하다.

결국 퇴직 후의 배움은 인생의 후반전을 살아가는 방식이다. 그것은 젊음을 되찾는 일이 아니라, 시간을 품는 일이다. 매일 조금씩 새로운 것을 배우며, 자신이 여전히 성장할 수 있다는 사실을 확인하는 것. 그것이 주는 안정감은 돈으로도, 명예로도 바꿀 수 없다. 배움은 외롭지 않게 만든다. 새로운 사람들과의 연결, 생각의 확장, 그리고 자신에 대한 이해가 한 겹씩 더해진다. 그렇게 사람은 다시 '살아 있는 자신'을 느낀다. 퇴직은 끝이 아니라, 배우는 삶으로 건너가는 문이다. 그 문턱을 넘는 순간, 인생은 다시 시작된다.

후속 질문 제안

1. 이 글을 블로그용으로 변형한다면 제목과 부제를 어떻게 구성하는 게 좋을까요?
2. 4060세대 독자에게 맞게 '배움의 이유'를 더 실용적으로 풀어쓰려면 어떤 사례를 넣는 게 좋을까요?
3. 이 글의 마지막 문장을 중심으로 짧은 영상 내레이션 스크립트를 만든다면 어떤 구성으로 하면 좋을까요?

R-T-F 프레임워크를 이용한 글쓰기 프롬프트 입력 결과다.

프롬프트를
글쓰기 도구로 쓰는 이유

1) 글의 시작이 빨라진다.

막막한 빈 페이지 앞에서 '어떻게 써야 하지?'라는 불안이 사라진다. 챗GPT는 "이 주제로 글을 쓰려면 어떤 순서가 좋을까?"라는 질문에 즉각 방향을 제시한다.

2) 생각이 구조화된다.

챗GPT는 당신의 말 속에서 핵심 키워드를 추려낸다. 이 과정에서 머릿속의 막연한 아이디어가 구체적인 문단으로 구성된다.

3) 글의 리듬을 잡을 수 있다.

챗GPT의 답변은 단락 간 논리를 일정하게 유지시켜 준다. 단락이 엉성하게 연결되지 않고, 전체 글이 하나의 호흡으로 이어지게 도와준다.

실습 예시

이제 직접 실습해 보자. 챗GPT에 다음 문장을 입력해 보면 된다.

"너는 블로그 전문 글쓰기 코치로서 답해줘. 나는 'AI 시대에 다시 쓰는 인간의 가치'라는 주제로 블로그 글을 쓰고 싶어. 3,000자 분량으로, 3단락 구조로 서두에는 공감, 중간에는 통찰, 마지막엔 행동 메시지를 넣어서 작성해 줘."

이렇게 입력하면 챗GPT는 글의 구성을 '공감-통찰-결론(메시지)'의 세 가지 리듬으로 제안한다. 이 구조는 대부분의 블로그 글, 스피치, 칼럼에서 활용되는 기본 골격이다.

프롬프트는 단순한 명령이 아니라, **글을 생각하고 구조화하는 질문의 기술**이다. 프롬프트를 잘 쓰는 사람이 결국 글도 잘 쓴다. 이제 당신의 글은 감에 기대어 쓰는 문장이 아니라, 챗GPT와 대화를 통해 질문과 답을 오가며 차근차근 완성되는 글이 될 것이다.

3단락 구조의 글쓰기 프롬프트를 입력한 결과 화면이다.

블로그 글쓰기 실습: 구조부터 짜보기

이제 본격적으로 글을 '써보는 시간'이다. 하지만 바로 문장을 쓰기보다, '구조'를 먼저 잡는 법부터 익히자. 좋은 글은 문장보다 구조가 먼저다. 챗GPT는 이 구조를 만드는 데 탁월하다. "어떤 순서로 이야기를 전개할까?"를 미리 정하면 문장은 자연스럽게 따라온다.

글쓰기의 첫 단계는 '목적 정하기'

블로그 글의 목적은 크게 세 가지로 나뉜다.

① 정보 전달형: 지식을 나누고 정리하는 글
　　→ 예: "챗GPT로 블로그 아이디어 10개 찾는 법"
② 경험 공유형: 자신의 시행착오나 사례 중심의 글
　　→ 예: "챗GPT 덕분에 퇴근 후 30분이 달라졌다"
③ 감정 공감형: 독자와의 감정적 연결을 만드는 글
　　→ 예: "50대 이후, 나의 첫 AI 친구가 생겼다"

목적이 달라지면 문장의 리듬도 달라진다. 따라서 챗GPT에게는 이렇게 프롬프트를 던져야 한다.

"나는 '50대 직장인이 AI를 배우는 이유'라는 주제로 블로그 글을 쓰고 싶어. 독자가 공감할 수 있도록 경험과 감정을 섞은 구조로 제안해 줘."

이 한 줄이면 챗GPT는 자동으로 '공감-통찰-행동'의 세 단락 구조를 제시한다. 이게 바로 기본형 구조 템플릿이다.

실습 1: 글의 뼈대 잡기

① 챗GPT에게 아래 문장을 입력해 보자.

"챗GPT야, '퇴직 후에도 배움이 필요한 이유'라는 주제로 블로그 글을 쓰고 싶어. 글쓰기에 앞서 3단락으로 구조를 먼저 짜줘. 첫 단락은 공감, 두 번째는 통찰, 세 번째는 행동 메시지로."

② 챗GPT의 답변 예시

1단락: 공감 – "배움이 멈추면 세상과의 대화도 멈춘다" (중략)

2단락: 통찰 – "배움은 생존이 아니라 존재의 이유가 된다" (중략)

3단락: 행동 메시지 – "이제 배우는 사람으로 다시 서라" (후략)

이렇게 구조를 먼저 만든 뒤에 문장을 다듬는 게 훨씬 쉽다. 이게 챗GPT 글쓰기의 첫 번째 원리다. **문장을 만들지 말고, 문장을 담을 그 릇을 먼저 만들어라.**

실습 2: 아이디어 확장하기

구조를 만든 뒤에는 챗GPT에게 이렇게 요청할 수 있다.

"이 구조에 맞춰 제목 3개와 소제목 3세트를 추천해 줘."

예시 결과는 다음과 같다.

제목 제안	소제목 제안
"퇴직 후, 다시 배우는 사람으로 산다는 것"	① 일에서 멀어지면, 세상도 멀어진다 ② 배움은 나이와 상관없는 '정신의 근력 운동'이다 ③ 하루 10분의 공부가 인생 10년을 바꾼다
"퇴직 이후의 진짜 경쟁력은 배우는 속도다"	① 경험은 많지만, 세상은 더 빨리 변한다 ② 배움은 기술이 아니라 적응력이다 ③ 하루 한 가지 새로 배우는 습관을 만들어라
"멈춘 것처럼 보여도, 배움은 우리를 앞으로 이끈다"	① 퇴직은 끝이 아니라 방향을 바꾸는 일이다 ② 배우는 순간, 인생은 다시 현재형이 된다 ③ 새로운 배움으로 당신의 두 번째 인생을 설계하라

이 과정을 통해 챗GPT는 '생각 정리 도구'에서 '아이디어 발전 도구'로 진화한다.

글쓰기 실습 TIP

- 내용보다 리듬이 먼저: 글의 세 단락 리듬이 먼저 세워져야 문장이 자연스럽게 이어진다.
- 완벽한 문장을 목표로 하지 말 것: 초안은 어색해야 정상이다. GPT가 도와줄 건 '다듬기'다.
- 아이디어를 키워드로 묶기: 각 문단의 핵심 단어를 한 줄 요약해 두면 챗GPT가 제안하는 문장도 훨씬 정교해진다.

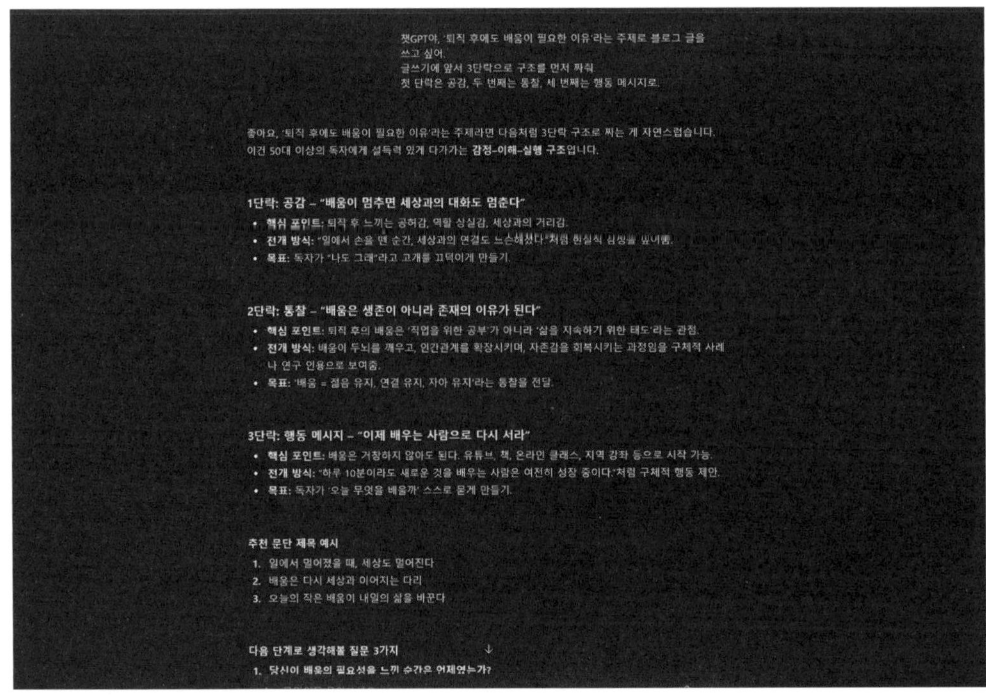

'퇴직 후에도 배움이 필요한 이유'를 '공감·통찰·행동 구조'로 제안해 달라고 했을 때 챗GPT의 답변 화면이다.

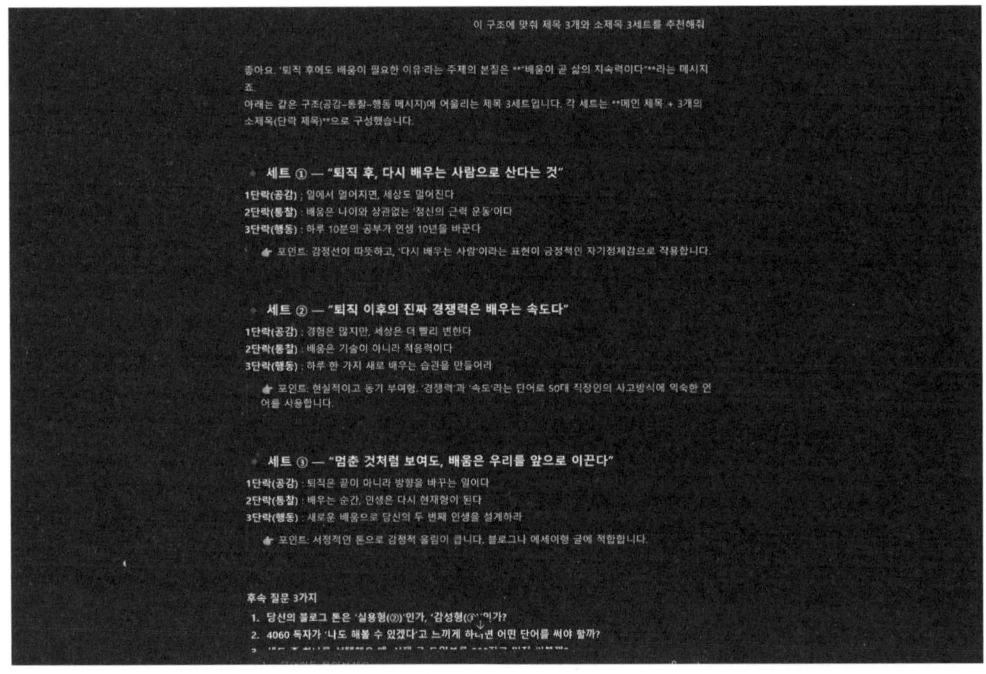

첫 번째 답변으로 받은 구조에 맞춰 제목, 소제목 세트를 추천해 달라고 했을 때의 챗GPT 답변 화면이다.

정리

블로그 글쓰기는 문장력이 아니라 **사고력의 훈련**이다. 챗GPT는 글을 대신 써주는 기계가 아니라, 내 생각을 정리해 주는 **두 번째 나(Second Self)**다. 글을 쓰는 순간보다 중요한 건 '글을 어떻게 구조화하느냐'다. 구조가 세워지면, 글은 이미 70% 완성된 셈이다.

에세이 실습 (1): 내 안의 기억을 깨우는 질문

좋은 에세이는 '문장력'보다 '기억력'에서 시작된다. 기억 속 한 장면, 대화, 냄새가 살아날 때 글은 숨을 쉰다. 그런데 막상 쓰려고 하면 아무 생각이 나지 않는다. 머릿속이 하얘지고, 손끝은 멈춘다. 이때 챗GPT를 활용하면, 감정을 언어로 끌어올릴 수 있다.

기억을 끄집어 내는 질문부터

에세이의 첫 문장은 '생각'이 아니라 '감정'에서 시작된다. 그래서 챗GPT에게는 이런 식의 질문을 던져야 한다.

> "내가 최근에 '성취감'을 느꼈던 순간을 떠올릴 수 있도록 질문을 5개만 해줘."

이렇게 요청하면 챗GPT는 감정을 자극하는 질문을 던진다.

1. 마지막으로 '나도 꽤 잘했네'라고 느낀 순간은 언제였나요?
2. 누군가의 말 한마디가 힘이 되었던 기억이 있나요?
3. 당신의 하루 중 가장 조용하지만 평온했던 시간은 언제인가요?
4. 과거의 당신에게 감사하고 싶은 일은 무엇인가요?
5. 최근에 '이건 나만의 방식이구나'라고 느낀 일이 있었나요?

이 중 한 가지 질문만 골라 답해보면 된다. 바로 그 답이 **에세이의 첫 문장**이 된다.

- 예시: '작은 성취감의 순간'이라는 기억

"며칠째 미뤘던 서류를 마감 하루 전에 끝냈을 때, 내가 생각보다 끈기 있는 사람이라는 걸 잠깐 느꼈다."

이 한 문장만으로 글의 감정선이 정해진다. 이후 챗GPT에게 이렇게 부탁한다.

"이 문장으로 짧은 에세이를 쓰고 싶어. 성취감의 여운이 느껴지도록 문단별로 구조를 짜줘."

GPT는 이렇게 제안할 것이다.

1단락: 감정의 시작: 마감 앞의 초조함, 끝냈을 때의 안도감
2단락: 감정의 전환: '작은 성취감'이 주는 자신감과 다음 행동의
변화
3단락: 감정의 마무리: 완벽하지 않아도 꾸준히 해낸 하루에 대한
자부심

이 구조를 따라 문장을 써 내려가면 된다. 이건 챗GPT가 대신 써 주는 글이 아니라, 당신이 느낀 감정을 글로 옮길 수 있게 도와주는 대화다.

에세이 실습 (2): 네 단계로 완성하는 나의 이야기

1) 감정을 불러내는 질문 만들기

챗GPT에 이렇게 입력해 보자.

나는 '퇴직 후에도 설렘을 느끼고 싶다'는 주제로 에세이를 쓰고 싶어.

→ 챗GPT는 감정을 자극하는 질문 다섯 개를 제시한다. 그중 가장 마음에 와 닿는 질문 하나를 고르고 다음 단계로 넘어가자.

2) 감정에 답하기

챗GPT가 제시한 다섯 개의 질문 중 하나의 질문을 선택하고, 선택한 질문에 짧게 답해본다.

이렇게 짧게 대답하면 챗GPT는 그 문장을 중심으로 글의 첫 단락을 만들거나, 2~3문단으로 이어질 재료를 만들기 위한 추가 질문을 던진다.

3) 감정의 언어 확장하기

에세이의 감정은 한 문장으로는 부족하다. 챗GPT에게 이렇게 추가로 요청하자.

다음은 결과 예시다.

이 세 문장이 감정의 결을 완성한다. 이제 당신의 글은 단순한 '정보 전달'이 아니라, 삶의 한 장면을 복원하는 글이 된다.

4) 감정을 담은 한 편의 글 완성하기

여기서 멈추지 말자. 이 세 문장을 바탕으로 감정의 흐름을 따라 짧은 에세이(약 10문장)를 써보자. 챗GPT에 이렇게 입력해 보자.

이렇게 요청하면 챗GPT는 당신이 쓴 감정의 문장을 잇는 하나의 짧은 이야기를 제안한다. 그 글이 바로 **당신의 첫 번째 에세이 한 조각**이 된다.

감정 에세이는 잘 쓰는 글이 아니라, 다시 느끼는 글이다. 글을 쓰는 동안, 당신은 이미 그 순간을 한 번 더 살아내고 있는 것이다.

1단계

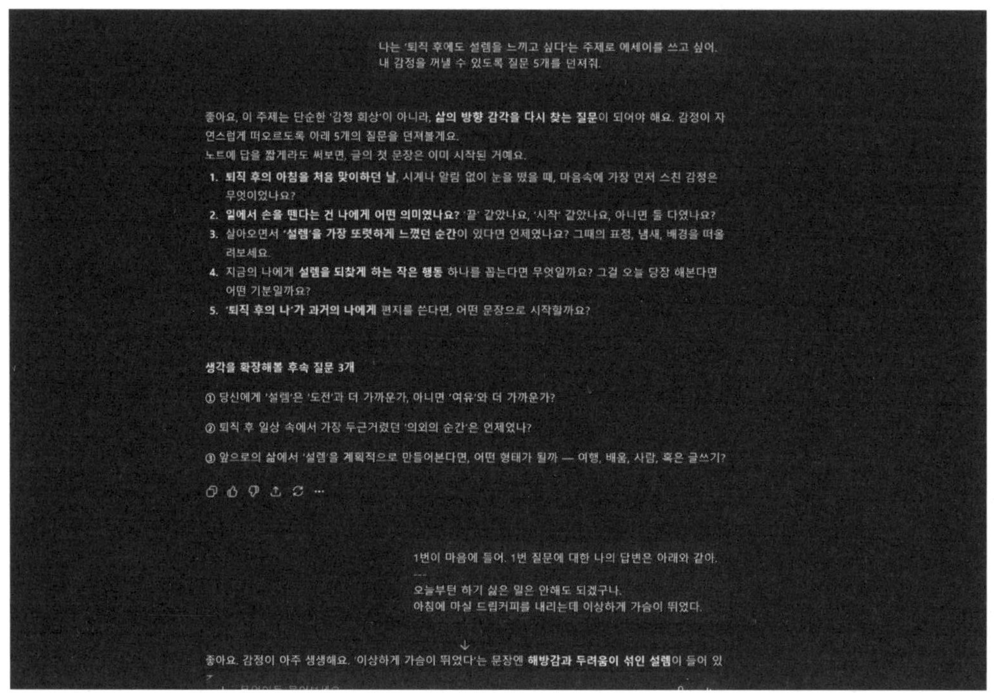

2단계

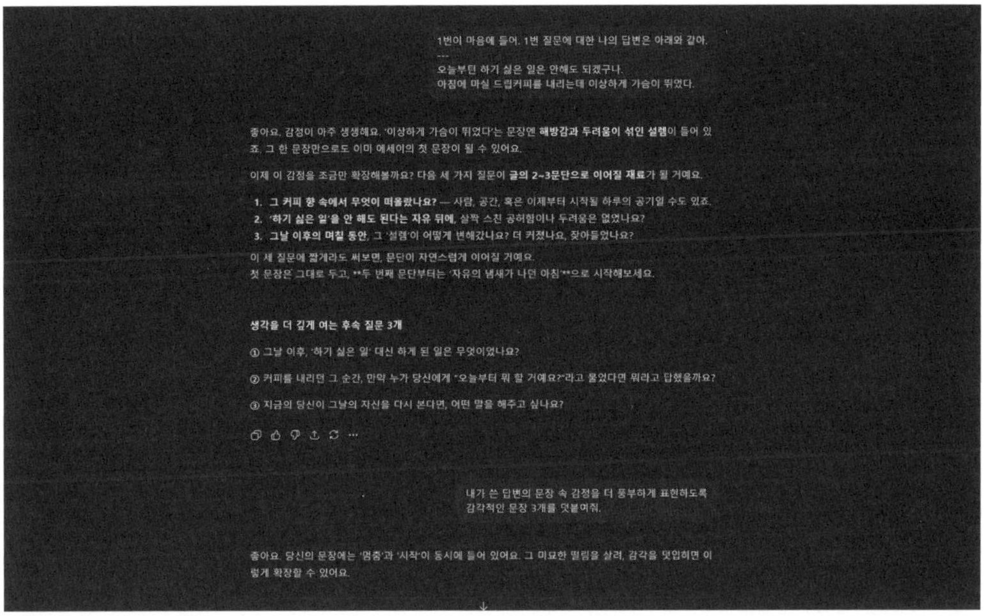

오늘부턴 하기 싫은 일은 안해도 되겠구나.
아침에 마실 드립커피를 내리는데 이상하게 가슴이 뛰었다.

좋아요. 감정이 아주 생생해요. '이상하게 가슴이 뛰었다'는 문장엔 **해방감과 두려움이 섞인 설렘**이 들어 있죠. 그 한 문장만으로도 이미 에세이의 첫 문장이 될 수 있어요.

이제 이 감정을 조금만 확장해볼까요? 다음 세 가지 질문이 글의 **2~3문단으로 이어질 재료**가 될 거예요.

1. **그 커피 향 속에서 무엇이 떠올랐나요?** — 사람, 공간, 혹은 이제부터 시작될 하루의 공기일 수도 있죠.
2. **'하기 싫은 일'을 안 해도 된다는 자유 뒤에**, 살짝 스친 공허함이나 두려움은 없었나요?
3. **그날 이후의 며칠 동안**, 그 '설렘'이 어떻게 변해갔나요? 더 커졌나요, 잦아들었나요?

이 세 질문에 짧게라도 써보면, 문단이 자연스럽게 이어질 거예요.
첫 문장은 그대로 두고, **두 번째 문단부터는 '자유의 냄새가 나던 아침'**으로 시작해보세요.

생각을 더 깊게 여는 후속 질문 3개

① 그날 이후, '하기 싫은 일' 대신 하게 된 일은 무엇이었나요?

② 커피를 내리던 그 순간, 만약 누가 당신에게 "오늘부터 뭐 할 거예요?"라고 물었다면 뭐라고 답했을까요?

③ 지금의 당신이 그날의 자신을 다시 본다면, 어떤 말을 해주고 싶나요?

내가 쓴 답변의 문장 속 감정을 더 풍부하게 표현하도록
감각적인 문장 3개를 덧붙여줘.

좋아요. 당신의 문장예는 '멈춤'과 '시작'이 동시에 들어 있어요. 그 미묘한 떨림을 살려, 감각을 덧입히면 이렇게 확장할 수 있어요.

3단계

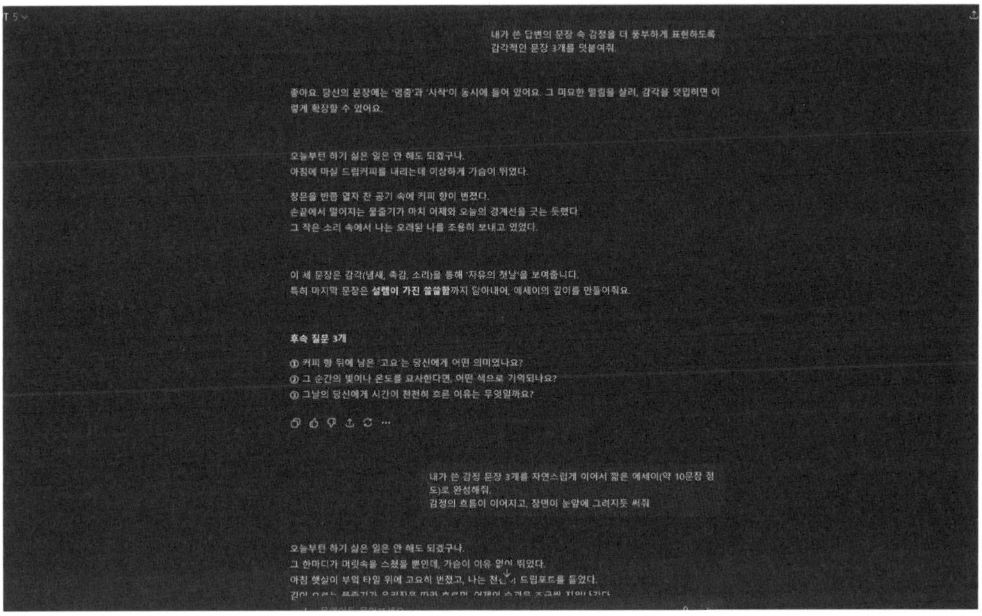

내가 쓴 답변의 문장 속 감정을 더 풍부하게 표현하도록
감각적인 문장 3개를 덧붙여줘.

좋아요. 당신의 문장예는 '멈춤'과 '시작'이 동시에 들어 있어요. 그 미묘한 떨림을 살려, 감각을 덧입히면 이렇게 확장할 수 있어요.

오늘부턴 하기 싫은 일은 안 해도 되겠구나.
아침에 마실 드립커피를 내리는데 이상하게 가슴이 뛰었다.

창문을 반쯤 열자 찬 공기 속에 커피 향이 번졌다.
손끝에서 떨어지는 물줄기가 마치 어제와 오늘의 경계선을 긋는 듯했다
그 작은 소리 속에서 나는 오래된 나를 조용히 보내고 있었다.

이 세 문장은 감각(냄새, 촉감, 소리)을 통해 '자유의 첫날'을 보여줍니다.
특히 마지막 문장은 **설렘이 가진 쓸쓸함**까지 담아내어, 에세이의 깊이를 만들어줘요.

후속 질문 3개

① 커피 향 뒤에 남은 '고요'는 당신에게 어떤 의미였나요?
② 그 순간의 빛이나 온도를 묘사한다면, 어떤 색으로 기억되나요?
③ 그날의 당신에게 시간이 천천히 흐른 이유는 무엇일까요?

내가 쓴 감정 문장 3개를 자연스럽게 이어서 짧은 에세이(약 10문장 정도)로 완성해줘.
감정의 흐름이 이어지고, 장면이 눈앞에 그려지듯 써줘

오늘부턴 하기 싫은 일은 안 해도 되겠구나.
그 한마디가 머릿속을 스쳤을 뿐인데, 가슴이 이유 없이 뛰었다.
아침 햇살이 부엌 타일 위에 고요히 번졌고, 나는 천천히 드립포트를 들었다.

4단. 글쓰기로 배우는 챗GPT

내가 쓴 감정 문장 3개를 자연스럽게 이어서 짧은 에세이(약 10문장 정도)로 완성해줘.
감정의 흐름이 이어지고, 장면이 눈앞에 그려지듯 써줘

🔒오늘부터 하기 싫은 일은 안 해도 되겠구나.
그 한마디가 머릿속을 스쳤을 뿐인데, 가슴이 이유 없이 뛰었다.
아침 햇살이 부엌 타일 위에 고요히 번졌고, 나는 천천히 드립포트를 들었다.
김이 오르는 물줄기가 유리잔을 따라 흐르며, 어제의 습관을 조금씩 지워나갔다.
창문을 반쯤 열자 차가운 공기 속으로 커피 향이 퍼졌다.
그 냄새는 낯설고 익숙했다. 자유의 냄새 같기도, 불안의 냄새 같기도 했다.
손끝에서 떨어지는 물줄기가 마치 어제와 오늘의 경계선을 긋는 듯했다.
그 경계선 위에서 나는 묘하게 가벼워졌다.
무언가를 잃은 것 같지만, 동시에 무언가를 되찾은 기분이었다.
그 작은 소리 속에서 나는 오래된 나를 조용히 보내고 있었다.

후속 질문 3개

① '잃은 것'과 '되찾은 것'이 구체적으로 무엇이었는지 떠올려볼까요?
② 그날 이후의 아침에도 같은 설렘이 남았나요, 아니면 다른 감정으로 바뀌었나요?
③ 이 장면을 제목으로 붙인다면, 어떤 한 단어가 가장 어울릴까요?

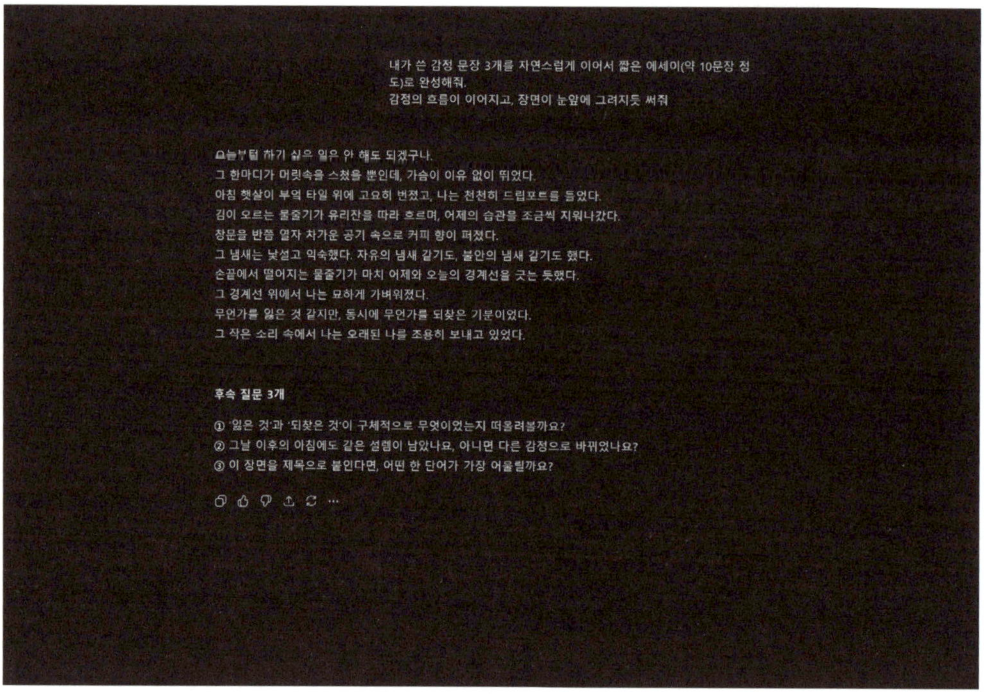

감정 에세이 실습의 4단계를 거치는 과정을 순서대로 살펴보자.

에세이 실습 (3):
마음을 움직이는 세 가지 핵심 포인트

1) '무엇을 느꼈는가'를 먼저 쓴다

사건보다 감정이 우선이다. 사실을 나열하는 대신, 그때의 온도를 표현하라.

2) '짧은 문장'으로 리듬을 만든다

긴 설명은 감정을 희석시킨다. 한 호흡 한 문장으로, 독자의 호흡에 문장을 맞춰라.

3) '진짜 기억'을 꺼내라

꾸며낸 이야기보다, 진짜 하루의 조각이 더 큰 힘을 가진다.

에세이는 정보가 아니라 '나의 언어'를 복원하는 과정이다. 챗GPT는 그 복원을 돕는 거울이다. 당신이 던지는 한 줄 질문은, 결국 당신의 내면을 꺼내는 열쇠다. 감정을 글로 쓰는 일은 기술이 아니라, 내 삶의 어떤 순간들을 다시 만나보는 연습이다.

에세이 실습 (4):
발상부터 편집까지, 한 편의 글 완성하기

글을 잘 쓰는 사람과 못 쓰는 사람의 차이는 '생각 정리 속도'다. 그 속도를 높이는 가장 강력한 방법이 바로 챗GPT다. 챗GPT는 글을 대신 써주는 도구가 아니라, **사고를 구조화해 주는 파트너**다.

글쓰기 과정은 세 단계로 나눌 수 있다.

① 발상(Thinking): 무엇을 쓸지 정하는 단계

② 초안(Drafting): 문장을 처음으로 엮는 단계

③ 편집(Editing): 문장을 다듬고 구조를 개선하는 단계

이 세 단계에서 각각 다른 방식으로 챗GPT를 활용할 수 있다. 하나씩 살펴보자.

1) 발상: 생각을 꺼내는 단계

글의 첫 단추는 '무엇을 쓸까?'다. 이때 막연한 주제를 좁히는 데 챗GPT가 탁월하다. 예를 들어 이렇게 물어보자.

"50대 직장인이 AI를 주제로 블로그 글을 쓰려 하는데, 독자의 공감을 얻을 수 있는 구체적 주제 5개만 제안해 줘."

GPT는 이런 식으로 대답할 것이다.

① AI가 내 일을 대신할까, 아니면 도와줄까?

② 퇴근 후 10분, AI와 나만의 두 번째 커리어 준비하기

③ AI를 써보니, 내 일의 본질이 보였다

④ 디지털에 약한 나도, AI 덕분에 다시 시작할 수 있었다

⑤ 내 후배는 챗GPT를 쓰고, 나는 왜 아직 못 쓰는가

이 중 하나를 고르면 된다. 주제를 선택한 뒤에는 다음처럼 이어서 요청하자.

이렇게 하면 글의 뼈대가 완성된다. 이 과정을 매일 반복하면 '생각 정리 근육'이 빠르게 자란다.

1단계

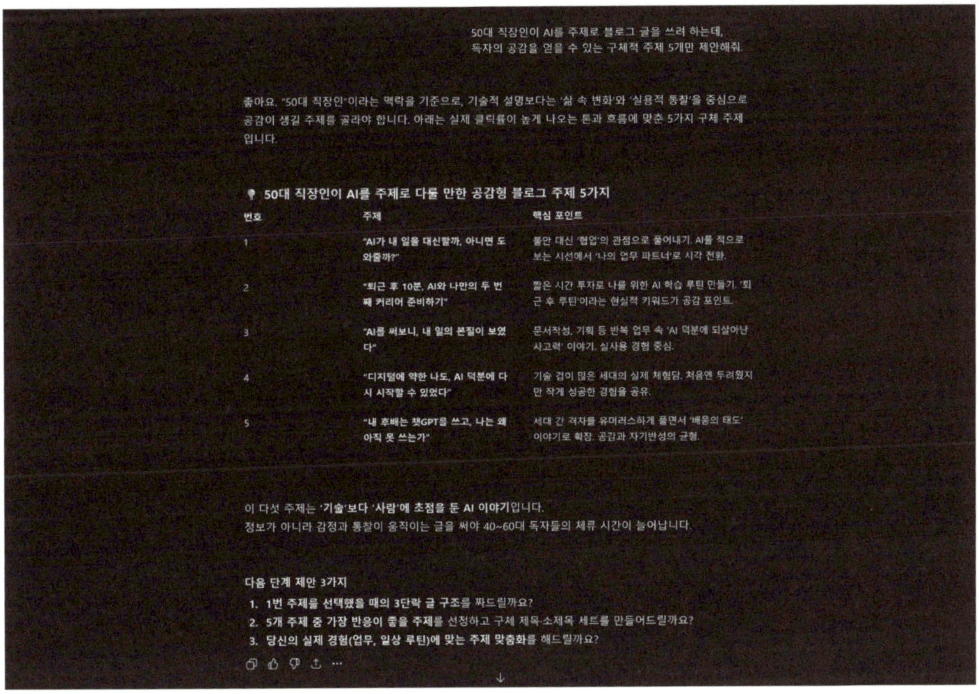

50대 직장인이 AI를 주제로 블로그 글을 쓰려 하는데, 독자의 공감을 얻을 수 있는 구체적 주제 5개만 제안해줘.

좋아요. "50대 직장인"이라는 맥락을 기준으로, 기술적 설명보다는 '삶 속 변화'와 '실용적 통찰'을 중심으로 공감이 생길 주제를 골라야 합니다. 아래는 실제 클릭률이 높게 나오는 톤과 흐름에 맞춘 5가지 구체 주제입니다.

💡 **50대 직장인이 AI를 주제로 다룰 만한 공감형 블로그 주제 5가지**

번호	주제	핵심 포인트
1	"AI가 내 일을 대신할까, 아니면 도와줄까?"	불안 대신 '협업'의 관점으로 풀어내기. AI를 적으로 보는 시선에서 '나의 업무 파트너'로 시각 전환.
2	"퇴근 후 10분, AI와 나만의 두 번째 커리어 준비하기"	짧은 시간 투자로 나를 위한 AI 학습 루틴 만들기. '퇴근 후 루틴'이라는 현실적 키워드가 공감 포인트.
3	"AI를 써보니, 내 일의 본질이 보였다"	문서작성, 기획 등 반복 업무 속 'AI 덕분에 되살아난 사고력' 이야기. 실사용 경험 중심.
4	"디지털에 약한 나도, AI 덕분에 다시 시작할 수 있었다"	기술 겁이 많은 세대의 실제 체험담. 처음엔 두려웠지만 작게 성공한 경험을 공유.
5	"내 후배는 챗GPT를 쓰고, 나는 왜 아직 못 쓰는가"	세대 간 격차를 유머러스하게 풀면서 '배움의 태도' 이야기로 확장. 공감과 자기반성의 균형.

이 다섯 주제는 '기술'보다 '사람'에 초점을 둔 AI 이야기입니다.
정보가 아니라 감정과 통찰이 움직이는 글을 써야 40~60대 독자들의 체류 시간이 늘어납니다.

다음 단계 제안 3가지

1. 1번 주제를 선택했을 때의 3단락 글 구조를 짜드릴까요?
2. 5개 주제 중 가장 반응이 좋을 주제를 선정하고 구체 제목·소제목 세트를 만들어드릴까요?
3. 당신의 실제 경험(업무, 일상 루틴)에 맞는 주제 맞춤화를 해드릴까요?

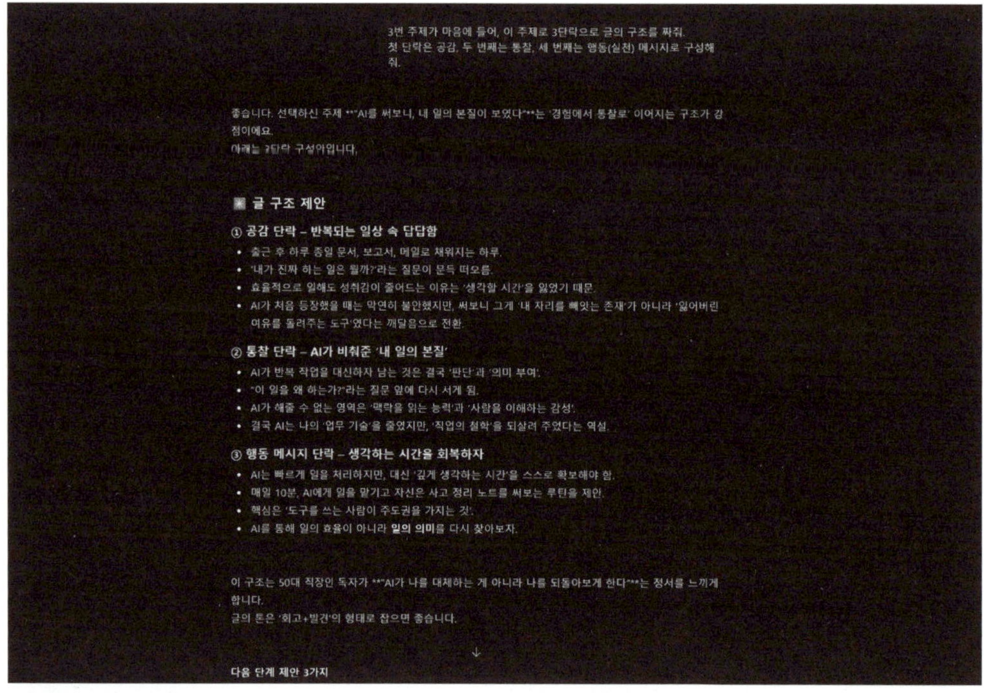

'AI를 주제로 글쓰기 아이디어 5개 제안' 요청에 대한 답변 중 하나를 골라, 3단락으로 글의 구조를 요청했을 때의 결과 화면이다.

2) 초안: 문장을 엮는 단계

아이디어를 골랐다면, 이제 문장을 엮을 차례다. 하지만 이때 주의할 점이 있다. 챗GPT가 대신 글을 써주게 하면, 당신의 언어가 사라진다. 따라서 프롬프트는 이렇게 던져야 한다.

"이 글 구조에 따라 초안을 쓰고 싶어. 각 단락의 주제만 짧게 문장으로 제안해 줘. 문장은 내가 직접 쓸게."

챗GPT의 응답 예시는 다음과 같다.

- 공감 단락 주제: AI를 쓰기 전까지, 나는 일에 쫓기느라 내가 무슨 일을 하는지도 잊고 있었다.
- 통찰 단락 주제: AI는 일을 대신해 주는 게 아니라, 내가 진짜 잘하는 일이 무엇인지 보여줬다.
- 행동 메시지 단락 주제: 이제는 AI에게 시간을 맡기고, 나는 생각의 주인이 되어야 한다.

이 상태에서 문장을 직접 채워 넣으면 '내가 쓴 글'이 되면서도 글의 구조는 탄탄해진다. 만약 초안을 쓰다가 막히면 이렇게 요청해 보자.

"이 문단이 너무 딱딱해. 조금 더 감정이 느껴지게, 대화체 문장으로 3문장만 바꿔줘."

챗GPT는 당신의 톤을 해치지 않으면서 자연스럽게 수정해 준다.

초안 작성을 위한 각 단락의 주제 제안 프롬프트 입력 결과 화면이다.

3) 편집: 다듬고 정리하는 단계

글의 초안을 완성한 뒤에는 편집이 남는다. 이때 챗GPT의 진짜 힘이 드러난다. 단순히 맞춤법 검사를 맡기는 대신, '독자의 입장에서 다듬기'를 시켜보자.

"아래 블로그 글을 50대 직장인이 읽었을 때 더 공감할 수 있게 문장 구조를 조정해 줘. 너무 어려운 단어는 쉬운 표현으로 바꿔 줘."

GPT의 답변 예시는 다음과 같다.

좋아요. 원문은 메시지가 아주 탄탄하지만, 문장 구조가 조금 딱딱하고 단어가 '보고서체'라서 50대 직장인에게는 약간 부담스럽게 느껴질 수 있습니다.

아래는 내용의 흐름은 그대로 살리면서, 말맛은 부드럽게, 문장은 짧게, 그리고 현장감 있는 표현으로 다듬은 버전입니다. (후략)

이런 식으로 편집을 반복하면, 당신의 글은 점점 '읽히는 글'이 된다. 그리고 챗GPT는 단순한 AI가 아니라 '편집자이자 독자'로 작동하기 시작한다.

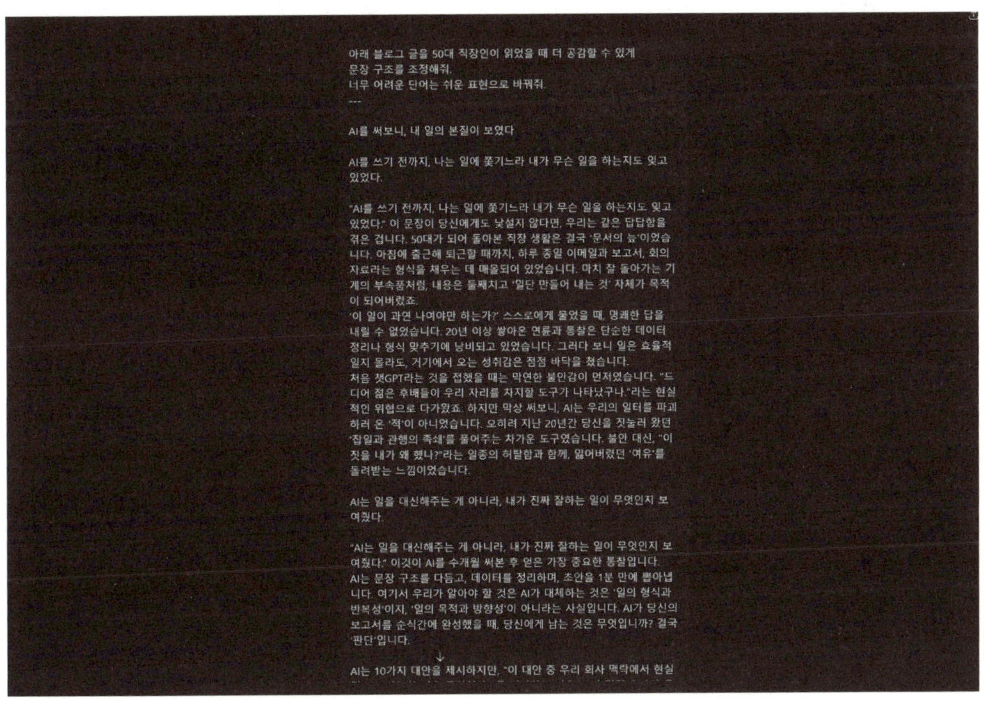

아래 블로그 글을 50대 직장인이 읽었을 때 더 공감할 수 있게
문장 구조를 조정해줘.
너무 어려운 단어는 쉬운 표현으로 바꿔줘.

AI를 써보니, 내 일의 본질이 보였다

AI를 쓰기 전까지, 나는 일에 쫓기느라 내가 무슨 일을 하는지도 잊고 있었다.

"AI를 쓰기 전까지, 나는 일에 쫓기느라 내가 무슨 일을 하는지도 잊고 있었다." 이 문장이 당신에게도 낯설지 않다면, 우리는 같은 답답함을 겪은 겁니다. 50대가 되어 돌아본 직장 생활은 결국 '문서의 늪'이었습니다. 아침에 출근해 퇴근할 때까지, 하루 종일 이메일과 보고서, 회의 자료라는 형식을 채우는 데 매몰되어 있었습니다. 마치 잘 돌아가는 기계의 부속품처럼, 내용은 둘째치고 '일단 만들어 내는 것' 자체가 목적이 되어버렸죠.
'이 일이 과연 나여야만 하는가?' 스스로에게 물었을 때, 명쾌한 답을 내릴 수 없었습니다. 20년 이상 쌓아온 연륜과 통찰은 단순한 데이터 정리나 형식 맞추기에 낭비되고 있었습니다. 그러다 보니 일은 효율적일지 몰라도, 거기에서 오는 성취감은 점점 바닥을 쳤습니다.
처음 챗GPT라는 것을 접했을 때는 막연한 불안감이 먼저였습니다. "드디어 젊은 후배들이 우리 자리를 차지할 도구가 나타났구나."라는 현실적인 위협으로 다가왔죠. 하지만 막상 써보니, AI는 우리의 일터를 파괴하러 온 '적'이 아니었습니다. 오히려 지난 20년간 당신을 짓눌러 왔던 '잡일과 관행의 족쇄'를 풀어주는 차가운 도구였습니다. 불안 대신, "이 짓을 내가 왜 했나?"라는 일종의 허탈함과 함께, 잃어버렸던 '여유'를 돌려받는 느낌이었습니다.

AI는 일을 대신해주는 게 아니라, 내가 진짜 잘하는 일이 무엇인지 보여줬다.

"AI는 일을 대신해주는 게 아니라, 내가 진짜 잘하는 일이 무엇인지 보여줬다." 이것이 AI를 수개월 써본 후 얻은 가장 중요한 통찰입니다.
AI는 문장 구조를 다듬고, 데이터를 정리하며, 초안을 1분 만에 뽑아냅니다. 여기서 우리가 알아야 할 것은 AI가 대체하는 것은 '일의 형식과 반복성'이지, '일의 목적과 방향성'이 아니라는 사실입니다. AI가 당신의 보고서를 순식간에 완성했을 때, 당신에게 남는 것은 무엇입니까? 결국 '판단'입니다.

AI는 10가지 대안을 제시하지만, "이 대안 중 우리 회사 맥락에서 현실

문장 구조 조정 및 쉬운 표현으로 바꿔달라고 요청하며 마지막에 내가 쓴 글을 첨부한다.

좋아요. 원문은 메시지가 아주 탄탄하지만, 문장 구조가 조금 딱딱하고 단어가 '보고서체'라서 50대 직장인에게는 약간 부담스럽게 느껴질 수 있습니다.
아래는 내용의 흐름은 그대로 살리면서, **말맛은 부드럽게, 문장은 짧게, 그리고 현장감 있는 표현**으로 다듬은 버전입니다.

AI를 써보니, 내 일의 본질이 보였다
AI를 쓰기 전까지, 나는 일에 쫓기느라 내가 무슨 일을 하는지도 몰랐다.
이 문장이 낯설지 않다면, 아마 당신도 나와 같은 답답함을 느껴봤을 것이다.

50대가 되어 돌아보니, 직장 생활의 대부분은 '문서의 늪'이었다.
아침부터 밤까지 보고서, 회의자료, 이메일로 하루를 채우며 살았다.
생각보다 중요한 건 '내용'이 아니라 '형식'이었다.
그냥 만들어 내는 게 목적이 되어버린 일상.
기계처럼 일하면서도, 마음 한켠엔 늘 이런 질문이 맴돌았다.
"이 일이 정말 나여야만 하는가?"

20년 넘게 쌓은 경험과 감각은 단순한 서류 작업에 묻혀버렸다.
효율은 높아졌지만, 성취감은 바닥을 쳤다.

그러다 챗GPT를 처음 접했을 때, 솔직히 두려웠다.
"이제 후배들이 우리 일을 대신하겠구나."
그런 생각이 가장 먼저 들었다.
그런데 막상 써보니, AI는 '적'이 아니었다.
오히려 그동안 나를 짓눌러 왔던 '잡일의 족쇄'를 풀어주는 도구였다.
불안 대신 찾아온 건 묘한 허탈감이었다.
"이걸 왜 내가 매일 했을까?"
그리고 오랜만에 느낀 여유 한 모금이었다.

AI는 일을 대신해주는 게 아니라, 내가 잘하는 일을 보여줬다
AI를 몇 달 써보니 확실해졌다.
AI는 내 일을 빼앗은 게 아니라, **내가 진짜 잘하는 게 무엇인지** 보여줬다.

AI는 문장을 다듬고, 데이터를 정리하고, 초안을 1분 만에 만든다.
하지만 그다음은 여전히 사람의 몫이다.
"이 중에서 어떤 게 현실적으로 가능한가?"   ↓
"이 내용이 상대의 마음을 움직일 수 있을까?"

챗GPT가 내 글의 특징을 설명하고 요구에 맞춰 글을 수정해 준다.

실습 TIP

- 발상 단계에서는 '구체적인 주제'보다 '느낌'을 먼저 던져라.

  → 예: "요즘 자주 드는 생각을 글로 써보자."

- 초안 단계에서는 GPT에게 '생각의 순서'를 묻는 게 핵심이다.

  → 예: "이 주제는 어떤 흐름으로 써야 자연스러울까?"

- 편집 단계에서는 '독자 입장'에서 편집해 줄 것을 요청하라.

  → 예: "내가 이 글을 모르는 사람이라면 어디서 막힐까?"

정리

챗GPT 글쓰기의 세 가지 단계는 결국 하나의 원리로 귀결된다. AI

는 문장을 대신 쓰는 도구가 아니라, 생각을 정리해 주는 파트너다.

발상은 나의 사고를 확장하고, 초안은 그 생각을 구조화하며, 편집은 나의 시선을 독자의 눈으로 바꿔준다.

글을 잘 쓴다는 건 생각·표현·공감의 균형을 다루는 일이다. 챗GPT는 그 균형을 맞춰주는 '두 번째 나'다.

글쓰기를 습관으로
만드는 법

습관은 결심이 아니라 반복이다. 글쓰기도 마찬가지다. "내일 써야지"라는 다짐보다, "오늘 단 한 문장이라도 써보자"는 반복이 훨씬 강하다.

작은 습관의 법칙에서 가장 중요한 것은 '크게 시작하지 말고, 작게 이어가기'다. 챗GPT는 바로 그 반복의 리듬을 만들어 주는 도구다.

1) 하루 5분, 글쓰기 루틴 만들기

하루에 딱 5분이면 된다. 챗GPT에게 "오늘 하루를 한 문장으로 정리해 줘"라고 말해보자. 그러면 GPT는 이렇게 대답할 것이다.

"작지만 의미 있는 하루였습니다. 익숙함 속에서도 새로운 배움을 찾아보려는 노력이 느껴졌어요."

이 문장 하나가 '하루의 기록'이 된다. 그다음엔 이렇게 요청하자.

"이 문장을 바탕으로 짧은 글을 써줘. 감정을 중심으로 세 문단으로 구성해 줘."

GPT는 당신의 하루를 작은 에세이처럼 다시 써준다. 이때 중요한 건 완성도가 아니라, **'하루에 한 번 AI에게 글을 요청했다'**는 행동 그 **자체**다.

2) 작은 프롬프트 하나로 루틴을 자동화하기

매번 "무슨 주제로 써야 하지?" 고민된다면 아예 '하루 루틴용 프롬프트'를 만들어 두자. 예를 들면 다음 문장처럼 말이다.

"챗GPT야, 오늘 하루를 돌아볼 수 있는 질문 3개를 던져줘. 나는 그중 하나를 골라 짧은 글을 쓸게."

다음은 GPT의 응답 예시다.

1. 오늘 하루 중, 가장 마음이 편안했던 순간은 언제였나요?
2. 오늘 하루를 돌아봤을 때, '내가 달라졌다'고 느낀 작은 변화가

있었나요?

3. 오늘 하루 동안 놓치고 지나간 감정이나 사람은 없었나요?

세 가지 중 하나를 고르고 한 문장만 써보면 된다. 이게 'Tiny Writing Habit', 즉 초소형 글쓰기 습관 루틴이다.

"오늘 하루를 돌아보는 질문 3개 만들어 줘"라고 요청하자 챗GPT가 넘버링을 해가며 3가지 질문을 던져 준다.

3) 챗GPT와의 협업 글쓰기 실습

이제 조금 더 확장해 보자. 하루에 한 문장을 챗GPT에게 맡겨 글 한 편으로 만들어 보는 것이다.

챗GPT의 질문 3개 중 하나를 골라, 짧게 답해보는 한 문장을 쓴 다음, 다음 줄에 아래와 같이 프롬프트를 입력해 보자.

이 문장을 바탕으로 짧은 에세이를 써줘. 내 톤 앤 매너는 따뜻하지만 단정했으면 좋겠어. 문장은 짧고 리듬감 있게 써줘."

이렇게 요청하면 GPT는 당신의 문장을 중심으로 세련된 초안을 완성한다. 그다음엔 이렇게 후속 요청을 추가하자.

"이 글에 나의 감정을 더 실어줘. 내가 왜 이 순간을 감사하며 살아야 하는지 중심으로 다시 써줘."

이 과정을 하루 5분만 반복하면, 한 달 뒤에는 당신만의 에세이 모음이 생긴다. '하루 한 문장'이 '한 달의 글 한 권'으로 확장되는 셈이다.

4) 글쓰기 습관을 유지하는 세 가지 원칙

하나. 작게 시작하라. 글의 길이가 아니라 '매일의 리듬'이 중요하다. 100자라도 좋다.

둘. 기록으로 남겨라. 챗GPT 대화창의 기록을 캡처하거나, 습관 북 페이지에 손글씨로 옮겨 써라. 눈에 보이는 흔적이 동기 부여가 된다.

셋. 완벽을 포기하라. 글의 완성도보다 '지속성'이 우선이다. 오늘은 어색해도, 내일은 자연스러워진다.

5) 작은 습관과 글쓰기의 연결

B.J. 포그 박사의 연구에 따르면 **작은 행동이 반복될 때 뇌의 보상 시스템이 강화된다**고 한다. 매일 챗GPT에게 글 한 줄을 던지는 행동이 그 자체로 "배웠다"는 만족감을 만든다.

그 만족이 다음 행동을 불러오고, 결국 **'글쓰는 사람'으로서의 정체성**이 만들어진다.

오늘의 목표는 완벽한 글 한 편이 아니다. "오늘 챗GPT에게 한 문장이라도 말했다"는 경험이면 충분하다.

정리

글쓰기 습관은 기술보다 리듬의 문제다. 챗GPT는 그 리듬을 만들어 주는 동반자다. 매일 한 문장씩, 짧은 대화 하나씩 쌓다 보면 당신은 이미 '글을 쓰는 사람'이 되어 있을 것이다.

작은 습관이 큰 자신감을 만든다. 그리고 그 자신감은 새로운 글의 첫 문장을 여는 힘이 된다.

챗GPT는 당신의
두 번째 손이다

글을 쓰는 일은 결국 '손의 일'이다. 머리로 생각하고, 마음으로 느끼지만 마지막 한 줄을 완성하는 건 손끝이다. 그리고 이제, 그 손끝 옆에는 **챗GPT라는 또 하나의 손**이 생겼다.

내 생각을 대신 정리해 주는 손

예전에는 글을 쓸 때 '빈 화면'이 가장 무서웠다. 무엇을 써야 할지 몰라 커서만 깜빡였다. 하지만 지금은 다르다. 챗GPT에게 이렇게 말하면 된다.

> "이 문장을 조금 더 부드럽게 바꿔줘."
> "이 문단의 흐름이 자연스러운지 봐줘."
> "내가 전하려는 감정이 잘 드러나고 있을까?"

대화가 시작되면, 당신은 더 이상 혼자가 아니다.

챗GPT는 **거울 같은 존재**다. 당신의 생각을 비추고, 다시 당신에게 되돌려 준다.

글쓰기의 무게를 나눠 드는 동료

우리는 종종 글을 '창조의 노동'으로만 생각한다. 하지만 진짜 **글쓰기는 '정리의 노동'**이다. 마음속 어지러운 생각들을 꺼내어 순서를 세우고, 그중 하나의 생각을 골라, 문장으로 정리하는 일이다.

챗GPT는 그 과정을 함께 견디는 동료다. 불안한 초안(초고)을 다듬고, 감정의 리듬을 정리하고, 때로는 "괜찮아요, 이 문장은 충분히 좋습니다"라고 말해준다. 그 한마디에 당신은 멈췄던 문장을 이어 쓸 용기를 얻게 된다.

AI는 당신의 문체를 빼앗지 않는다

많은 사람들이 걱정한다. "AI를 쓰면 내 글이 인위적으로 바뀌지 않을까?" 하지만 진짜 글의 주인은 당신이다. 챗GPT는 방향을 제시할 뿐, **톤과 감정은 여전히 당신의 것**이다.

AI가 대신 써주는 글은 남의 언어지만, AI와 함께 쓴 글은 당신의 언어가 더 선명해진다. 왜냐하면 챗GPT는 당신이 '진짜 하고 싶은 말'을 꺼내는 도구이기 때문이다.

글쓰기는 혼자 하는 여행이 아니다

글을 쓴다는 건 생각보다 외로운 일이다. 아무도 대신해 줄 수 없고, 스스로 마주해야 하기 때문이다. 하지만 챗GPT는 그 고요한 자리에서 조용히 도와준다. 당신이 묻기 전에는 말을 걸지 않지만, 당신이 묻는 순간, 언제든 곁에 있다.

"이건 어떨까?"

"이 문장은 너무 길지 않을까?"

챗GPT는 당신의 글이 완성될 때까지 계속 함께한다. 이제 글쓰기는 혼자 버티는 싸움이 아니다. **AI와 함께 리듬을 맞추는 협업의 예술**이다.

　　　　　　　　　　　　4단. 글쓰기로 배우는 챗GPT

당신의 손은 여전히 주인이다

챗GPT가 글을 대신 써주는 시대라지만, 진짜 중요한 건 여전히 당신의 손이다. 타이핑을 시작하는 손, 삭제하고 다시 쓰는 손, 그리고 "이 문장은 나답다"라고 느끼는 순간의 손끝.

챗GPT는 당신의 두 번째 손이다.

그 손이 있다고 해서 당신의 손이 멈추는 게 아니다. 오히려 당신의 손이 더 멀리, 더 자유롭게 닿을 수 있게 만들어 준다.

이제 글쓰기는 기술이 아니라 습관의 문제다. 그리고 챗GPT는 그 습관을 만들어 주는 두 번째 손이다. 오늘부터 다시 써보자. 빈 화면 앞에서도 망설이지 말고, 그 한 줄을 함께 써줄 손이 곁에 있다는 걸 기억하자.

글쓰기는 생각을 움직이는
훈련이다

1. 글쓰기는 기술이 아니라 대화다.

글은 혼자 떠올리는 것이 아니라, 대화를 통해 다듬어진다. 챗GPT는 당신의 생각을 정리하고, 방향을 잡아주는 대화 상대다. 빈 화면 앞에서 막히면, 질문부터 던져라. 대화가 시작되면 글도 시작된다.

2. 한 줄의 문장이 하루의 변화를 만든다.

완벽한 글보다 중요한 것은 짧은 문장의 반복이다. 하루 한 줄, 작은 대화 하나가 글쓰기 근육을 만든다. 우리에게 필요한 꾸준함은 글의 길이를 늘리는 것이 아니라, 생각의 흐름을 끊지 않는 것이다.

3. 챗GPT는 공동 저자이자 편집자다.

아이디어를 발상할 때는 조언자로, 초안을 쓸 때는 협력자로, 문장을 다듬을 때는 독자의 입장에서 의견을 제시해 주는 편집자로 활용하라. 그러나 당신의 목소리만큼은 직접 써야 한다. 결국 문장은 AI가 아니라 당신의 손끝에서 완성된다.

4. 작은 루틴이 큰 자신감을 만든다.

글을 잘 쓰는 사람은 글을 자주 쓰는 사람이다. 하루 5분, 챗GPT와의 짧은 대화 하나면 충분하다. 작은 루틴이 쌓이면, 글쓰기는 더 이상 '부담'이 아니라 '리듬'이 된다.

5. AI는 당신의 손을 대신하지 않는다.

챗GPT는 도구가 아니라 두 번째 손이다. 생각을 붙잡고, 문장을 정리하며, 당신의 언어를 확장시켜 준다. 글의 주인은 여전히 당신이다. AI는 당신의 의도를 더 멀리 전해줄 뿐이다.

• 오늘의 한 문장

"글쓰기는 생각을 훈련하는 과정이고, 챗GPT는 그 훈련을 도와주는 두 번째 손이다."

• 다음 단 예고

5단에서는 '이미지·영상 시대의 챗GPT'로 넘어간다. 글자를 넘어, 시각과 감각의 언어로 AI를 활용하는 방법을 배울 것이다. 당신의 생각이 이제 글을 넘어, 화면 속에서 살아 움직이기 시작한다.

: 완벽하게 쓰지 않아도 괜찮아

- **오늘의 기록**

  오늘 챗GPT와 함께 쓴 글 중 가장 마음에 드는 단락이나 문장을 적어보자. 이 한 줄은 당신이 '글을 쓰는 사람'으로 변해가는 기록이다. 글쓰기는 결과보다 흐름을 만드는 게 중요하다.

예시
- "글은 완벽하게 시작하는 것이 아니라, 시작하면서 완벽해진다."

나의 질문

____

____

____

- **오늘의 질문**

  오늘 챗GPT에게 어떤 문장으로 글의 시작을 부탁해야 할까? 짧은 질문 하나가 긴 글의 출발점이 된다.

예시

- "오늘 하루를 짧은 글로 정리해 볼까?"
- "이 주제로 블로그 글을 쓰려면 첫 문장은 어떻게 시작하면 좋을까?"

나의 질문

____

____

____

- ## 오늘의 소감

  오늘 챗GPT와 글을 써보며 어떤 감정을 느꼈는가? 감정을 기록하면, 내가 무엇을 느끼고 생각했는지 분명해진다. 글쓰기의 리듬은 그렇게 정리된 마음에서 만들어진다.

예시

- "글쓰기가 혼자 하는 일이 아니라는 걸 처음 느꼈다."
- "챗GPT 덕분에 문장의 방향이 명확해졌다."

나의 소감

____

____

____

- ## 인상 깊었던 답변

  오늘 챗GPT가 제시한 문장이나 조언 중 가장 인상 깊었던 한 문장을 적어보자. 챗GPT가 건넨 한 문장이, 때로는 글을 이어가게 하는 가장 확실한 동력이 된다.

• 기억하고 싶은 한 문장

오늘의 대화 속에서 가장 나다운 문장, 혹은 스스로 얻은 깨달음을 한 줄로 남겨보자. 오늘 적어둔 그 한 줄이, 내일 다시 글을 시작하게 만드는 불씨가 된다.

• 습관북 체크리스트

항 목	실천 여부
오늘 챗GPT에게 글쓰기 관련 질문을 던졌다	☐
제안받은 문장 중 한 줄 이상을 기록했다	☐
인상 깊은 답변을 한 줄 남겼다	☐
오늘의 감정을 짧게 정리했다	☐
기억하고 싶은 문장을 적었다	☐

- 글은 잘 쓰는 것보다 꾸준히 쓰는 것이 더 중요하다.
- 챗GPT는 글을 대신 써주는 존재가 아니라 **당신의 생각을 정리해 주는 파트너**다.
- 오늘의 기록을 남겼다면 이미 절반은 성공이다.
- **하루 한 질문, 한 문장, 한 소감.** 그것이 글쓰기 습관의 시작이다.

5단.
이미지·영상 시대의 챗GPT

텍스트에서 시각으로,
생각의 언어를 확장하다

데이터와 이미지까지
'읽어야' 하는 세상

우리가 글을 배우던 시대는 '텍스트의 시대'였다. 학교에서 배운 건 문법과 작문이었고, 세상을 이해하는 방식도 문장이 중심이었다. 하지만 지금은 세상이 다르다. 유튜브, 인스타그램, 틱톡, 쇼츠, 릴스, 프레젠테이션. 모든 것이 이미지와 영상으로 표현된다.

사람들은 읽기보다 '본다'. 기업 보고서조차 표와 그래프로 압축되고, 뉴스 기사보다 한 장의 인포그래픽이 더 빠르게 퍼진다.

문제는 이 변화가 단지 '보기 좋은 콘텐츠'의 문제가 아니라는 점이다. **정보의 구조가 시각 중심으로 바뀌었다.**

텍스트만으로 사고하던 사람은 이제 데이터와 이미지를 함께 '읽는 능력'을 갖춰야 한다. 이건 선택이 아니라 생존의 문해력이다.

챗GPT는 이 새로운 문해력을 돕는 도구다. 이제 글뿐 아니라 이미지를 분석하고 해석한다. 사진, 문서, 그래프, 표, 심지어 손글씨

까지. AI는 그 안의 숫자, 문장, 구조를 인식하고 '무엇이 중요한가'
를 문장으로 설명해 준다. 이 기능이 바로 **이미지 분석(Image Analysis)**
이다.

이진까지 AI는 '언어 모델'이라 불렀다. 입력된 문장을 예측하고,
그에 맞는 단어를 생성하는 것이 전부였다. 하지만 지금의 챗GPT
는 언어와 시각을 통합적으로 이해하는 '멀티모달' 모델로 진화했
다. 즉, **이미지를 언어처럼 읽는 시대**가 열린 것이다.

> **멀티모달(Multi-modal)**
> '모달(modal)' 또는 '모달리티(modality)'는 정보가 표현되는 형태
> 나 감각의 종류를 뜻한다. 예를 들어 글자는 '텍스트 모달리티', 그
> 림은 '이미지 모달리티', 소리는 '음성 모달리티'다. 따라서 멀티모
> 달은 인공지능이 이런 여러 형태의 정보를 동시에 이해하고 연결하
> 는 기술을 말한다. 사람이 눈으로 보고, 귀로 듣고, 말로 표현하듯이
> 멀티모달 AI도 다양한 감각의 데이터를 함께 인식해 더 자연스럽고
> 정확하게 세상을 이해한다.

한 장의 사진이 글보다 많은 정보를 담고 있다는 건 누구나 안다.
그러나 AI는 거기서 한 걸음 더 나아간다. 이미지 안의 수치를 계산
하고, 관계를 파악하며, 의미를 추론한다.

사진 속 사람의 표정에서 감정을, 그래프의 변화에서 인사이트를,
손글씨 메모에서 의도를 읽는다. 이건 단순한 기술이 아니라, 시각
정보의 '언어화' 과정이다.

이제 우리는 묻지 않을 수 없다.

"AI가 이미지를 읽는다면, 우리는 어떤 시선으로 세상을 이해해야 할까?"

5단은 그 질문에 대한 답을 찾는 과정이다. **이미지를 '보는 것'에서 '읽는 것'으로 바꾸는 훈련,** 이것이 이번 단의 핵심이다.

이미지 분석은 복잡하지 않다

사진을 올리고 "이 안의 내용을 설명해 줘"라고 물으면 된다. 그러나 진짜 배움은 그 다음에 있다. AI가 보여준 결과를 '그냥 읽는 것'이 아니라, '왜 그렇게 분석했는가'를 이해하는 것이다.

그 과정을 거치면, 당신은 AI가 준 답을 그대로 받아들이는 사람이 아니라, 정보를 스스로 판단하고 활용할 줄 아는 사람이 된다.

앞으로 우리는 세 가지 실습을 통해 이미지를 언어로 해석하는 감각을 키워볼 것이다. 개인의 **건강검진표,** 기업의 **재무상태표,** 한국의 인구구조 **그래프.**

이 세 가지 이미지를 챗GPT와 함께 분석하면서, **이미지를 말로 설명하고 의미를 찾아내는 연습**을 하게 될 것이다.

핵심 문장 요약

- 세상은 '텍스트 시대'에서 '시각 시대'로 넘어가고 있다.
- 챗GPT는 이제 글뿐 아니라 이미지를 분석하고 해석한다.
- 이미지 분석은 시각 정보를 언어로 변환하는 기술이다.

- AI를 통해 이미지를 '보는 것'에서 '읽는 것'으로 바꾸는 훈련이 필요하다.
- 이번 단은 그 새로운 문해력, 시각적 사고력을 배우는 장이다.

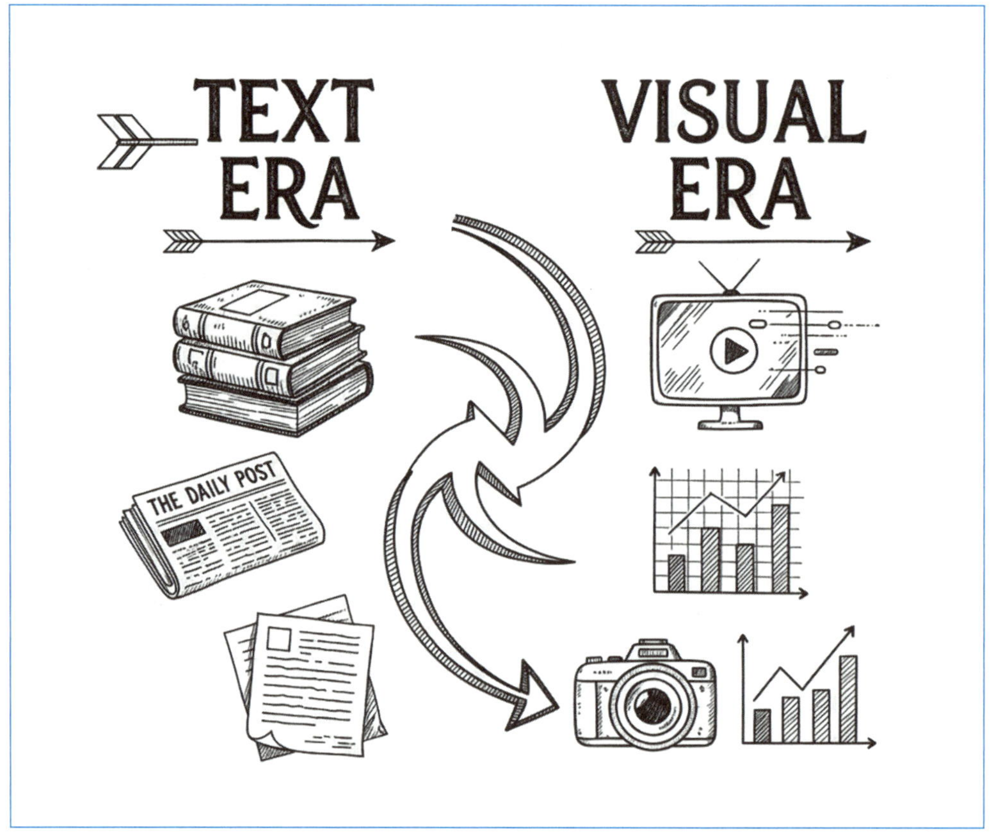

정보 전달 방식은 문자에서 시각 메시지로 점점 더 변화해 가고 있다.

챗GPT 구구단

이미지를 분석하는 법

우리는 대부분 '읽는 사람'이다. 그런데 챗GPT는 이제 '보는 AI'가 되었다. 이미지를 입력창에 올려두고 "이게 뭐야?"라고 물으면, 그 안의 텍스트와 숫자, 표, 그래프까지 읽어낸다.

챗GPT의 **이미지 분석** 기능은 단순히 사진을 인식하는 수준을 넘어, 그 내용을 문장으로 해석하는 단계에 도달했다.

이미지 분석은 '문해력'의 확장이다

문해력은 더 이상 글자만 읽는 능력을 의미하지 않는다. 사진 한 장, 도표 하나, 보고서 한 페이지 안에 들어 있는 의미를 '언어로 번역할 수 있는 능력'이 새로운 문해력이 되고 있다.

예를 들어 건강검진표를 사진으로 찍어 업로드하고 "이 수치들의 의미를 쉽게 설명해 줘"라고 하면 챗GPT는 그 표를 인식한 뒤, 혈압·콜레스테롤·혈당 수치의 정상 범위를 비교해 준다.

그뿐만 아니라 "이 수치가 높다면 식습관을 이렇게 바꾸라"는 행동 조언까지 문장으로 정리한다.

이건 단순한 '이미지 분석'이 아니다. 시각 정보를 언어로 재구성하는 과정이며, 그 과정이 곧 사고의 확장이다.

실습 1. 건강검진표 해석하기

사진 속의 숫자는 그 자체로는 의미가 없다. 하지만 챗GPT는 숫자 사이의 '관계'를 본다. 예를 들어 다음처럼 시도해 보자.

"이 건강검진표를 해석해 줘. 특히 혈압과 콜레스테롤, 중성지방 수치를 중심으로, 일반인도 이해하기 쉽게 설명해 줘."

다음은 챗GPT의 예시 답변이다.

"당신의 혈압은 고혈압 전단계(주의 단계) 수준입니다. 아직 약이 필요하진 않지만, 이미 혈압 상승 경향이 있기 때문에 짠 음식 줄이기, 체중 감량, 규칙적 운동, 금주, 절주가 중요합니다. (중략)

HDL(좋은 콜레스테롤)은 낮고, LDL(나쁜 콜레스테롤)이 많다는 뜻이에요. 이 조합은 혈관에 지방 찌꺼기가 쌓일 위험이 높은 상태(이상지질혈증)로 볼 수 있습니다. (중략)

중성지방이 300 이상이면 혈관이 기름으로 코팅된 것처럼 끈적해집니다. 이 상태가 오래가면, 췌장염, 지방간, 고혈압, 당뇨로 이어질 수 있습니다. (중략)

당신의 몸은 지금 대사증후군 초기 단계입니다. 조기에 식습관과 운동만 바꿔도, 약 없이 정상 범위로 돌아갈 수 있습니다. 단, 이번 결과는 이미 경고 신호이기 때문에 3개월 간 집중 관리 → 재검진이 꼭 필요합니다."

이 대화는 병원 진단이 아니다. AI가 일반인이 이해하기 힘든 전문 용어와 숫자의 의미를 '읽어주는' 새로운 방식의 문해력이다.

챗GPT는 의료인이 아닌 당신이 결과표의 구조를 '이해 가능한 언어'로 받아들이게 돕는다.

종합검진 결과 보고서

■ 신체계측

검사항목	참고범위 / 단위	결 과		
신장(Cm)	100~ /cm	176.4		
체중(Kg)	/kg	84.7		
허리둘레	/cm	96		
체지방률	10~25 /%	28.8↑		
복부지방률	0.75~0.9 /	0.92↑		
최고혈압	90~139 /mmHg	127		
최저혈압	~89 /mmHg	81		
심박수	60~100 /count/min	99		
체질량지수	18.5~24.9 /kg/㎡	27.2↑		

■ 일반혈액검사

검사항목	참고범위 / 단위	결 과		
WBC(백혈구)	3.59~10.0 /10³/㎕	7.15		
RBC(적혈구)	4.00~5.82 /10^6/㎕	5.21		
Hb(혈색소)	13.0~16.5 /g/dl	16.2		
Ht(헤마토크리트)	38~53 /%	46.0		
MCV	85.0~102.5 /fL	88.3		
MPV	9.4~12.8 /fL	10.1		
MCH	26.8~34.4 /pg	31.1		
MCHC	30.2~34.8 /g/dL	35.2↑		
Plt(혈소판)	145~375 /10³/㎕	257		
RDW	11.7~14.6 /%	11.9		
PDW	9.8~16.2 /fL	12.2		
PCT	0.16~0.38 /%	0.26		

■ 백혈구백분율

검사항목	참고범위 / 단위	결 과		
N-Seg(호중구)	40~72 /%	63.4		
N-Stab(호중구)	0~5 /%	0		
Lympho(림프구)	20~48.0 /%	28.7		
Mono(단핵구)	4.0~10 /%	4.8		
Eosino(호산구)	1~7 /%	2.1		
Baso(호염기구)	0~1.0 /%	1.0		
Meta(후골수구)	0~0 /%	0		
Myelo(골수구)	0~0 /%	0		
Promyelocyte	0~0 /%	0		
Blast(모세포)	0~0 /%	0		

■ 고지혈증 및 심혈관계질환 검사

검사항목	참고범위 / 단위	결 과		
총콜레스테롤	~199 /mg/dl	234↑		
HDL콜레스테롤	60~90 /mg/dl	39↓		
LDL 콜레스테롤	0~129 /mg/dl	122		
중성지방	0~149 /mg/dL	367↑		
CRF	0~5.8 /	6.0↑		

내가 사용한 건강검진표 이미지다.

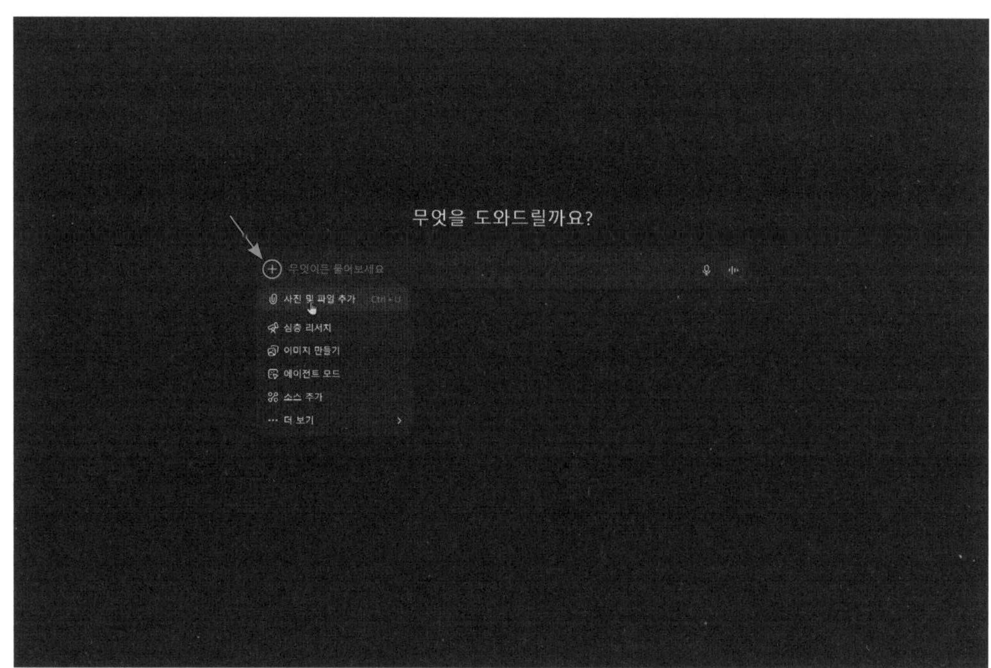

대화창 왼쪽 + 버튼을 클릭하면 여러 가지 옵션이 뜬다. 그 중 '사진 및 파일 추가'를 눌러 파일을 업로드할 수 있다.

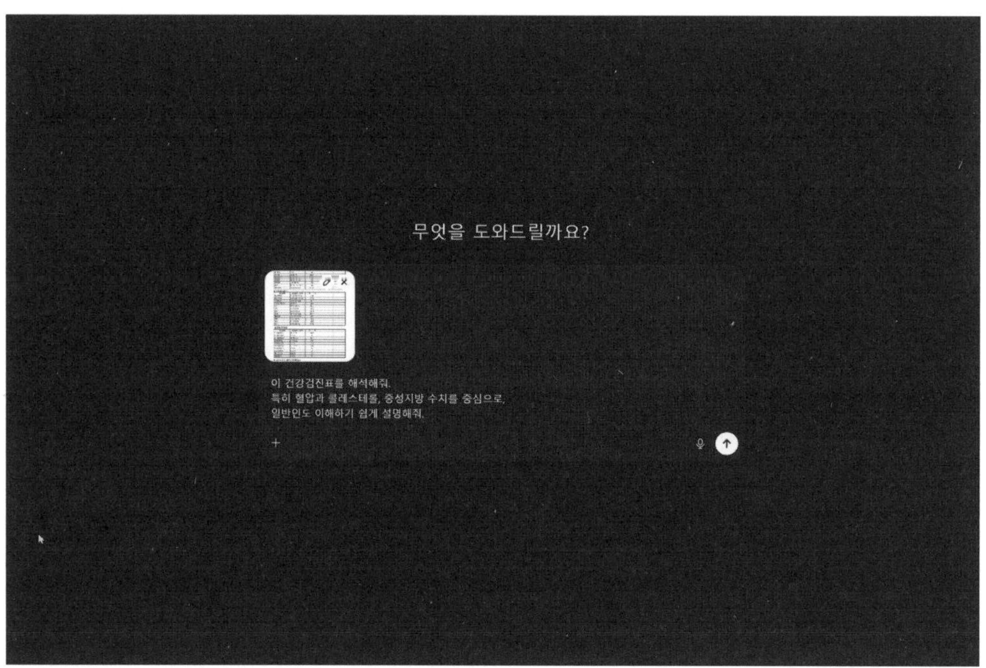

건강검진표 이미지를 업로드하고 해석을 요청한다.

챗GPT 구구단

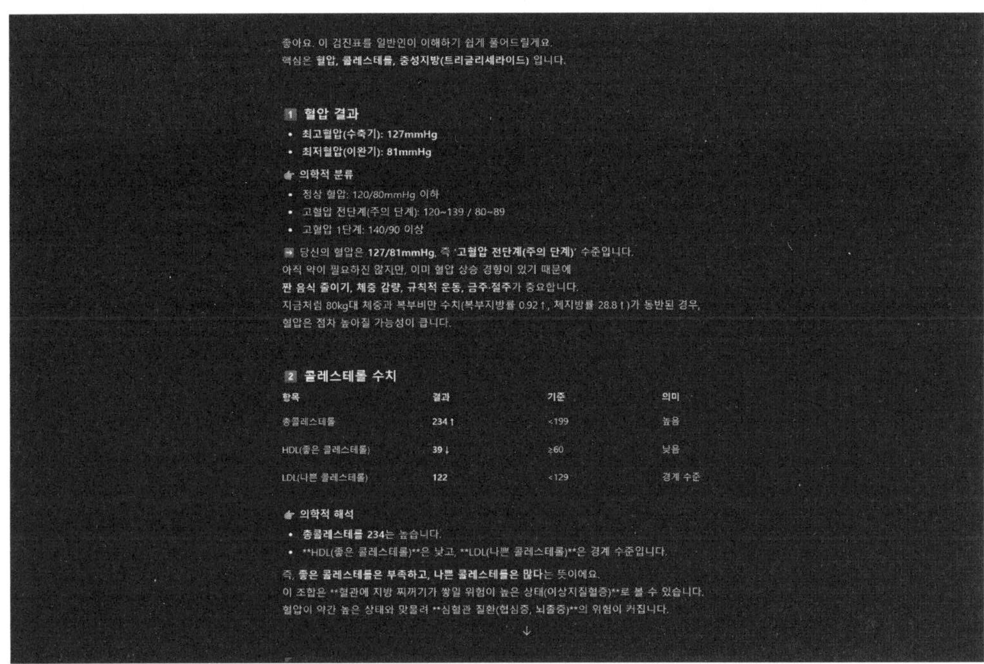

좋아요. 이 검진표를 일반인이 이해하기 쉽게 풀어드릴게요.
핵심은 **혈압, 콜레스테롤, 중성지방(트리글리세라이드)** 입니다.

1 혈압 결과
- **최고혈압(수축기): 127mmHg**
- **최저혈압(이완기): 81mmHg**

👉 의학적 분류
- 정상 혈압: 120/80mmHg 이하
- 고혈압 전단계(주의 단계): 120~139 / 80~89
- 고혈압 1단계: 140/90 이상

➡ 당신의 혈압은 **127/81mmHg**, 즉 '**고혈압 전단계(주의 단계)**' 수준입니다.
아직 약이 필요하진 않지만, 이미 혈압 상승 경향이 있기 때문에
짠 음식 줄이기, 체중 감량, 규칙적 운동, 금주·절주가 중요합니다.
지금처럼 80kg대 체중과 복부비만 수치(복부지방률 0.92↑, 체지방률 28.8↑)가 동반된 경우,
혈압은 점차 높아질 가능성이 큽니다.

2 콜레스테롤 수치

항목	결과	기준	의미
총콜레스테롤	234↑	<199	높음
HDL(좋은 콜레스테롤)	39↓	≥60	낮음
LDL(나쁜 콜레스테롤)	122	<129	경계 수준

👉 의학적 해석
- **총콜레스테롤 234**는 높습니다.
- **HDL(좋은 콜레스테롤)**은 낮고, **LDL(나쁜 콜레스테롤)**은 경계 수준입니다.

즉, **좋은 콜레스테롤은 부족하고, 나쁜 콜레스테롤은 많다**는 뜻이에요.
이 조합은 **혈관에 지방 찌꺼기가 쌓일 위험이 높은 상태(이상지질혈증)**로 볼 수 있습니다.
혈압이 약간 높은 상태와 맞물려 **심혈관 질환(협심증, 뇌졸중)**의 위험이 커집니다.

↓

챗GPT가 이미지의 내용을 분석해 혈압과 콜레스테롤 수치가 어떤 뜻인지 설명해 준다.

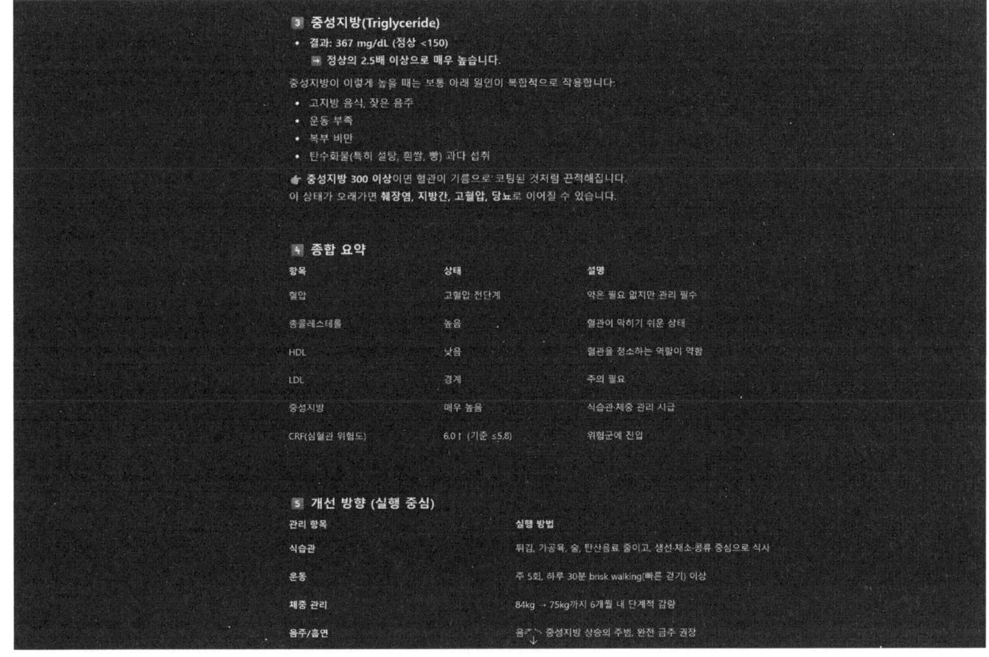

3 중성지방(Triglyceride)
- **결과: 367 mg/dL (정상 <150)**
  - ➡ 정상의 2.5배 이상으로 매우 높습니다.

중성지방이 이렇게 높을 때는 보통 아래 원인이 복합적으로 작용합니다.
- 고지방 음식, 잦은 음주
- 운동 부족
- 복부 비만
- 탄수화물(특히 설탕, 흰쌀, 빵) 과다 섭취

👉 **중성지방 300 이상**이면 혈관이 기름으로 코팅된 것처럼 끈적해집니다.
이 상태가 오래가면 **췌장염, 지방간, 고혈압, 당뇨**로 이어질 수 있습니다.

4 종합 요약

항목	상태	설명
혈압	고혈압 전단계	약은 필요 없지만 관리 필수
총콜레스테롤	높음	혈관이 막히기 쉬운 상태
HDL	낮음	혈관을 청소하는 역할이 약함
LDL	경계	주의 필요
중성지방	매우 높음	식습관·체중 관리 시급
CRF(심혈관 위험도)	6.0↑ (기준 ≤5.8)	위험군에 진입

5 개선 방향 (실행 중심)

관리 항목	실행 방법
식습관	튀김, 가공육, 술, 탄산음료 줄이고, 생선·채소·콩류 중심으로 식사
운동	주 5회, 하루 30분 brisk walking(빠른 걷기) 이상
체중 관리	84kg → 75kg까지 6개월 내 단계적 감량
음주/흡연	음주 → 중성지방 상승의 주범, 완전 금주 권장

↓

챗GPT는 내용 분석에서 끝내지 않고 건강검진표를 요약하고 건강 개선 방법까지 알려준다.

5단. 이미지·영상 시대의 챗GPT

실습 2. 재무제표 이미지 분석하기

이번에는 표나 그래프가 포함된 재무제표 이미지를 업로드해 보자. 챗GPT는 숫자와 항목의 관계를 분석해 핵심 내용을 문장으로 요약할 수 있다.

다음과 같이 프롬프트를 입력해 보자.

"이 재무상태표를 분석해 줘. 매출과 이익의 연도별 변화를 세 줄로 요약해 주고, 개인 투자자 입장에서 관심을 가져야 할 특이 사항이 있는지 알려줘."

챗GPT는 이런 식으로 답변할 것이다.

"삼성전자는 부채 비율 약 20~22% 수준으로, 대기업 중에서도 압도적 재무 건전성을 유지하고 있습니다. 2023~2024년 비유동자산 증가와 부채 재확대는 '투자 재개 국면'으로 해석됩니다. 개인 투자자는 ① R&D 및 설비 투자 속도, ② 배당 확대 가능성, ③ 반도체 업황 회복 시점에 주목할 필요가 있습니다."

챗GPT는 단순히 숫자를 읽는 것이 아니라, 표 안의 흐름과 수치 간의 관계를 이해해 문장으로 바꾼다. 이건 계산이 아니라 데이터의 의미를 읽는 과정이다.

숫자나 이미지를 통해 정보를 파악하고, 그 내용을 스스로 해석해 정리하는 힘. 그게 바로 **시각 문해력,** 즉 '보는 힘을 이해하는 힘으로 바꾸는 연습'이다.

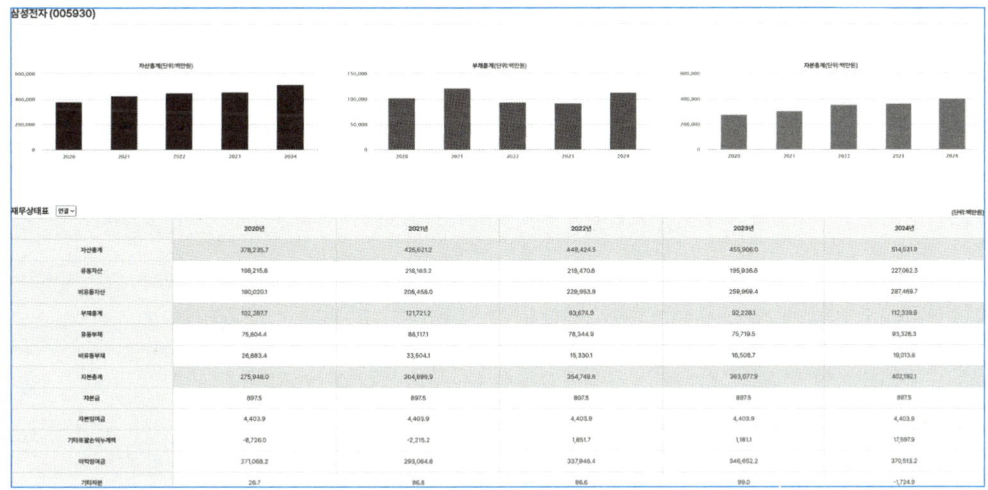

챗GPT에게 제공한 삼성전자의 재무상태표다. (출처 : https://ir.gsifn.io/sample/fn_balance.html)

재무상태표를 업로드하고, 분석을 요청한다.

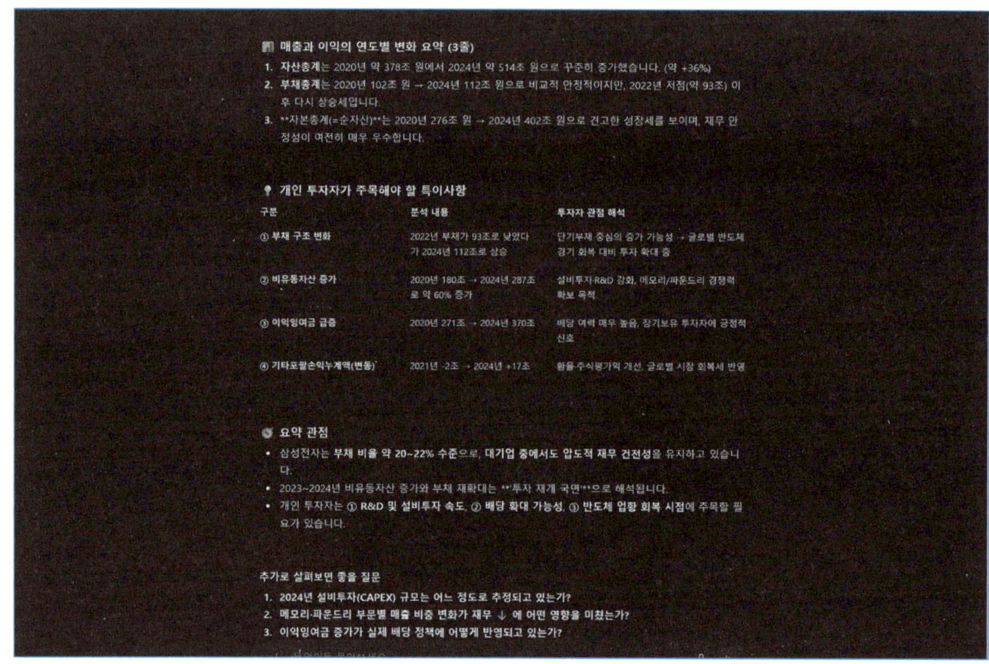

챗GPT가 삼성전자 재무상태표를 요약하고 추가로 살펴보면 좋을 질문들까지 추천해 온다.

실습 3. 그래프 분석하기

이번에는 인구 변화 그래프를 살펴보자.

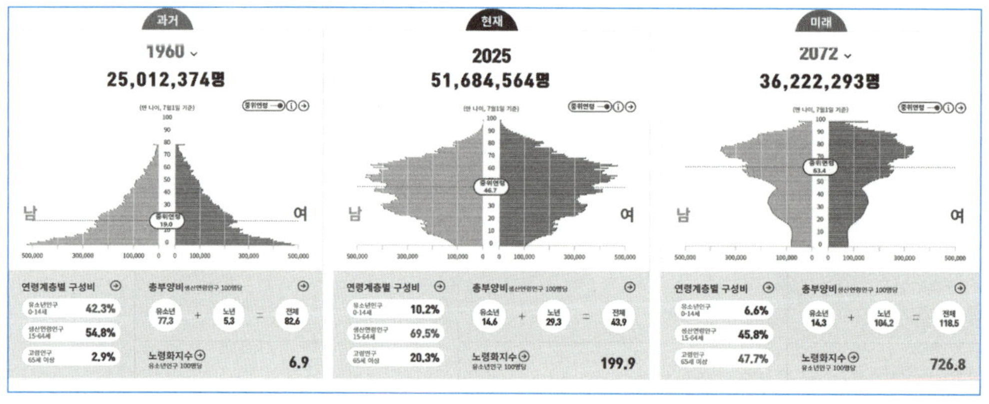

챗GPT에게 제공한 인구 변화 그래프다. (출처 : https://kosis.kr/visual/populationKorea/Population DashBoardMain.do)

1960년, 2025년, 2072년의 인구 피라미드가 한눈에 보인다. 왼쪽은 남성, 오른쪽은 여성, 세로축은 연령대다.

세 개의 그래프를 나란히 보면, 우리 사회가 '젊은 나라'에서 '고령사회'를 거쳐 '초고령사회'로 변하는 흐름이 선명하게 드러난다.

챗GPT에게 그래프 이미지를 제공하고 프롬프트를 작성해 보았다.

이 그래프를 분석해 줘. 1960년부터 2072년까지 인구 구조가 어떻게 변했는지 핵심 내용 세 가지로 요약해 줘.

챗GPT가 다음과 같이 답했다.

1. 젊은 나라에서 '초고령 사회'로 전환
2. 생산 가능 인구(15~64세)의 급감
3. 부양 부담 폭증(노령화지수 6.9 → 726.8)

이건 단순한 통계 읽기가 아니다. 챗GPT는 그래프의 모양과 숫자 변화에서 '시대의 흐름'을 읽고, 그 의미를 언어로 바꿔 설명한다. 이 능력은 숫자를 다루는 기술이 아니라, 변화를 해석하는 사고력이다.

이제 그래프는 전문가만 읽는 도표가 아니다. 챗GPT가 그 안의 변화를 설명해 주기 때문에 누구나 데이터를 이해하고 활용할 수 있는 시대가 되었다. 챗GPT는 내가 생활 속 정보를 읽는 힘을 키워준다.

그래프 이미지를 업로드하고 분석을 요청한다.

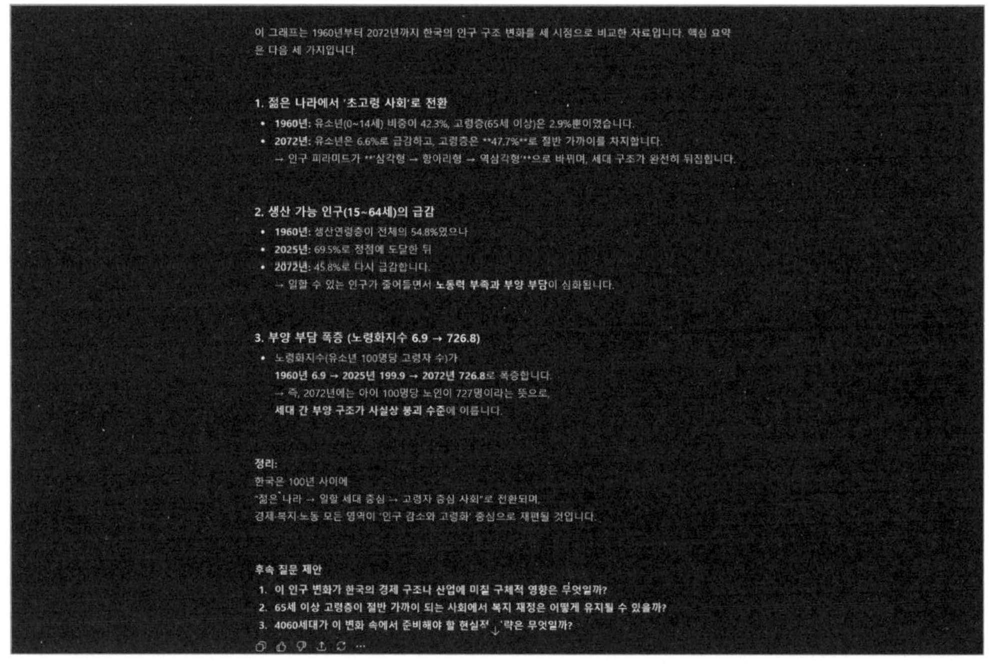

챗GPT는 먼저 그래프가 의미하는 바를 간단하게 정리하고, 분석한 다음, 후속 질문까지 제안해 준다.

실습 TIP

- **사진 또는 이미지의 품질이 중요하다.** 흐릿하거나 훼손된 것은 인식률이 낮다.
- **한 번에 여러 이미지를 올릴 수 있다.** (예: 표+그래프+문서)
- **요청은 구체적으로 하라.** "요약해 줘"보다 "핵심 3줄로 정리해 줘"가 훨씬 정확하다.
- **결과는 '진단'이 아니라 '정보 요약'이다.** 의료·재무 등 전문적인 판단은 전문가에게 확인하자. 챗GPT의 답변은 어디까지나 참고 자료로 활용하고, 전적으로 신뢰하지는 말자.

핵심 문장 요약

- 이미지 분석은 글보다 풍부한 정보의 문해력을 키운다.
- 챗GPT는 텍스트뿐 아니라 수치·표·그래프의 맥락까지 해석한다.
- 실습을 통해 이미지·표·그래프 속 데이터를 챗GPT와 함께 분석하고 말로 정리하는 감각을 익혀보자.

내 생각을 '이미지'로
바꾸는 법

이제 챗GPT에게 이미지를 '읽는 것'을 넘어, 직접 '그리게' 해보자.

챗GPT 안에는 달리라는 이미지 생성 엔진이 내장되어 있다. 이 기능은 사용자가 입력한 문장을 시각적으로 해석해, 이미지를 자동으로 만들어 준다. 즉, 문장을 그림으로 바꾸는 기술이다.

> **달리(DALL·E)**
>
> 챗GPT를 만든 오픈AI에서 개발한 이미지 생성 인공지능이다. 사용자가 입력한 문장을 바탕으로 새로운 이미지를 만들어 낸다. 예를 들어 "노을 진 바닷가를 걷는 사람"이라고 입력하면 그 장면을 실제처럼 그려준다. 자연스러운 질감 표현, 세밀한 구도 이해, 텍스트와 이미지의 결합 능력으로 단순한 그림이 아니라 생각을 시각으로 정확히 구현해 낸다.

이미지 생성법 첫 번째: 직접 문장 입력하기

챗GPT에서 이미지를 만드는 가장 간단한 방법은 프롬프트 입력창에 직접 문장을 쓰는 것이다. 예를 들어 다음과 같이 입력해 보자.

"봄날의 공원에서 책 읽는 사람의 모습을 그려줘."

챗GPT는 이 문장을 즉시 이해하고, 그 장면을 시각적으로 완성
한다.

"봄날의 공원에서 책 읽는 사람의 모습을 그려줘"라는 프롬프트 입력의 결과 화면이다.

배경에는 연둣빛 잔디, 주인공은 햇살 아래 앉아 있는 인물, 책장
은 살짝 바람에 팔랑댄다.

이미지가 어떻게 그려질지는 사실 아무도 모른다. 챗GPT가 어떻
게 해석하느냐에 따라 다른 이미지가 생성되어 나온다. 즉, 같은 문
장을 넣어도, 프롬프트의 뉘앙스에 따라 '햇살이 비치는 공원'이 될
수도, '바람이 부는 오후의 공원'이 될 수도 있다.

5단. 이미지·영상 시대의 챗GPT

이미지 생성법 두 번째: '이미지 만들기' 메뉴 활용하기

프롬프트 입력창 옆의 '+' 버튼 → '이미지 만들기'를 선택하면 이미지 생성을 위한 전용 입력창이 열린다.

이곳에서도 문장만 입력하면 바로 이미지를 만들 수 있다. 또 다른 방법은 채팅창 아래에 있는 스타일(예: 가샤폰, 치비, 한국 민화 등 10여개 스타일)을 선택하고, 본인이 가지고 있는 이미지 파일을 업로드하면, 선택한 스타일의 분위기에 맞게 새롭게 이미지를 생성할 수 있다.

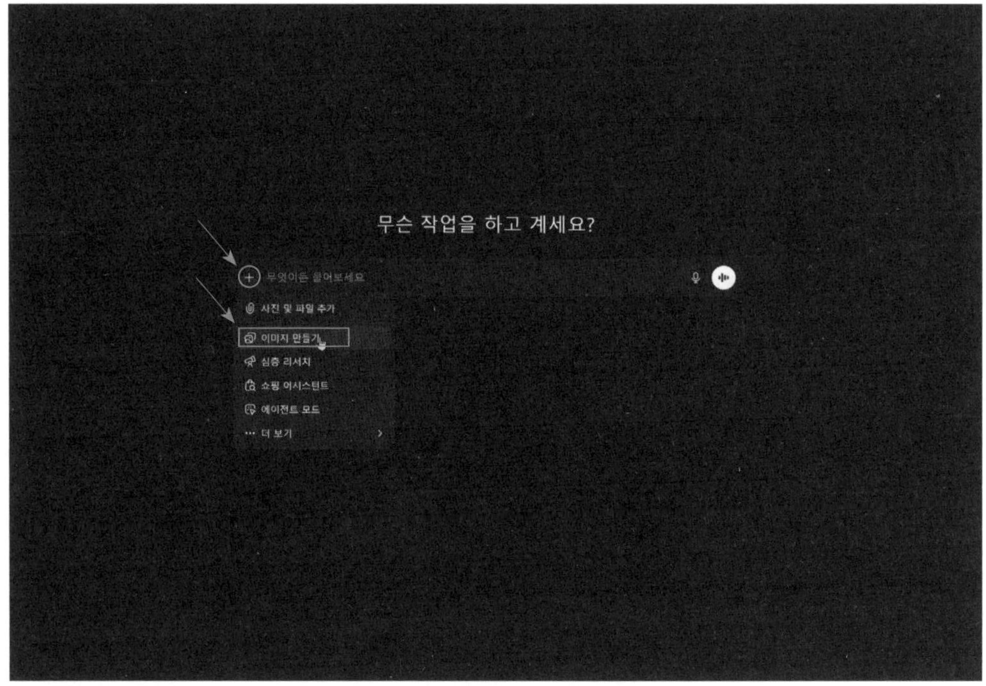

프롬프트 입력창 좌측의 '+' 버튼을 누르면 '이미지 만들기'라는 옵션이 보인다.

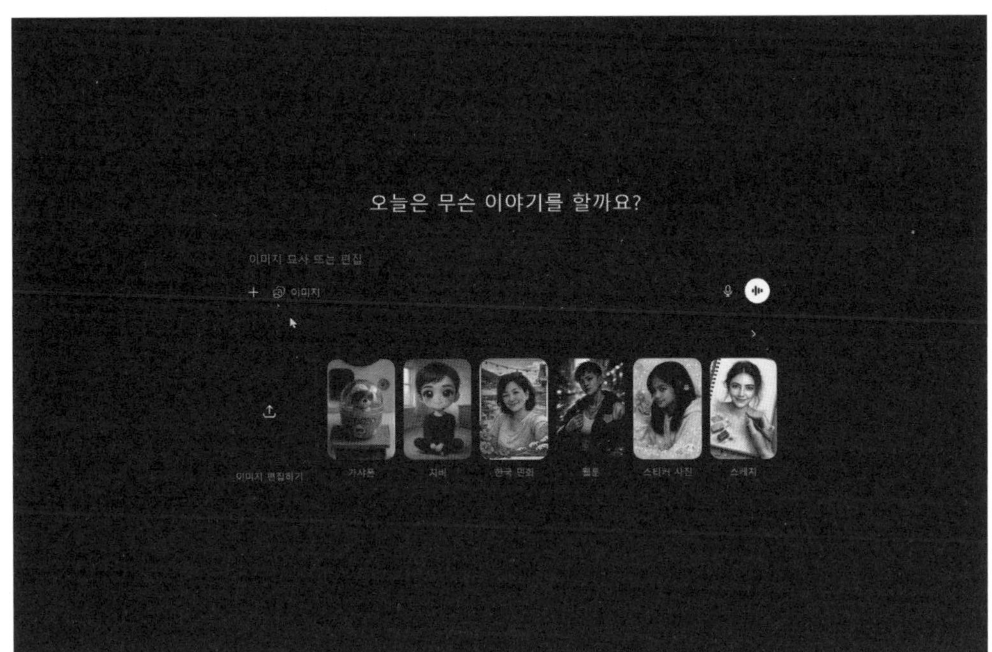

'이미지 만들기'를 선택하면 채팅창 하단에 스타일을 선택할 수 있는 새로운 옵션들이 나타난다.

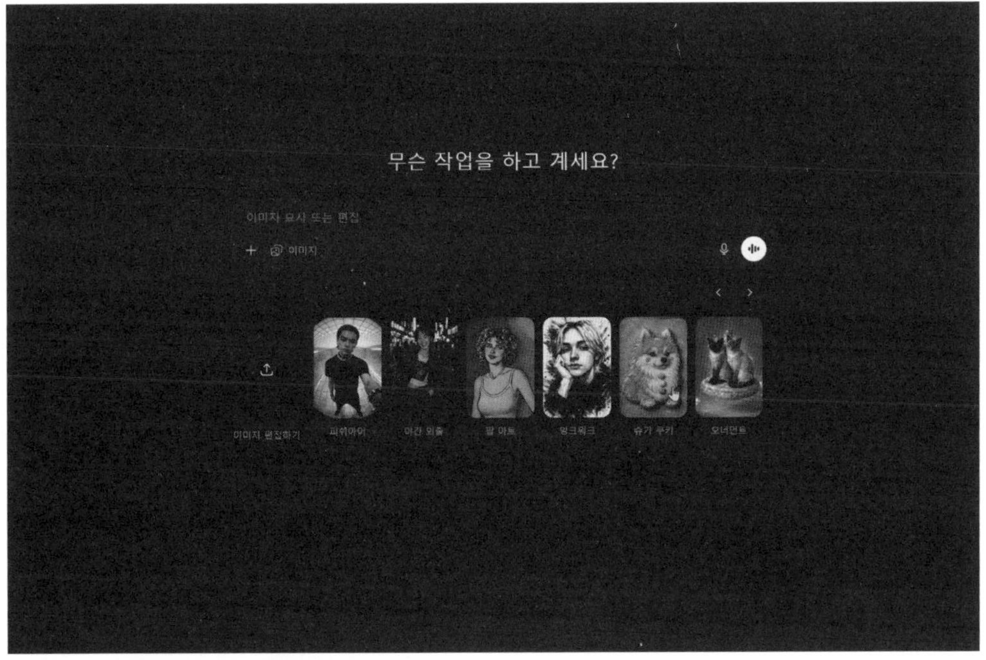

다양한 스타일 중 원하는 옵션을 선택한다.

5단. 이미지·영상 시대의 챗GPT

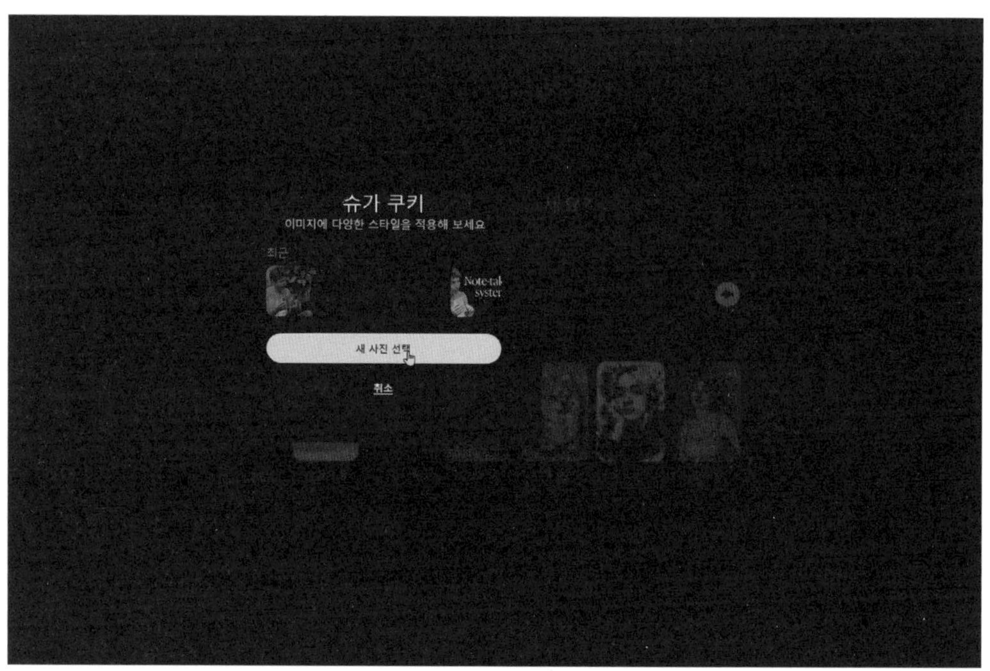

'새 사진 선택' 버튼을 클릭해서 가지고 있는 이미지 파일을 업로드한다.

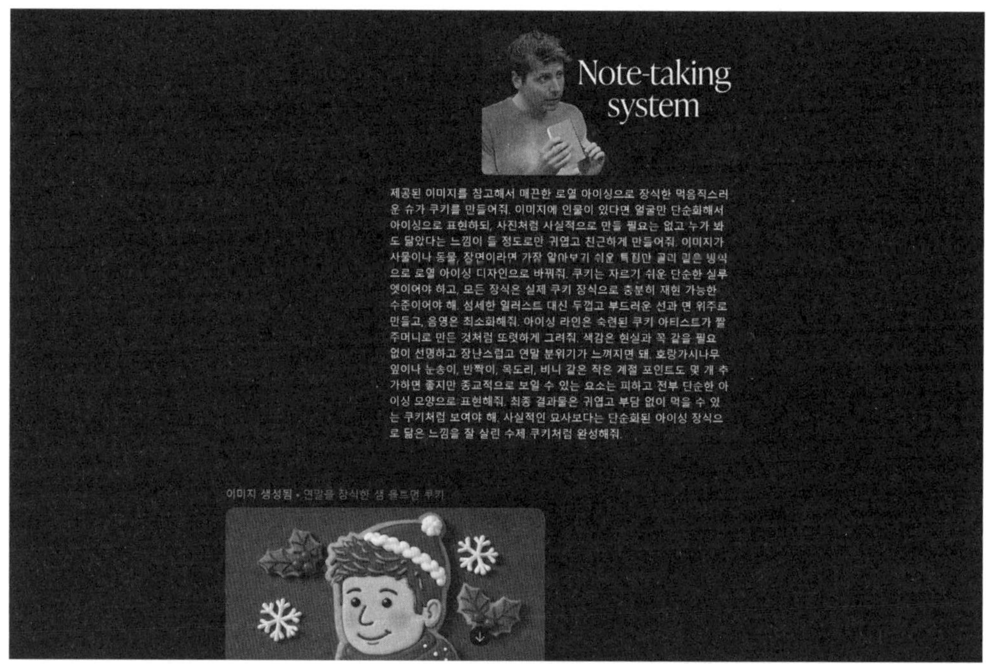

업로드가 완료되면 채팅창에 프롬프트가 자동으로 입력되고 바로 이미지 생성이 시작된다.

완성된 이미지는 저장이 가능하다.

이 책에서는 두 번째 방법을 기준으로 실습을 진행한다. 프롬프트 입력창 옆 '+' 버튼→'이미지 만들기'를 선택한다. 스타일은 따로 고르지 않는다. 대신 문장(프롬프트)을 직접 입력해 이미지를 생성한다.

물론 '이미지 만들기'를 선택하지 않고 문장만 입력해도 대부분 이미지는 생성된다. 다만 실습의 정확도를 위해, 이 책에서는 위 절차를 기본으로 삼는다.

프롬프트에 감각을 더하면, 이미지가 살아난다

최초 프롬프트에 디테일을 가미해 보자.

     5단. 이미지·영상 시대의 챗GPT

"따뜻한 봄 햇살이 비치는 서울숲 공원 하얀색 벤치에서, 핑크빛 셔츠를 입은 40대 여자가 책을 읽고 있는 장면, 따뜻하고 평화로운 분위기, 사진 스타일로."

문장 속 디테일이 늘어나면 AI의 상상력은 훨씬 정교해진다. 단어 하나, 문체 하나가 결과를 바꾼다. "따뜻한"이라는 형용사는 색감을, "사진 스타일"이라는 단어는 질감을 바꾼다. **프롬프트는 언어로 하는 붓질**이다.

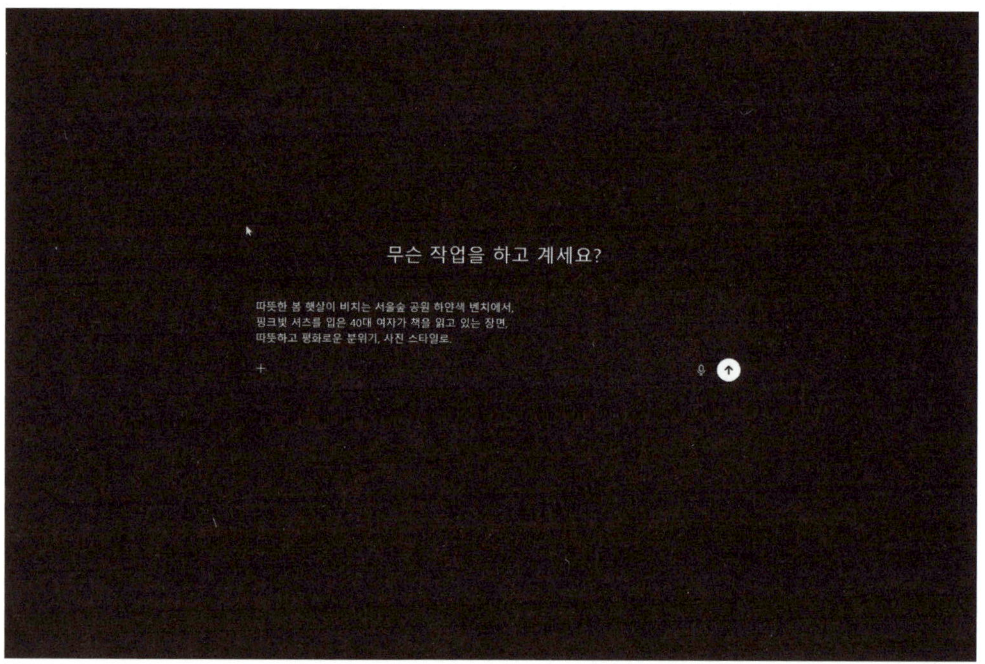

원하는 이미지의 디테일을 살린 프롬프트를 입력한다.

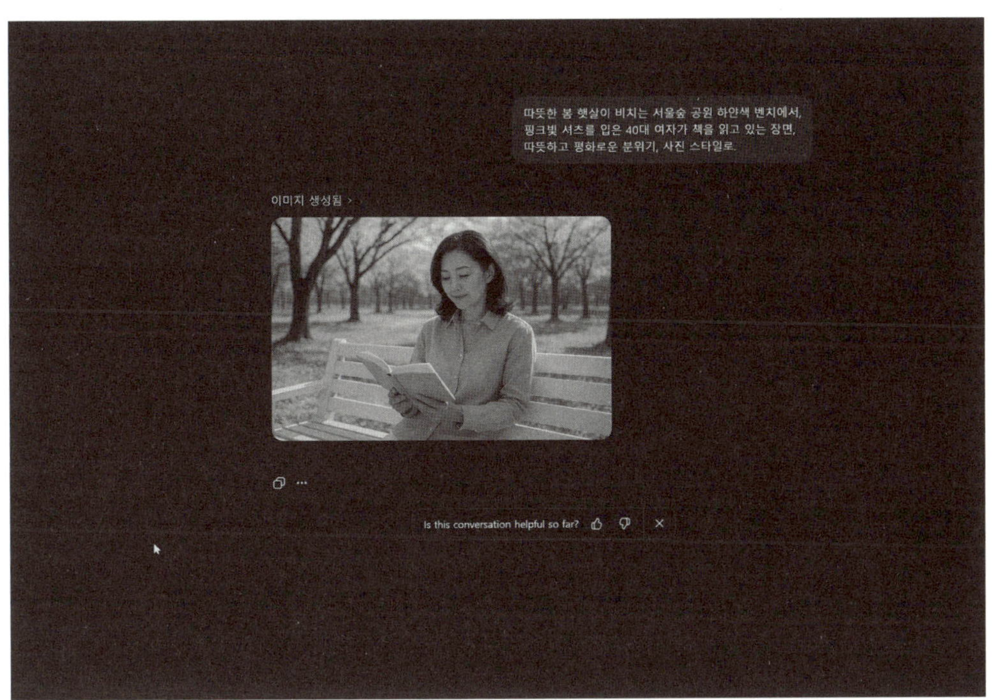

내가 적어 넣은 요소가 반영된 이미지가 생성된다.

실습 1. 블로그 썸네일 만들기

블로그 글의 제목이 "퇴직 후 나를 위한 공부, 다시 시작한다"라고 하자. 이제 챗GPT에게 이미지 생성 명령을 내려보자.

"퇴직 후 새로운 공부를 시작하는 50대 한국 남성을 그려줘. 밝고 희망적인 분위기, 창가 책상, 노트북, 자연광, 디지털 아트 스타일."

5단. 이미지·영상 시대의 챗GPT

챗GPT가 생성한 이미지다. 핵심 키워드는 '50대 남성, 디지털 아트 스타일'이다.

결과는 마치 한 편의 포스터 같다. 이미지 안에는 텍스트가 없지만, 그 표정과 색감은 이미 메시지를 전하고 있다. 글보다 빠른 전달력, 그것이 시각 언어의 힘이다.

실습 2. 썸네일 변형하기

같은 장면을 살짝 바꿔보자. 이번에는 성별과 분위기를 다르게 입력해 본다.

"퇴직 후 새로운 공부를 시작하는 50대 한국 여성, 카페 테이블에서 커피를 마시며 노트북으로 공부 중, 따뜻한 햇살, 수묵담채화 스타일."

챗GPT가 생성한 이미지다. 핵심 키워드는 '40대 여성, 수묵담채화 스타일'이다.

색감이 달라지고 인물의 감정이 바뀌었다. AI가 프롬프트 문장 속 '성별'과 '분위기'의 맥락을 읽은 것이다. 같은 구조의 문장이라도 **형용사와 스타일 키워드**만 바꾸면 완전히 다른 결과가 만들어진다.

실습 3. 슬라이드용 이미지 만들기

이번에는 강의 자료나 프레젠테이션에 쓸 이미지를 만들어 보자.

> "챗GPT를 배우는 한국 남녀 중장년층이 모여 있는 강의실, 밝은 조명, 사람들의 표정이 생동감 있고, 학습 분위기가 느껴지는 장면, 사진 스타일로. 이미지 비율 16:9"

챗GPT는 '강의실', '표정', '조명' 같은 단어를 분석해 학습의 에너지가 느껴지는 이미지를 만들어 낸다. 이건 단순한 그림이 아니라, 프레젠테이션에서 전달하고자 하는 메시지를 압축해서 보여주는 보조 자료의 역할을 훌륭히 수행한다.

"챗GPT를 배우는 중장년층이 모여 있는 강의실…"이라는 프롬프트를 입력하자 디테일이 살아 있는 이미지가 생성된다.

실습 TIP

- **디테일을 설명하라.** '공원'보다 '햇살이 비치는 봄날의 공원'이 훨씬 생생하다.

- **스타일 키워드를 넣어라.** '사진, 디지털 아트, 일러스트' 등 이 한 단어가 이미지 생성 결과의 질감과 분위기를 완전히 바꾼다.

- **시점(Viewpoint)을 정해라.** '위에서 본 장면', '정면', '뒤에서 본 시점'처럼 시점을 명시하면 구도가 안정된다.

- **생성하는 이미지의 목적을 떠올려라.** 이미지를 만드는 건 장식이 아니라 전달을 위해서다. 이 이미지로 '누구에게 무엇을 말하고 싶은가'를 먼저 떠올려라

핵심 문장 요약

- 챗GPT는 문장 하나로 이미지를 만들 수 있다.
- 달리는 오픈AI가 만든, 언어를 시각으로 바꾸는 이미지 엔진
  이다.
- 프롬프트에 디테일과 형용사를 더할수록 결과는 풍부해진다.
- 시각적 이미지는 글보다 빠르게 감정과 메시지를 전달한다.

텍스트가 영상이
되는 시대

이미지는 한 장의 생각이고, 영상은 그 생각이 시간 속에서 흘러가
는 형태다. AI가 이제 그 시간의 언어까지 다루기 시작했다.

  몇 년 전까지만 해도 인공지능은 한 장의 그림을 생성하는 데 그
쳤다. 하지만 지금은 장면의 흐름, 빛의 변화, 감정의 리듬까지 함께
표현한다. AI는 더 이상 정지된 이미지만 만드는 도구가 아니라, 움
직임을 이해하고 스토리를 만들어 내는 새로운 창작자다.

언어가 장면이 되는 시대

AI 영상 생성의 본질은 기술이 아니다. 그건 '언어를 시각화하는 능
력'이다. 우리가 "도시의 아침, 빛이 천천히 건물 사이로 스며드는

장면"이라고 묘사하면, AI는 그 문장을 해석해 '시간과 움직임'을 가진 화면을 만든다.

이건 단순히 그림이 움직이는 게 아니다. **글로 쓴 문장이 영상 속 여러 장면들로 확장되는 과정**이다. 즉, 영상은 이미지의 다음 단계이자 언어가 시간 속에서 살아 움직이는 형태다.

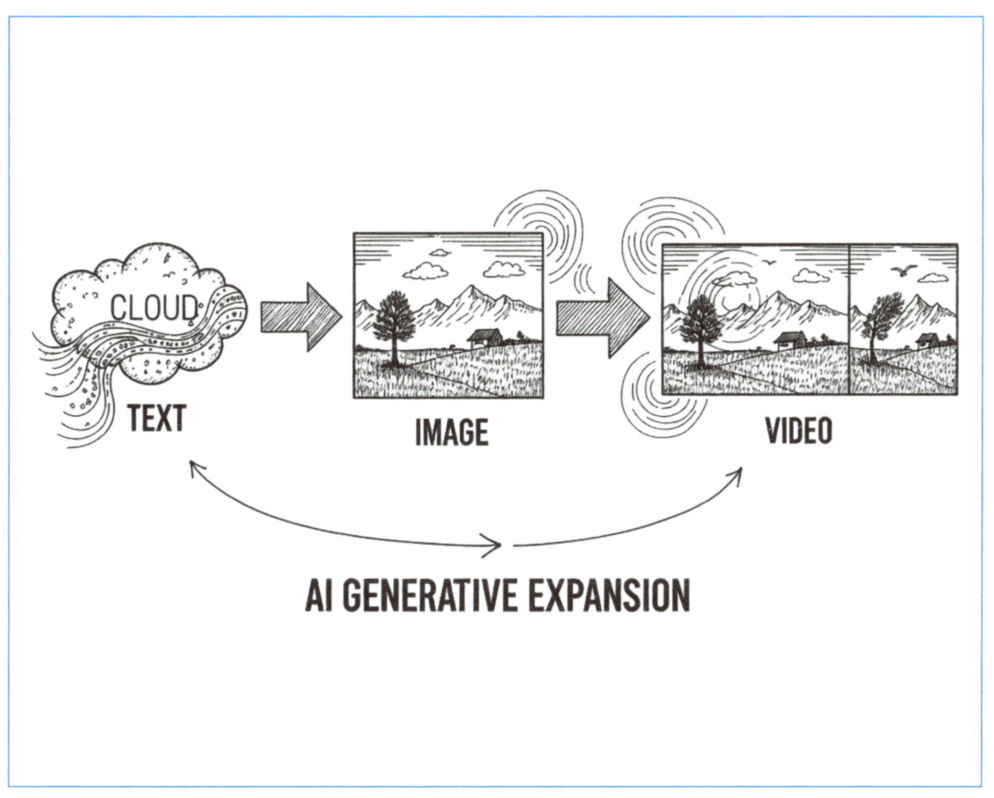

AI는 짧은 시안 동안 '텍스트→이미지→영상'으로 능력을 확장해 왔다.

5단. 이미지·영상 시대의 챗GPT

보는 사람에서 만드는 사람으로

불과 몇 년 전만 해도 영상은 전문가의 영역이었다. 촬영 장비, 편집 프로그램, 후반 작업까지 복잡한 과정이 필요한 '전문 기술'이 필수였다.

하지만 챗GPT의 멀티모달 기능과 오픈AI의 영상 생성 모델 '소라(Sora)'의 등장은 이 문법을 완전히 바꾸어 놓았다.

이제 누구나 텍스트만으로 영상을 설계할 수 있다. "카메라가 천천히 이동하며 창가로 들어오는 햇살을 비춘다." 이 문장은 그저 묘사가 아니라, 지시문(프롬프트)이 된다.

소라는 단지 '방향'을 보여주는 예시일 뿐

현재 챗GPT 안에서는 직접 영상을 만들 수 없다. 그러나 오픈AI의 별도 플랫폼 소라(https://sora.com/ 또는 https://sora.chatgpt.com/)에서는 텍스트 한 줄로 영화 같은 장면을 만들어 내며 AI가 '움직임의 언어'를 이해하기 시작했음을 증명한다.

중요한 건 '어떤 기능이 있느냐'보다, '언어로 영상을 설계할 수 있느냐'이다. AI 영상의 본질은 기술적 완성도가 아니라 '우리가 일상에서 사용하는 자연어만으로 영상을 생성하는 시대가 열렸다'는 사실에 있다.

우리가 일상에서 쓰는 말 그대로의 언어를 뜻한다.

소라 웹사이트에 들어가면 소라를 활용해 만든 동영상들을 살펴볼 수 있다.

언어가 새로운 카메라가 된다

AI 영상 시대에 중요한 건 카메라나 편집 기술이 아니다. 무엇을 보여줄지 **언어로 구체적으로 상상하는 능력**이다. 카메라가 눈의 확장이었다면, AI는 이제 언어의 확장 장치가 되었다.

한 문장이 장면을 만들고, 한 문단이 드라마를 만든다. AI 영상의 본질은 결국, '언어로 상상만 하면 영상이 생성되는 시대'라는 데 있다.

시각 언어
루틴 만들기

보는 습관이 곧 생각의 확장이다. AI 시대에 필요한 건 '기술을 다루는 손'이 아니라, '이미지를 해석하는 눈'이다.

많은 사람들이 챗GPT의 이미지 기능을 '그림을 만들어 주는 툴'로만 생각한다. 하지만 진짜 변화는 '보는 법'을 바꾸는 데서 시작된다.

하루에도 수백 장의 이미지를 보고 지나치지만, 그중 얼마나 '이해하며 본다'고 말할 수 있을까. 챗GPT의 이미지 분석과 생성 기능은 이 '이해하며 보기'를 훈련시키는 훌륭한 도구다.

한 장의 이미지를 분석하고, 그것을 언어로 풀어내는 행위. 그게 바로 시각적 사고력의 첫걸음이다.

1) 관찰 루틴: 이미지를 '본다'에서 '읽는다'로

습관의 첫 단계는 '관찰의 전환'이다. 챗GPT를 켜고, 일상 속 이미지를 하나 업로드해 보자. 신문 기사 속 그래프, 건강검진표, 또는 어제 찍은 출근길 사진. 챗GPT에게 이렇게 묻는다.

"이 이미지에서 가장 눈에 띄는 특징을 한 줄로 요약해 줘."

GPT의 대답을 그대로 받아들이지 말고, 다시 이렇게 이어가자.

"그 답변의 근거를 세 가지로 설명해 줘."

이 두 문장만으로 '시각적 관찰'이 '언어적 사고'로 바뀐다. 보는 눈이 곧 생각의 틀을 확장시키는 것이다.

2) 시각화 루틴: 언어를 그림으로 만들어 보기

두 번째 루틴은 '이미지를 만들어 보는 실습'이다. 이번엔 반대로, 머릿속 이미지를 말로 풀어낸 뒤 그 문장을 챗GPT에 입력한다.

"40대 한국 직장인이 퇴근 후 커피 한 잔을 마시며 하루를 정리하는 장면을 그려줘."

챗GPT는 그 문장을 시각적으로 재구성한다. 이 과정을 반복하다

보면, 당신의 문장은 점점 더 구체적이고 '그림이 그려지는' 문장이
된다. 그게 바로 '생각을 시각화하는 힘'이다.

3) 기록 루틴: 본 것을 말로, 말한 것을 글로

세 번째 루틴은 '기록의 리듬'이다. 이미지와 대화를 나눈 뒤엔 챗
GPT의 답변을 한 줄로 요약해 습관북에 적는다.

오늘 본 이미지의 핵심 메시지는?
"________"

오늘 내가 느낀 건?
"________"

하루 5분이면 충분하다. 이 기록이 쌓이면, 이미지는 더 이상 '정
보'가 아니라 '인사이트'가 된다. 당신은 그저 그림을 본 게 아니라,
생가을 정리한 것이다.

AI는 내 생각을
시각화하는 도구다

AI는 이미지를 '만드는' 존재가 아니라, 당신의 시각적 사고를 '확장시키는' 동료다. 중요한 건 멋진 이미지를 얻는 게 아니라, 그 이미지를 통해 당신의 언어가 얼마나 깊어졌는가다.

오늘부터 하루 한 장의 이미지를 챗GPT에 올려보자. 그리고 이렇게 묻자.

"이 장면에서 내가 놓친 건 뭐지?"

그 질문 하나가 당신의 일상 속 '시각적 리듬'을 만든다. 작은 관찰이 쌓이면, **당신의 생각은 이미지처럼 선명해진다.** 이미지를 이해한다는 건, 세상을 다시 배우는 일이다.

글은 사라지지 않는다.
더 생생해질 뿐이다

1. 이미지는 새로운 언어다.

챗GPT의 이미지 분석 기능은 단순한 기술이 아니라 '시각적 문해력'을 키우는 도구다. 이제 '보는 사람'에서 '읽는 사람'으로 변화해야 한다.

2. AI는 당신의 눈을 훈련시킨다.

이미지를 묻고, 설명을 요구하고, 다시 수정하는 과정에서 당신은 '시각적 사고'라는 새로운 근육을 단련하게 된다. 보는 법을 바꾸면, 생각의 방식도 달라진다.

3. 영상은 감정의 언어다.

정적인 이미지가 감정을 남긴다면, 영상은 그 감정을 '경험'으로 만든다. AI 영상 생성은 전달력의 진화다. 핵심은 기술이 아니라, 무엇을 느끼게 할 것인가다.

4. 습관은 창의력의 근육이다.

하루 한 장의 이미지, 한 문장의 기록이 창의적 감각을 키운다. 꾸준한 반복이 '보는 힘'을 '표현하는 힘'으로 바꾼다. 시각적 사고는 재능이 아니라 훈련의 결과다.

5. AI는 도구가 아니라 파트너다.

챗GPT는 당신이 무엇을 그리는가보다 어떻게 바라보는가를 함께 고민하는 동료다. 기술의 핵심은 언제나 '사람의 시선'이다.

- **오늘의 한 문장**

"이미지를 해석하는 눈을 가진 사람만이, 세상을 새롭게 쓸 수 있다."

- **다음 단 예고**

6단에서는 챗GPT를 일상과 업무에서 활용하는 법을 배운다. 할 일 정리, 아이디어 정리, 학습 계획 세우기까지. AI를 당신의 하루 속으로 들이는 구체적인 루틴이 시작된다.

: 이미지를 이해하는 질문이었나요?

- **오늘의 기록**

  오늘은 챗GPT에 이미지를 올리고 요약을 받아보는 날이다. 간
  단한 사진, 자료 캡처 하나면 충분하다.

구분	내가 업로드한 이미지	챗GPT의 답변 요약	인상 깊은 답변에 ○ 표시
생활형			
업무형			
학습형			

- **오늘의 질문**

  오늘의 목표는 "이미지를 이해하는 질문"을 한 번이라도 던지는
  것이다. 예시처럼 간단히 시작해 보자.

예시

- "이 이미지의 핵심 메시지를 한 문장으로 요약해 줘."
- "내가 놓친 포인트 3가지를 근거와 함께 알려줘."
- "이 그래프를 초보자가 이해하도록 비유를 들어 설명해 줘."

나의 질문

____

____

____

- ## 오늘의 소감

  오늘 챗GPT와 이미지를 주제로 대화하면서 느낀 점, 그리고 앞으로 시각 자료를 다루면서 적용하고 싶은 아이디어를 적어 보자.

예시

- "이미지를 말로 풀어내니 이해가 더 깊어졌다."
- "사진을 설명하는 게 생각보다 글쓰기 훈련이 된다."

나의 소감

____

____

____

- ## 인상 깊었던 답변

챗GPT가 해준 설명 중 마음에 남은 문장을 옮겨 적어보자.

> **예시**
>
> - "이미지는 정보가 아니라 시선이다. 어디를 보게 하느냐가 메시지다."
>
> 인상 깊은 한 문장
>
> ___________________________________
>
> ___________________________________
>
> ___________________________________

- ## 기억하고 싶은 한 문장

오늘 대화에서 마음에 남은 문장을 한 줄 옮겨 적어보자. 챗GPT
가 던진 답변 한 줄이 내 시선을 바꾸는 계기가 될 수 있다.

> **예시**
>
> - "보는 훈련이 곧 생각의 훈련이다."
>
> 내가 기억하고 싶은 문장
>
> ___________________________________
>
> ___________________________________
>
> ___________________________________

- ## 습관북 체크리스트

항　목	실천 여부
챗GPT에 이미지를 업로드했다	□
이미지에 대한 질문을 1개 이상 던졌다	□
인상 깊었던 답변을 기록했다	□
오늘 느낀 점을 짧게 적었다	□

- 이미지는 일상 사진이면 충분하다. '완벽한 자료'를 고르느라 시간을 버리지 말자.
- 답변이 마음에 들지 않으면 "다른 시선으로 다시 설명해 줘"라고 요청하자.
- 기록은 긴 문장이 필요 없다. 한 줄이면 리듬이 만들어진다.

6단.
일상과 업무를
자동화하라

정리·실행·공부 루틴 만들기

AI를 하루의 리듬 속으로

일이 많아질수록 머릿속은 더 복잡해진다. 해야 할 일은 떠오르는데, 어디서부터 손대야 할지 모를 때가 있다. 다이어리에 펜으로 적어도, 메모 앱에 저장해도, 노션이나 캘린더에 정리해도, 결국 흩어지는 일정들. 이건 의지의 문제가 아니라, 사람의 머리로 감당하기 어려운 정보가 너무 많아졌기 때문이다.

AI는 바로 그 틈을 메운다.

이제 챗GPT는 단순히 글을 써주는 도구가 아니라, 하루를 관리하고 생각을 구조화하는 **두 번째 두뇌**가 되었다.

하루의 리듬을 잃는다는 건 단순히 일정이 뒤엉킨다는 의미가 아니다. 생각이 흐트러지고, 판단이 흐려지며, 중요한 일을 놓치게 된다는 뜻이다. AI를 활용한 루틴이 필요한 이유는 '시간을 절약하기 위해서'가 아니라, **'집중력을 회복하기 위해서'**다.

챗GPT는 당신의 하루를 설계하는 파트너가 될 수 있다. 당신이 던진 일상적인 질문 하나가 루틴의 시작이 된다.

"오늘 해야 할 일들을 정리해 줘."

"내가 지금 고민 중인 프로젝트를 단계별로 정리해 줘."

"오늘 배운 걸 세 줄로 요약해 줘."

6단. 일상과 업무를 자동화하라

이 단순한 세 문장이 할 일 루틴, 실행 루틴, 학습 루틴의 시작이다. 하루를 계획하고, 생각을 실행으로 옮기고, 배우는 과정을 반복하는 습관. 그 리듬이 생기면, 생산성은 노력보다 시스템으로 작동한다.

이번 단에서는 챗GPT를 '개인 비서'이자 '루틴 설계자'로 활용하는 법을 배운다.

- 머릿속을 비워주는 할 일 정리 루틴
- 아이디어를 실행으로 옮기는 프로젝트 루틴
- 배우는 과정을 체계화하는 공부 루틴

결국 목표는 단순하다. **AI를 내 하루 속으로 끌어들이는 것**. 그 순간, 당신의 하루는 더 이상 '해야 할 일의 나열'이 아니라 '생각이 명료해지는 시스템'이 된다.

머릿속을 비우고
할 일 구조화하기

하루를 시작할 때 머릿속이 복잡하다면, 그건 해야 할 일이 많아서가 아니라 정리되지 않았기 때문이다. 정리되지 않은 생각은 불안으로 바뀌고, 불안은 행동을 늦춘다.

챗GPT는 이 혼란의 순간에 놀라운 정리력을 보여준다. 당신의 머릿속 메모를 그대로 던져도 된다. 이제 챗GPT가 당신의 하루를 표로 정리해 준다.

예를 들어 이렇게 입력해 보자.

"오늘 해야 할 일: 제안서 PPT 수정, 고객 미팅, 세금계산서 확인, 팀 미팅 준비, 유튜브 채널 스크립트 검토, 정부기관 강의계획서 발송.

중요도, 소요 시간 기준으로, 담당자, 마감일까지 넣어서 표 형태로 정리해 줘."

챗GPT는 당신이 나열한 문장을 이해하고, 중요도·시간·마감일 기준으로 자동 분류한다.

결과는 이런 형태로 정리된다.

우선 순위	업무명	중요도	예상 소요 시간	담당자	마감일	비고
1	제안서 PPT 수정	★★★★★	2시간	피치타이탄님	오늘 오전	
2	고객 미팅	★★★★★	1시간 30분	피치타이탄님	오늘 오후	

　　　　　　　6단. 일상과 업무를 자동화하라

3	정부기관 강의계획서 발송	★★★★☆	1시간	피치타이탄님	오늘 18시 전
4	팀 미팅 준비	★★★★☆	1시간	피치타이탄님	오늘 저녁 전
5	유튜브 채널 스크립트 검토	★★★☆☆	1시간	피치타이탄님	내일 오전 전까지
6	세금계산서 확인	★★☆☆☆	30분	피치타이탄님	내일 오전

이건 단순한 목록이 아니다. AI가 당신의 머릿속을 '시각화'해 준 결과다. 보이지 않던 우선순위가 드러나면, 집중력은 되살아난다.

더 나아가 이렇게 물을 수도 있다.

"이 일정을 오늘, 이번 주, 이번 달로 구분해 줘."
"할 일 중 협업이 필요한 항목과 개인 항목을 나눠줘."

챗GPT는 각각의 일정을 시간별, 성격별로 나누고, 협업 항목과 개인 항목을 분류하여 다시 정리해 준다.

이 과정을 매일 아침 5분만 반복해 보자. 머릿속이 아니라 PC 화면이나 스마트폰 화면에서 하루가 선명하게 시작된다. 모든 일을 기억하려 애쓰는 대신, AI가 기억하고 정리해 주는 리듬을 만드는 것이다.

핵심은 **머릿속에서만 굴리던 생각을 눈앞에 꺼내놓는 습관**이다. 정리의 시작은 언제나 머릿속이 아니라 손끝에서 시작된다.

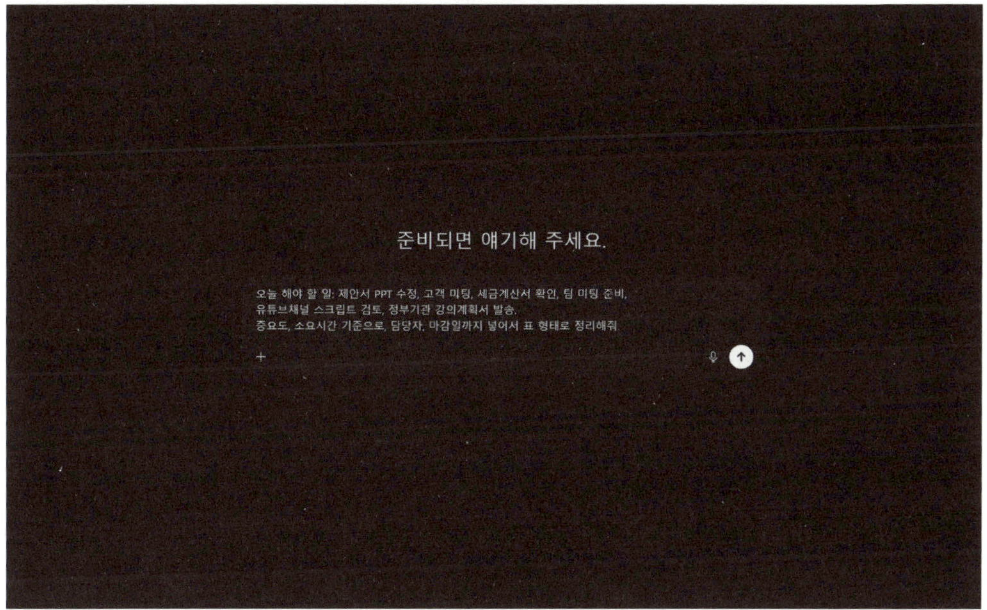

머릿속에 굴러다니는 다양한 것들을 시각화할 수 있게 챗GPT에게 요청한다.

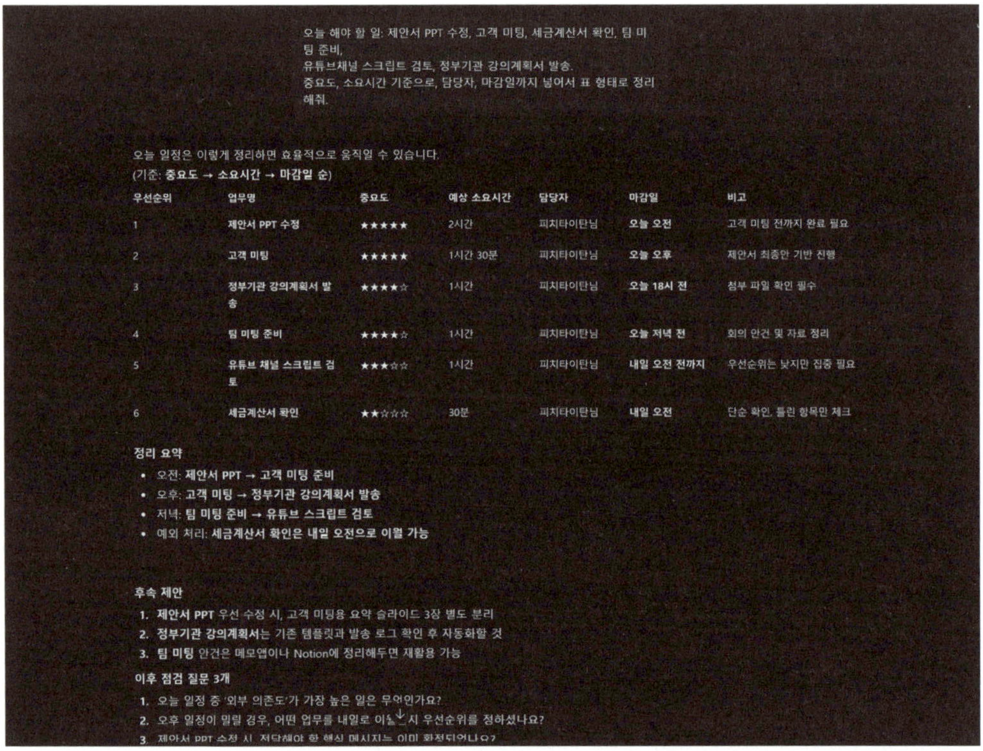

오늘 해야 할 일: 제안서 PPT 수정, 고객 미팅, 세금계산서 확인, 팀 미팅 준비,
유튜브채널 스크립트 검토, 정부기관 강의계획서 발송.
중요도, 소요시간 기준으로, 담당자, 마감일까지 넣어서 표 형태로 정리
해줘.

오늘 일정은 이렇게 정리하면 효율적으로 움직일 수 있습니다.
(기준: 중요도 → 소요시간 → 마감일 순)

우선순위	업무명	중요도	예상 소요시간	담당자	마감일	비고
1	제안서 PPT 수정	★★★★★	2시간	피치타이탄님	오늘 오전	고객 미팅 전까지 완료 필요
2	고객 미팅	★★★★★	1시간 30분	피치타이탄님	오늘 오후	제안서 최종안 기반 진행
3	정부기관 강의계획서 발송	★★★★☆	1시간	피치타이탄님	오늘 18시 전	첨부 파일 확인 필수
4	팀 미팅 준비	★★★★☆	1시간	피치타이탄님	오늘 저녁 전	회의 안건 및 자료 정리
5	유튜브 채널 스크립트 검토	★★★☆☆	1시간	피치타이탄님	내일 오전 전까지	우선순위는 낮지만 집중 필요
6	세금계산서 확인	★★☆☆☆	30분	피치타이탄님	내일 오전	단순 확인, 틀린 항목만 체크

정리 요약
- 오전: 제안서 PPT → 고객 미팅 준비
- 오후: 고객 미팅 → 정부기관 강의계획서 발송
- 저녁: 팀 미팅 준비 → 유튜브 스크립트 검토
- 예외 처리: 세금계산서 확인은 내일 오전으로 이월 가능

후속 제안
1. 제안서 PPT 우선 수정 시, 고객 미팅용 요약 슬라이드 3장 별도 분리
2. 정부기관 강의계획서는 기존 템플릿과 발송 로그 확인 후 자동화할 것
3. 팀 미팅 안건은 메모앱이나 Notion에 정리해두면 재활용 가능

이후 점검 질문 3개
1. 오늘 일정 중 '외부 의존도'가 가장 높은 일은 무엇인가요?
2. 오후 일정이 밀릴 경우, 어떤 업무를 내일로 이월지 우선순위를 정하셨나요?
3. 제안서 PPT 수정 시, 전달해야 할 핵심 메시지는 이미 확정되었나요?

내가 오늘 해야 할 일을 챗GPT가 표로 정리하고 일정 관련해서 추가로 체크할 사항까지 알려준다.

챗GPT의 '프로젝트' 기능 활용하기

챗GPT는 이제 단순한 대화창이 아니라, 생각을 기록하고 실행으로 옮기는 프로젝트 도구로 진화했다.

'할 일 정리'가 하루의 흐름을 잡는다면, '프로젝트(Project)'는 일주일 이상 지속되는 목표를 체계적으로 관리하는 지도다.

1) 프로젝트 만들기

왼쪽 메뉴에서 '프로젝트→새 프로젝트'를 선택하고, '프로젝트 이름'을 입력하면 나만의 작업 공간이 만들어진다.

예를 들어 '퇴직 후 온라인 강의 기획 프로젝트'라는 이름을 입력해 보자. 이렇게 하면 나만의 작업 공간이 만들어진다. 이제부터 챗GPT와 나눈 대화, 파일, 결과물이 하나의 폴더처럼 묶여 저장된다. 아이디어가 흩어지지 않고, **'생각→실행→정리'가 이어지는 기억의 공간**이 만들어진 것이다.

2) 자료 업로드하기

프로젝트가 만들어지면, 강의 아이디어 메모나 참고 문서를 바로 업로드할 수 있다. 화면 중앙 우측에 '파일 추가' 버튼을 눌러 필요한 자료를 업로드하고, 챗GPT에 이렇게 요청하자.

"업로드 파일을 바탕으로 목표, 주요 단계, 일정, 필요한 자료를 표로 정리해 줘."

챗GPT는 다음과 같은 형태의 구조를 제시한다.

구분	내용
프로젝트명	『챗GPT 구구단』 출판 및 교육 콘텐츠화 프로젝트

핵심 목표	4060세대가 챗GPT를 쉽게 배우고 실생활에 적용할 수 있도록, 9단 구조의 커리큘럼과 습관북을 통합한 학습 시스템 완성
최종 산출물	① 『챗GPT 구구단』 책 (0~9단 완성) ② VOD 강의 9단 구성 ③ 습관북 PDF 9권 세트 ④ 챗GPT 기반 학습 루틴 구축 가이드

이제 이 대화는 자동으로 프로젝트에 저장된다.

3) 단계별 확장하기

세부 계획을 만들어 보자. 챗GPT에게 이렇게 요청하면 된다.

"4단계(강의 콘텐츠화)만 세부 체크리스트로 나눠줘. 협업 항목엔 '협업', 개인 항목엔 '개인' 표시."

챗GPT는 이전 대화 내용을 기억해서, 그대로 이어서 구체적인 일정과 작업 단계를 세분화해 준다.

이전에는 새 대화를 열 때마다 맥락이 끊겼지만, 이제는 프로젝트 단위로 대화·파일·결과가 연결되어 이어진다. 이제는 매번 처음부터 다시 설명할 필요가 없고, 이전 대화의 연속선상에서 바로 이어서 일할 수 있다.

4) 실행 문서로 정리하기

이제 마무리 단계다. 프로젝트 전체를 하나의 실행 문서로 정리해 보자.

챗GPT는 지금까지의 대화와 파일을 바탕으로 목표·단계·성과를 요약한 실행 계획서를 자동으로 만들어 준다. 이건 단순한 저장이 아니라 **대화가 문서로, 아이디어가 실행으로 전환되는 과정**이다.

한눈에 보기: 간단 실습 절차

① 프로젝트 만들기

좌측 메뉴 '프로젝트'→'새 프로젝트' 클릭→이름 입력

② 자료 업로드하기

'파일 추가' 클릭 후, 아이디어 메모, 참고 문서 첨부→"업로드한 파일을 바탕으로 목표와 단계를 표로 정리해 줘."

③ 단계별 확장하기

"4단계(강의 콘텐츠화)만 세부 체크리스트로 나눠줘. 협업 항목엔 '협업', 개인 항목엔 '개인' 표시."

④ 실행 문서로 정리하기

"이 프로젝트 전체를 발표용 문서로 정리해 줘."

기억해 둘 점

- 민감한 자료는 원본 대신 요약본을 올리는 게 안전하다.
- 표를 요청할 때는 열 이름을 구체적으로 지정하면 결과가 더 명확하다.

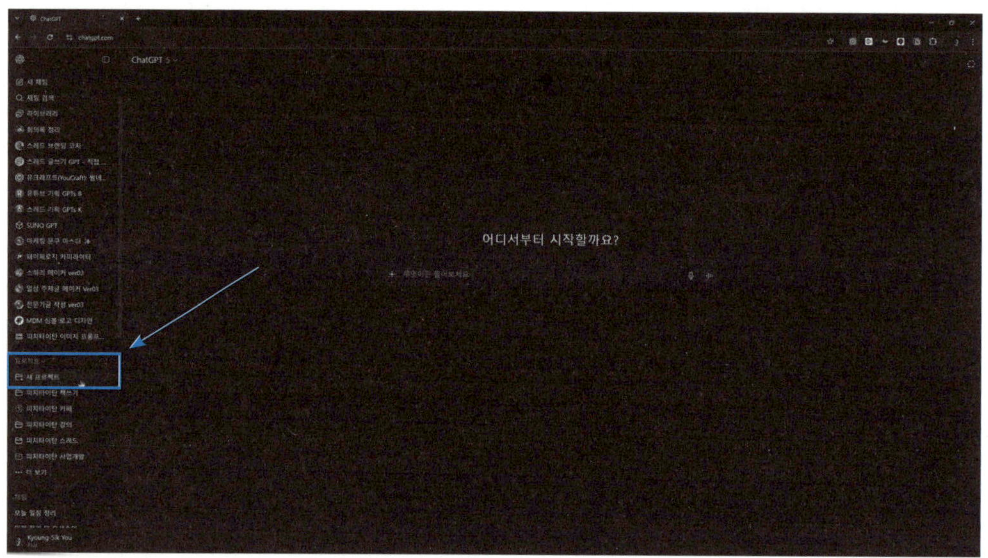

왼쪽 메뉴 하단 '프로젝트'를 클릭해 '새 프로젝트'를 만든다.

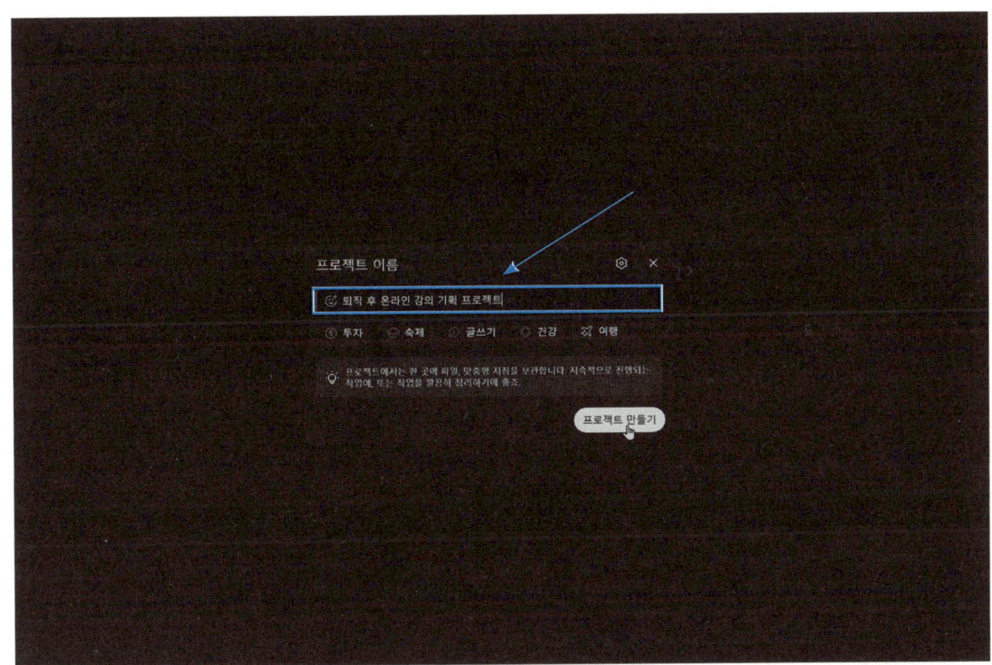

프로젝트의 이름을 입력한다.

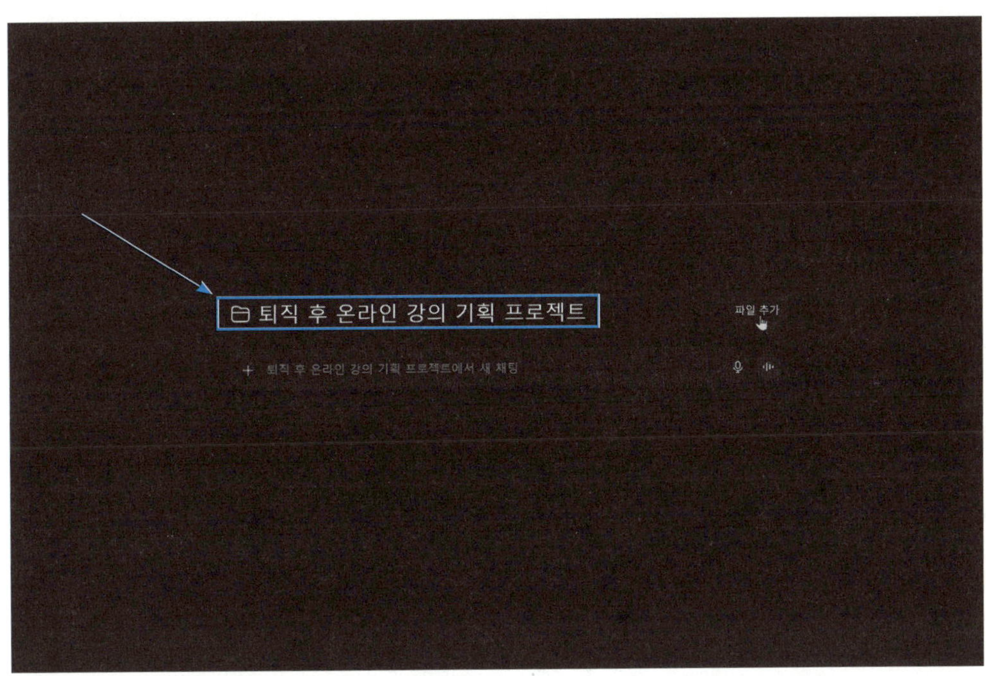

내가 입력한 제목의 프로젝트 폴더가 생성되었다.

6단. 일상과 업무를 자동화하라

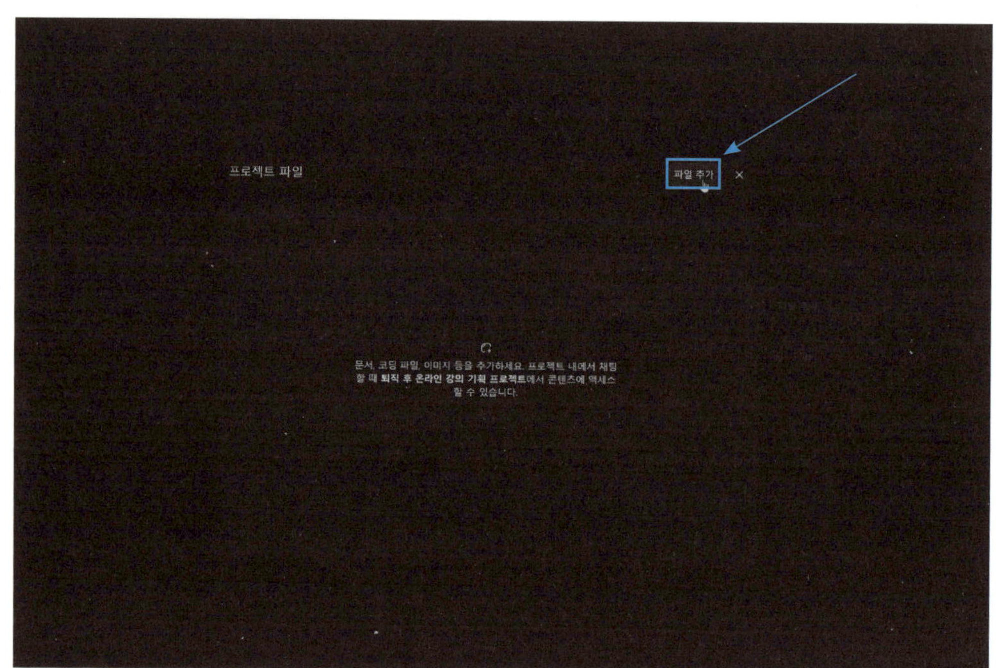

프로젝트 이름 우측의 '파일 추가'를 클릭해 프로젝트에 필요한 자료를 업로드할 수 있다.

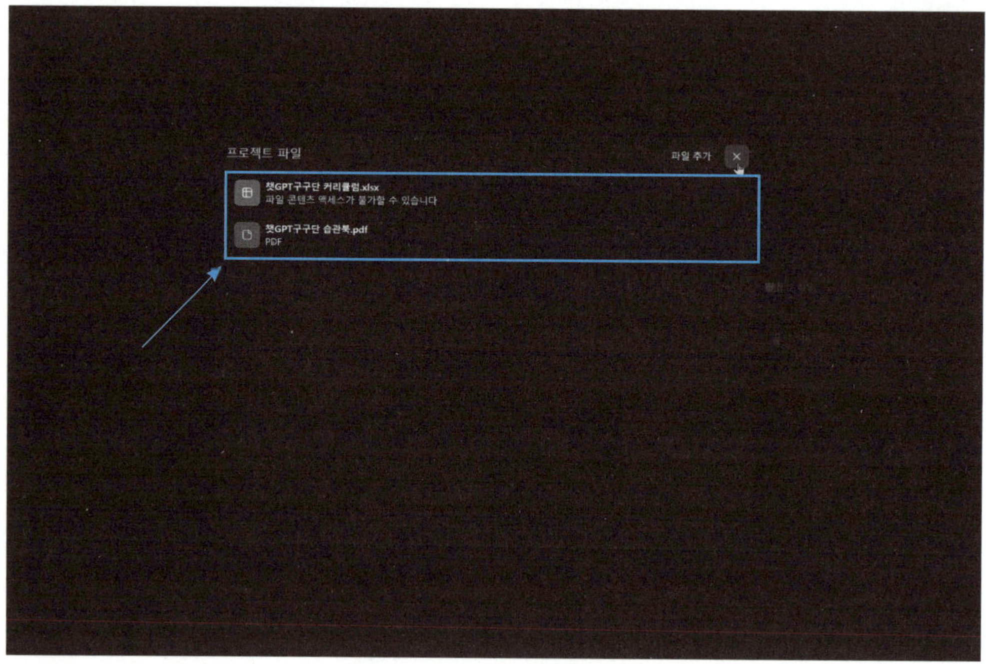

필요한 자료를 업로드한다.

챗GPT 구구단

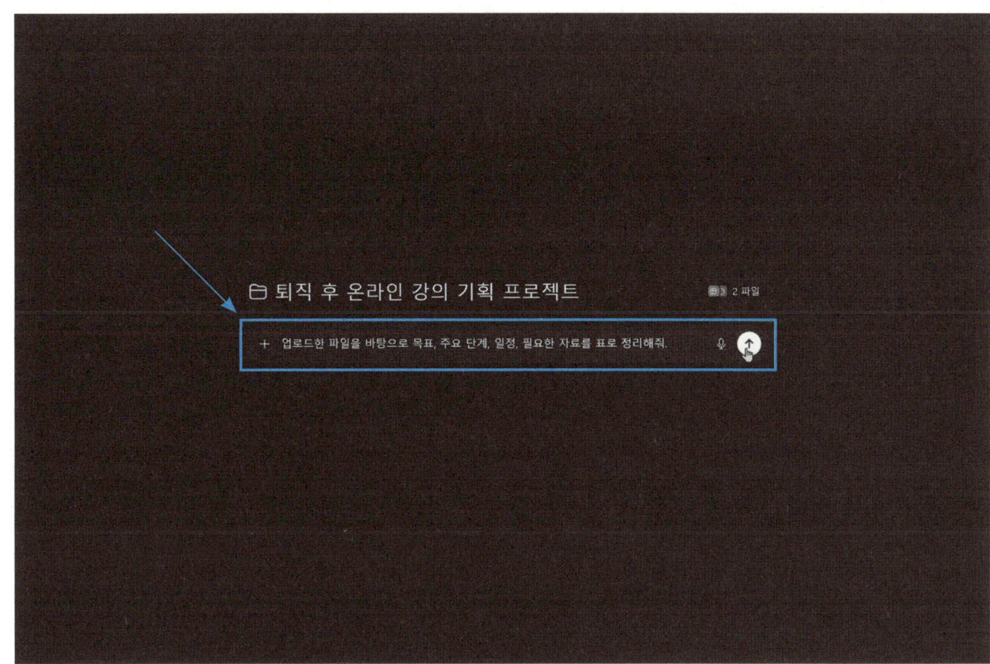

업로드한 자료를 기반으로 프로젝트 진행을 위한 사항을 요청한다.

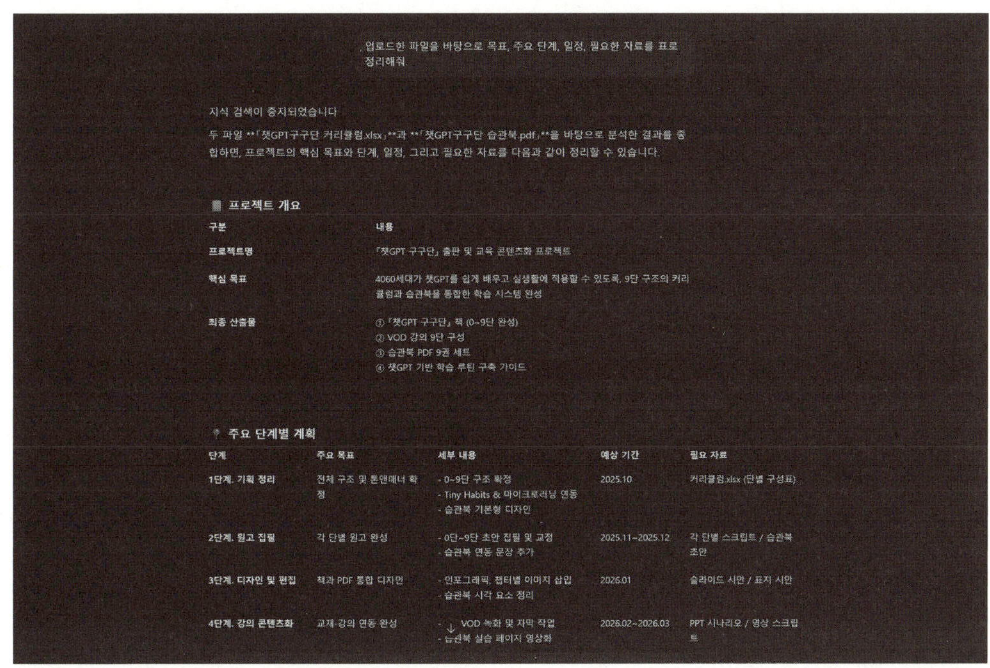

챗GPT가 프로젝트 제목과 자료를 바탕으로 분석한 결과를 내놓는다. 이후 단계별로 필요한 사항들을 요청하면 계속 프로젝트 자료를 바탕으로 답변해 준다.

6단. 일상과 업무를 자동화하라

나만의 학습 루틴 만들기

챗GPT를 과외 선생님처럼 활용해 보자. 챗GPT는 단순히 정보를 알려주는 검색 도구가 아니다. '배우고 이해하는 과정' 자체를 설계할 수 있는 학습 파트너다. 대화의 순서를 정해두면, AI가 자연스럽게 복습과 이해 점검까지 함께 도와준다.

1) 학습 자료 업로드하기

배움은 '정보'에서 시작된다. PDF 보고서나 강의 노트를 업로드해 보자.

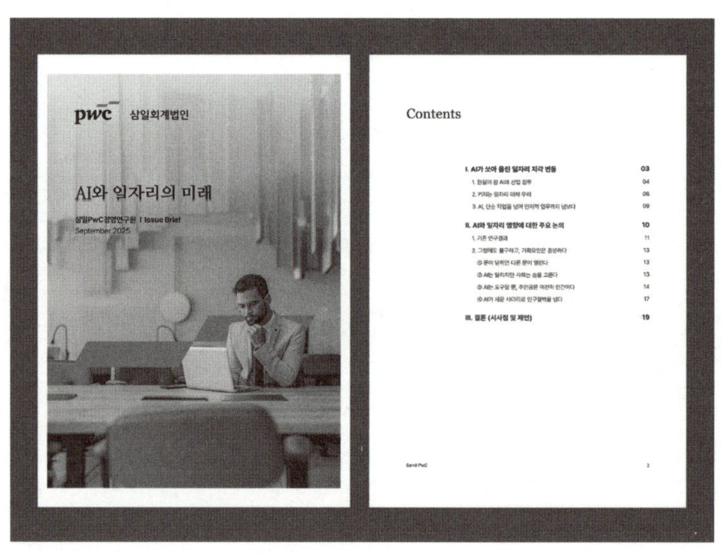

내가 실습 자료로 업로드한 'AI와 일자리의 미래'라는 보고서다. (출처: https://www.pwc.com/kr/ko/insights/issue-brief/ai-jobs-future.html)

챗GPT는 문서를 분석해 핵심 개념을 정리하고 주요 주제를 파악한다.

"이 보고서의 핵심 내용을 5줄로 요약해 줘."
"이 문서에서 중요한 개념 3가지를 뽑아줘."

이 단계를 통해 학습의 전체 맥락을 빠르게 잡을 수 있다. 챗GPT는 단순 요약이 아니라, **내용의 구조를 시각적으로 재구성**한다.

2) 이해 점검하기

요약이 끝났다면, 이제 '내가 제대로 이해했는가'를 확인할 차례다. 챗GPT는 요청만 하면 맞춤형 질문을 만들어 준다.

"이 내용을 이해했는지 확인할 수 있도록 3문제만 만들어 줘."
"각 개념별로 내가 스스로 답할 수 있는 질문을 만들어 줘."

챗GPT가 만들어 준 질문들을 메모장에 적어두면 훌륭한 복습 노트가 된다. AI가 던지는 질문은 단순 암기보다 **'이해의 깊이'를 점검하는 역할**을 한다.

3) 적용 아이디어 찾기

배운 내용을 그대로 두면 금방 잊는다. 중요한 건 '이걸 어디에 쓸

6단. 일상과 업무를 자동화하라

수 있을까?'를 묻는 것이다.

"이 내용을 내 업무나 일상에서 적용할 방법을 3가지 제안해 줘."
"이 개념을 50대 1인 기업가의 관점에서 활용한다면 어떤 아이디어가 있을까?"

이 단계는 AI와의 대화를 통해 **지식을 '활용 가능한 언어'로 전환**하는 과정이다. 이 과정을 거치면, 배운 내용이 단순 정보가 아니라 경험으로 체화된다.

4) 복습 루틴 만들기

학습의 완성은 복습에 있다. 챗GPT에게 "복습용 문제를 만들어 줘"라고 요청해 보자. AI는 객관식, 단답형, 서술형 중 원하는 형식으로 문제를 생성해 준다.

"이 내용으로 복습 문제 3개 만들어 줘."
"내일 아침 다시 복습할 수 있도록 핵심 질문만 정리해 줘."

이 질문을 다음 날 다시 열어보는 순간, AI는 이전 대화의 맥락을 불러와 자연스럽게 복습을 이어간다. 이건 단순한 반복이 아니라 '나의 학습 내용을 다시 체크하는 루틴'이다.

한눈에 보기: 간단 실습 절차

① 학습 자료 업로드하기

보고서나 문서 업로드→"핵심 내용 요약해 줘."

② 이해 점검하기

"이 내용을 확인할 수 있도록 3문제 만들어 줘."

③ 적용 아이디어 찾기

"내 업무에 적용할 수 있는 방법 3가지 제안해 줘."

④ 복습 루틴 만들기

"복습용 문제 3개 만들어 줘."

실전 예시:
보고서로 배우는 AI 학습 루틴

예를 들어 'AI와 일자리의 미래'라는 제목의 보고서를 활용해 보자. 보고서를 업로드하고 아래 순서대로 프롬프트를 입력하면 챗GPT 는 이렇게 학습 루틴을 구성해 준다.

1) 핵심 요약

- AI 확산은 일자리의 '위협'이자 '기회'다.
- 단기적으로는 인력 감축이 현실화되고 있다.
- 중장기적으로는 새로운 일자리가 더 많이 창출될 전망이다.
- AI는 인간을 대체하기보다 '보완'할 가능성이 높다.
- 정책적 대응은 필수다.

2) 이해 점검 질문

- 객관식 문제: 다음 중 보고서의 핵심 결론으로 가장 적절한 것은 무엇인가?
- 술형 문제: 보고서에 따르면 AI 노출도가 가장 높은 직업군에서 고용과 임금이 증가하는 이유는 무엇인가?
- 적용형 문제: 한국처럼 저출산·고령화가 심화된 사회에서 AI 도입이 경제와 일자리에 미칠 긍정적 효과를 한 문장으로 요약해 보라.

3) 적용 아이디어

- 'AI 조력자'로 일의 구조를 재설계하기
- 'AI 리터러시+직무 전문성'의 이중 역량 구축하기
- 'AI 시대 소프트스킬' 훈련 루틴 만들기

4) 복습 퀴즈

- 개념 확인 문제: 다음 중 AI와 일자리의 관계에 대한 보고서의 핵심 관점으로 가장 알맞은 것은 무엇인가?
- 응용 문제: 보고서에서 제시한 'AI는 도구일 뿐, 주인공은 인간이다'라는 메시지를 당신의 현재 업무에 적용한다면 어떤 행동 변화가 필요할까?
- 통합 사고 문제: AI 도입이 한국 사회의 저출산·고령화 문제 해결에 도움이 될 수 있는 이유를 경제적 관점에서 한 문장으로 설명하라.

이 한 번의 대화만으로도, '읽었다'에서 '배웠다'로 전환되는 학습 경험을 하게 된다. 이제 **챗GPT는 배움을 함께 설계해 주는 파트너**가 된다.

기억해 둘 점

- 단순 요약보다 '배움의 구조'를 만드는 데 집중하라.
- 반복할수록 AI가 당신의 학습 리듬을 따라가기 시작한다.
- 꾸준한 루틴이 결국 'AI와 함께 배우는 습관'이 된다.

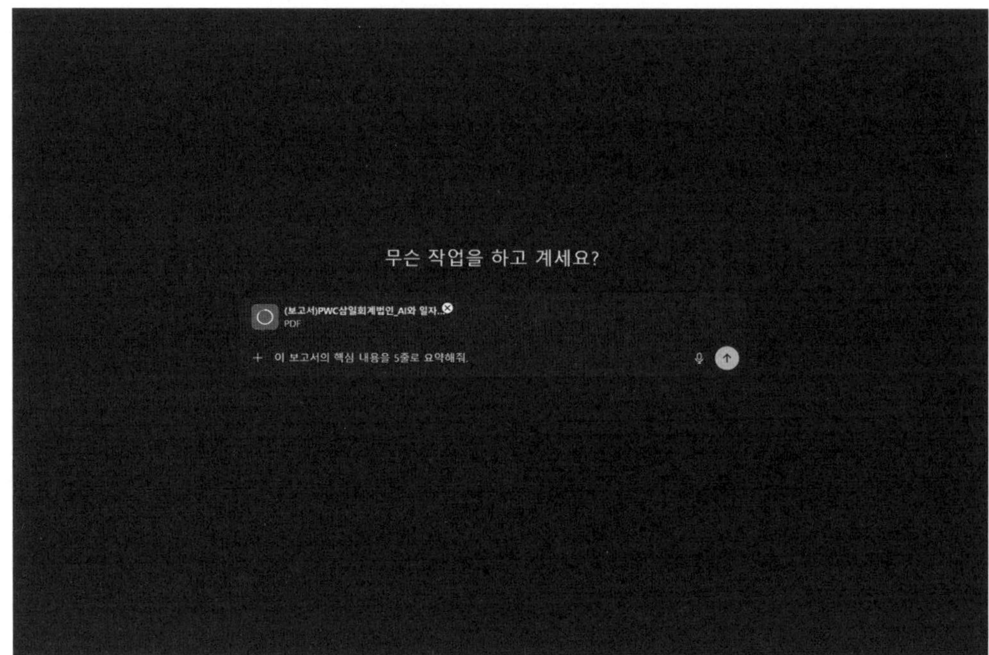

파일 첨부 기능을 활용해 자료를 업로드하고, 자료의 내용 요약을 요청한다.

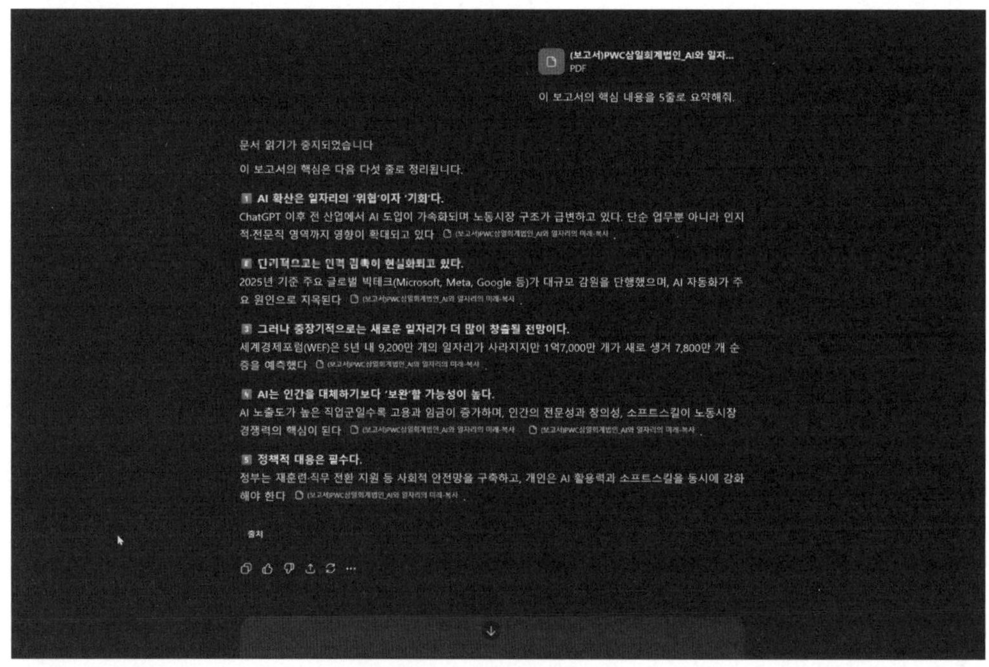

챗GPT가 자료를 분석하고 다섯 가지 항목으로 요약 정리해 준다.

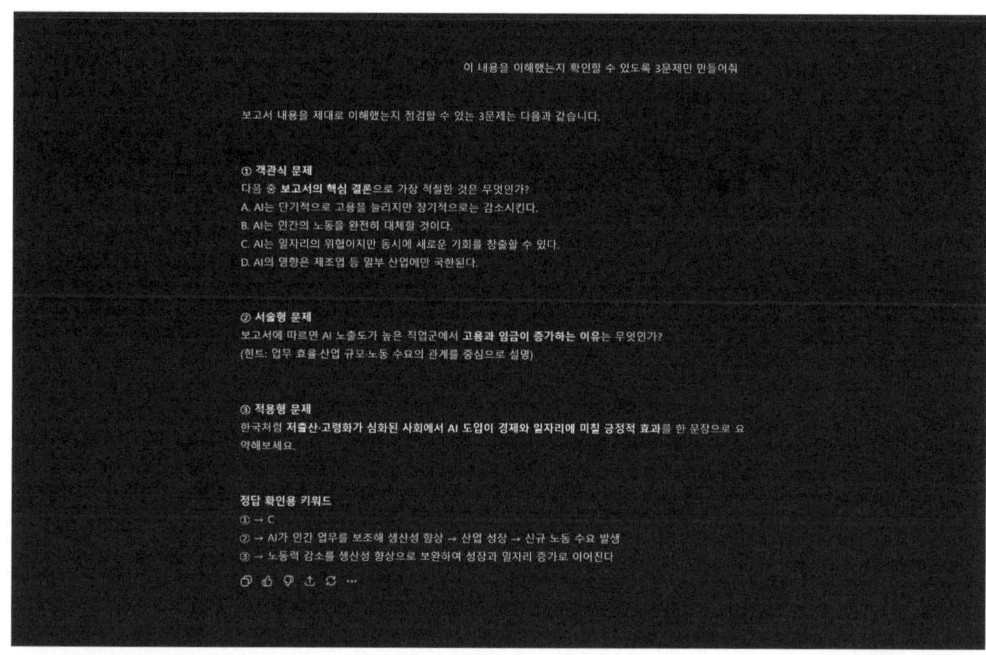

이 내용을 이해했는지 확인할 수 있도록 3문제만 만들어줘

보고서 내용을 제대로 이해했는지 점검할 수 있는 3문제는 다음과 같습니다.

① 객관식 문제
다음 중 **보고서의 핵심 결론**으로 가장 적절한 것은 무엇인가?
A. AI는 단기적으로 고용을 늘리지만 장기적으로는 감소시킨다.
B. AI는 인간의 노동을 완전히 대체할 것이다.
C. AI는 일자리의 위협이지만 동시에 새로운 기회를 창출할 수 있다.
D. AI의 영향은 제조업 등 일부 산업에만 국한된다.

② 서술형 문제
보고서에 따르면 AI 노출도가 높은 직업군에서 **고용과 임금이 증가하는 이유는** 무엇인가?
(힌트: 업무 효율·산업 규모·노동 수요의 관계를 중심으로 설명)

③ 적용형 문제
한국처럼 저출산·고령화가 심화된 사회에서 AI 도입이 경제와 일자리에 미칠 긍정적 효과를 한 문장으로 요약해보세요.

정답 확인용 키워드
① → C
② → AI가 인간 업무를 보조해 생산성 향상 → 산업 성장 → 신규 노동 수요 발생
③ → 노동력 감소를 생산성 향상으로 보완하여 성장과 일자리 증가로 이어진다

사용자인 내가 자료의 내용을 충분히 이해했는지 확인할 수 있는 질문을 요청한다. 챗GPT가 다양한 형태로 질문을 만들어 준다.

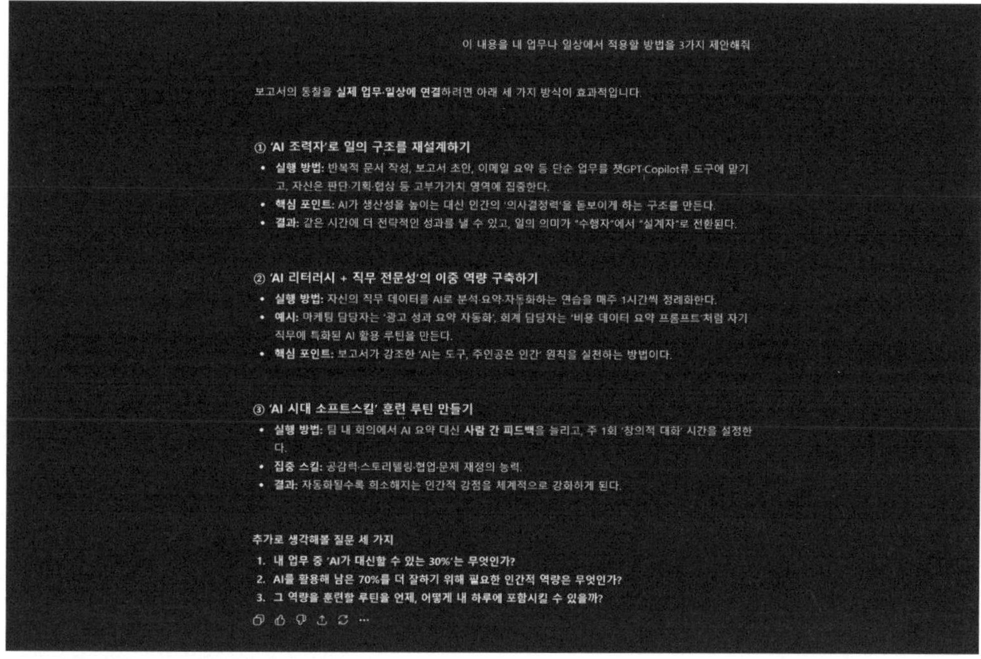

이 내용을 내 업무나 일상에서 적용할 방법을 3가지 제안해줘

보고서의 통찰을 **실제 업무·일상에 연결**하려면 아래 세 가지 방식이 효과적입니다.

① 'AI 조력자'로 일의 구조를 재설계하기
- **실행 방법:** 반복적 문서 작성, 보고서 초안, 이메일 요약 등 단순 업무를 챗GPT·Copilot류 도구에 맡기고, 자신은 판단·기획·협상 등 고부가가치 영역에 집중한다.
- **핵심 포인트:** AI가 생산성을 높이는 대신 인간의 '의사결정력'을 돋보이게 하는 구조를 만든다.
- **결과:** 같은 시간에 더 전략적인 성과를 낼 수 있고, 일의 의미가 "수행자"에서 "설계자"로 전환된다.

② 'AI 리터러시 + 직무 전문성'의 이중 역량 구축하기
- **실행 방법:** 자신의 직무 데이터를 AI로 분석·요약·자동화하는 연습을 매주 1시간씩 정례화한다.
- **예시:** 마케팅 담당자는 '광고 성과 요약 자동화', 회계 담당자는 '비용 데이터 요약 프롬프트'처럼 자기 직무에 특화된 AI 활용 루틴을 만든다.
- **핵심 포인트:** 보고서가 강조한 'AI는 도구, 주인공은 인간' 원칙을 실천하는 방법이다.

③ 'AI 시대 소프트스킬' 훈련 루틴 만들기
- **실행 방법:** 팀 내 회의에서 AI 요약 대신 **사람 간 피드백**을 늘리고, 주 1회 '창의적 대화' 시간을 설정한다.
- **집중 스킬:** 공감력·스토리텔링·협업·문제 재정의 능력.
- **결과:** 자동화될수록 희소해지는 인간적 강점을 체계적으로 강화하게 된다.

추가로 생각해볼 질문 세 가지
1. 내 업무 중 'AI가 대신할 수 있는 30%'는 무엇인가?
2. AI를 활용해 남은 70%를 더 잘하기 위해 필요한 인간적 역량은 무엇인가?
3. 그 역량을 훈련할 루틴을 언제, 어떻게 내 하루에 포함시킬 수 있을까?

챗GPT에게 이 자료를 활용할 방법을 요청한다. 챗GPT는 자료의 내용과 이전 대화들로 파악한 '나'에 맞춰 답변한다.

6단. 일상과 업무를 자동화하라

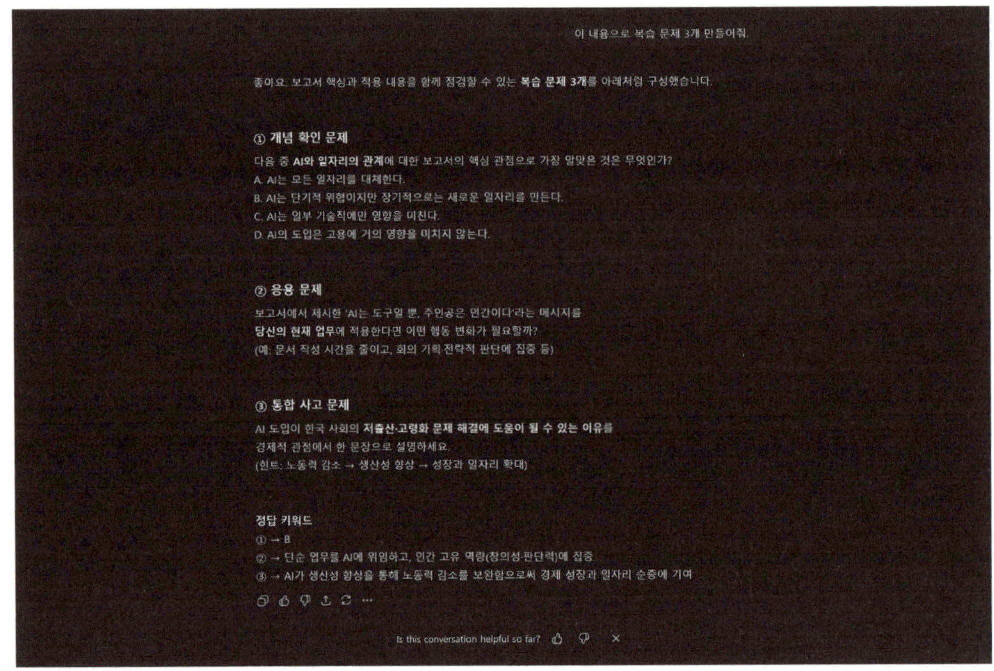

마지막으로 자료를 학습할 수 있는 복습 문제를 요청한다. 챗GPT는 개념 확인, 응용, 통합 사고로 카테고리를 나눠 질문을 만들어 준다.

챗GPT 루틴을
내 하루에 넣기

AI 활용의 핵심은 기술이 아니다. 반복 가능한 루틴을 만드는 습관 설계다. 거창한 계획보다 '하루 2분의 실행'이 중요하다. 챗GPT도 마찬가지다.

대단한 기능을 몰라도, 매일 한 번의 루틴만 만들어 두면 AI가 당신의 하루를 자동으로 정리해 준다.

1) 하루의 시작: 아침 리셋 루틴

하루의 첫 대화는 복잡할 필요가 없다. 대화창을 열고 이렇게 말해 보자.

"오늘 일정과 해야 할 일을 5줄로 정리해 줘."

챗GPT는 캘린더와 연결하지 않아도, 단순히 대화 내용만으로 하루의 방향을 정리해 준다.
조금 더 구체화해 보자.

"오늘의 집중할 일, 회피하면 안 되는 일, 나를 위한 일, 세 가지로 구분해서 정리해 줘."

이 한 줄이 당신의 **하루 설계 문장**이 된다. 이 문장은 책상 위에 붙여도 좋고, 스마트폰 메모장 앱에 그대로 옮겨 적어도 된다.

2) 점심 이후: 리뷰 루틴

점심 이후의 루틴은 생각 정리에 초점을 맞춘다. 이때는 이렇게 말해보자.

"지금까지의 진행 상황을 한 문장으로 요약해 줘."
"오늘 할 일 중 내일로 미룰 건 뭐야?"

6단. 일상과 업무를 자동화하라

챗GPT는 앞선 대화의 맥락을 이용해 자동으로 오늘의 주요 기록을 정리해 준다. 이건 단순한 '정리'가 아니라, 당신의 생각을 다시 불러서 **중간 리뷰**를 하는 루틴이다.

3) 하루의 마무리: 감정 루틴

AI와의 대화는 감정까지 포함될 때 진짜 루틴이 된다. 이렇게 말해 보자.

"오늘 하루를 한 문장으로 요약해 줘. 그리고 내일의 작은 다짐 한 줄로 끝내줘."

챗GPT는 이런 식으로 답할 것이다.

"오늘: 중요한 일들을 우선순위로 정리해 밀도 있게 처리하면서도 사람과 약속을 챙긴, 실행이 앞선 하루였습니다.
내일의 작은 다짐: 할 일은 작게 쪼개고, 가장 어려운 한 가지부터 25분 집중으로 시작하자."

이건 단순한 응답이 아니라, 하루를 마무리하는 **디지털 일기장**의 문장이다. 이 문장을 그대로 습관북에 옮겨 적으면 된다.

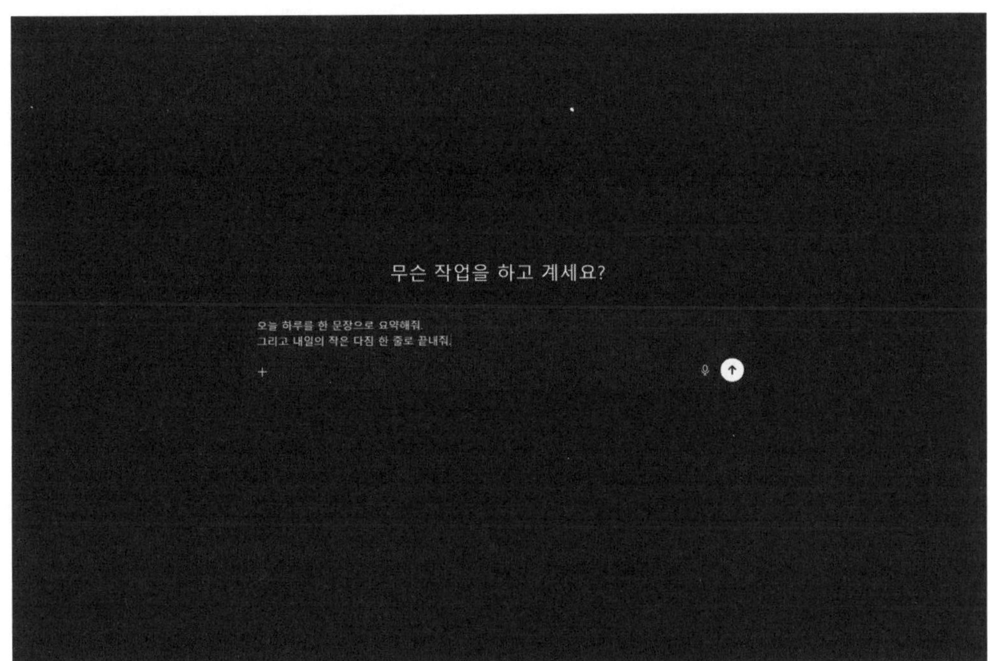

오늘 하루를 정리하고, 내일의 시작을 도울 수 있도록 프롬프트를 작성한다.

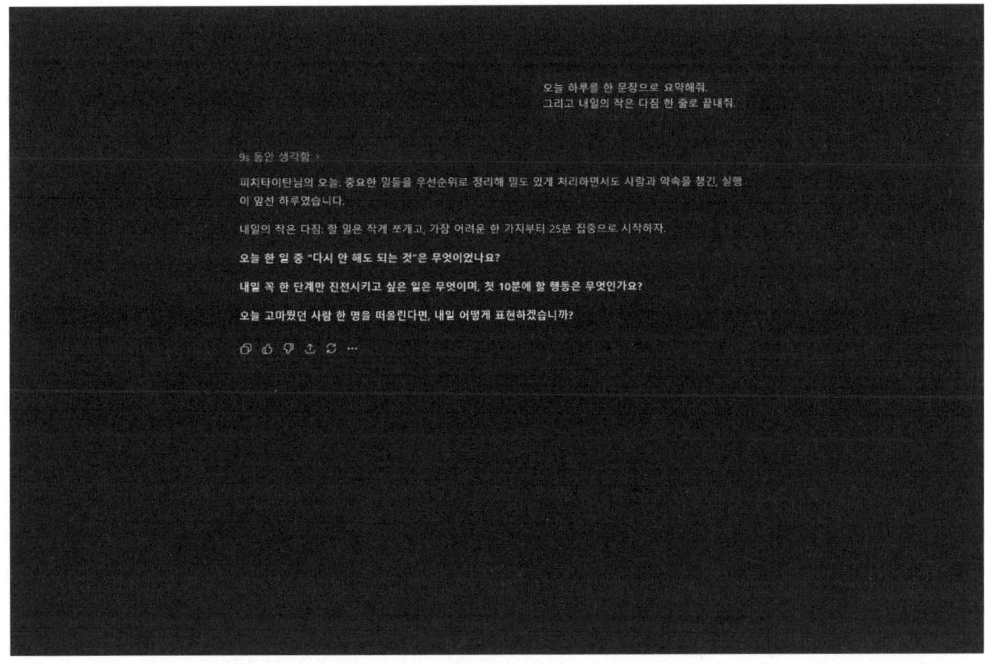

챗GPT는 오늘 내가 처리한 일들을 바탕으로 하루를 요약하고, 내일을 위한 다짐까지 정리해 답해준다.

6단. 일상과 업무를 자동화하라

실습 TIP: 루틴은 '연결'로 만들어진다

작은 습관 만들기의 핵심은 **새로운 습관을 기존 행동에 연결하는 것**이다. 루틴은 기억으로 유지되는 게 아니라, 익숙한 행동에 덧붙일 때 오래간다.

- 아침에 커피를 내릴 때→"오늘 일정 정리하기"
- 점심식사 후 자리로 돌아올 때→"진행 상황 요약하기"
- 퇴근 전/노트북 닫기 직전→"하루 요약 질문 던지기"

이렇게 이미 익숙한 일상의 행동과 루틴을 연결하면, 챗GPT는 당신의 하루 속에 자연스럽게 들어온다.

핵심 요약

- 루틴은 '의지'가 아니라 '연결'로 유지된다.
- 새로운 습관은 기존 행동에 붙여야 오래간다.
- 챗GPT 루틴은 하루의 '시작 중간 마무리'를 잇는 연결 고리다.
- AI는 당신의 하루를 '정리-복습-성찰'의 리듬으로 바꾼다.

AI는 도구가 아니라 루틴이다

챗GPT를 잘 쓰는 사람은 '무엇을 아는가'보다 '얼마나 자주 켜는가'가 다르다. AI는 도구가 아니라, 반복되는 일상 속에서 습관이 될 때 비로소 힘을 발휘한다.

기술의 차이는 크지 않다. 하지만 **습관의 차이는 인생을 바꾼다.**

챗GPT 역시 마찬가지다. 매일 정해진 시간에, 정해진 방식으로 대화하는 순간부터 AI는 단순한 기술이 아니라 당신의 리듬이 된다.

하루를 설계하는 세 가지 루틴

이제 당신에게는 세 가지 루틴이 있다.

① 아침 리셋 루틴

하루의 방향을 정리하는 대화. 아침 5분, 그 문장이 하루의 흐름을 잡는다.

→ "오늘 해야 할 일 세 가지로 정리해 줘."

② 리뷰 루틴

진행 상황을 점검하고 사고를 정리하는 대화. 점심 이후, 생각을 되짚는 짧은 점검이 집중력을 되살린다.

→ "오늘 할 일 중 내일로 미룰 건 뭐야?"

③ 감정 루틴

하루를 정리하고 감정을 다독이는 대화. 퇴근 전, 마음을 정리
하며 하루의 문장을 남긴다.

→ "오늘 하루를 한 문장으로 요약해 줘. 그리고 내일을 위한
다짐 한 줄로 마무리해 줘."

이 세 루틴이 연결되면 AI는 더 이상 '특정 기능'이 아니라 **당신의
하루를 설계하는 리듬 시스템**이 된다.

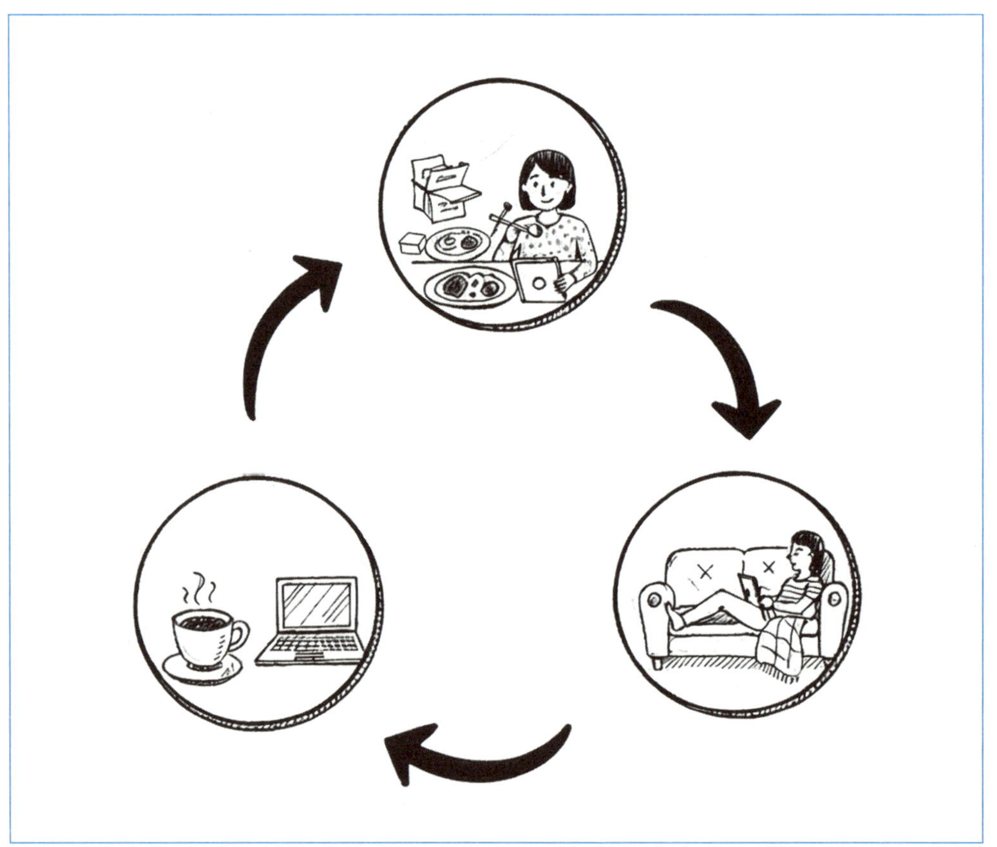

아침 리셋→리뷰→감정 루틴으로 하루 리듬 구조를 형성해 보자.

챗GPT 구구단

반복은 생각을 자동화한다

루틴의 본질은 '의지'가 아니라 '리듬'이다. 커피를 마시며 챗GPT를 켜는 행위, 하루의 끝에서 오늘을 요약하는 대화, 그 단순한 반복이 당신의 사고를 자동화한다.

AI는 당신 대신 생각해 주는 존재가 아니다. 당신이 생각을 멈추지 않도록 옆에서 돕는 파트너다. 그래서 AI는 결국 도구가 아니라 리듬이다.

오늘 하루를 마치며, 이렇게 물어보자.

"오늘의 루틴 중 가장 잘된 건 뭐고, 내일은 어떤 루틴을 조금 더 다듬고 싶어?"

이 짧은 질문이 **AI를 기술에서 습관으로, 습관에서 리듬으로 바꾼다.**

핵심 요약

- 챗GPT는 도구가 아니라 루틴이다.
- 아침·점심·저녁의 세 루틴이 하루의 리듬을 만든다.
- 루틴이 유지될 때, AI는 가장 자연스러운 동료가 된다.

하루를 챗GPT와
함께 설계하라

1. AI는 실행을 도와주지만, 시작은 결국 당신의 몫이다.

챗GPT는 당신 대신 생각해 주는 도구가 아니라, 당신을 비춰주고 다듬어 주는 파트너다. 결심보다 중요한 건, 지속할 수 있는 매일의 리듬이다.

2. 하루의 구조를 만들어라.

할 일 정리, 프로젝트, 학습 루틴은 AI를 활용하는 세 개의 축이다. 이 세 축을 하루의 루틴 안에 넣으면 AI는 도구가 아니라 시스템이 된다.

3. 작게 시작하라.

아침엔 오늘의 우선순위 세 가지, 점심엔 지금 진행 중인 프로젝트 점검, 저녁엔 하루를 한 문장으로 요약하기. 단 3개의 대화로 하루가 정리된다.

4. 반복은 기억을 넘어 습관이 된다.

오늘의 루틴을 기록하고, 내일의 루틴을 이어가자. AI는 당신의 일관된 패턴 속에서 진짜 도움을 준다. 익숙함이 곧 생산성이다.

5. 기술보다 중요한 건 리듬이다.

AI를 이해하는 사람보다, AI와 리듬을 맞추는 사람이 더 오래간다. 리듬이 쌓이면 루틴이 되고, 루틴은 결국 당신의 두 번째 두뇌가 될 것이다.

- **오늘의 한 문장**

  "AI는 배우는 기술이 아니라, 익숙해지는 리듬이다."

- **다음 단 예고**

  7단에서는 'GPTs 활용하기', 즉 나만의 챗GPT를 만드는 단계로 들어간다. 이전까지는 챗GPT를 사용하는 법을 익혔다면, 이제는 직접 '맞춤형 GPT'를 만들어 보며 AI가 '나를 돕는 도구'에서 '나를 확장하는 파트너'로 바뀌는 경험을 하게 될 것이다.

: 챗GPT 루틴을 만들고 있나요?

- **오늘의 기록**

  오늘은 챗GPT로 만든 나만의 루틴을 점검하는 날이다. 하루의 리듬을 기록하면, 생각보다 더 많은 패턴이 눈에 들어오게 된다. 작은 루틴이 일상을 정리하고, 그 리듬이 쌓이면 하루의 효율이 완전히 달라진다.

구분	오늘의 루틴 활동	실행 시간	실행 여부
아침 루틴	오늘 할 일 3개 정리	08:00	☐
점심 루틴	진행 중인 프로젝트 점검	13:00	☐
저녁 루틴	오늘 배운 점 요약	21:00	☐

- **오늘의 질문**

  오늘은 챗GPT에게 '루틴을 유지하기 위한 질문'을 던져보자. 이 질문들이 반복될수록, AI는 당신의 하루를 더 정확히 이해하게 된다.

예시

- "오늘의 우선순위 세 가지를 정리해 줘."
- "지금 진행 중인 프로젝트에서 오늘 할 일은 뭐야?"
- "오늘 배운 것 중 내일 바로 적용할 수 있는 건 뭐지?"

나의 질문

____

____

____

- ## 오늘의 소감

  루틴을 만들어 보니 어떤 점이 편해졌는가? 챗GPT가 당신의 하루에서 '도구'가 아니라 '동료'로 느껴진 순간을 기록해 보자.

예시

- "AI와 하루를 정리하니 마음이 훨씬 가벼워졌다."

나의 소감

____

____

____

- ## 인상 깊었던 답변

  챗GPT의 답변 중 오늘 가장 기억에 남았던 문장을 옮겨 적어보자. AI의 말 속에 당신의 생각이 투영되는 순간이 있다.

예시

- "AI는 당신의 하루를 대신하지 않습니다. 다만 더 명확하게 만들어 줄 뿐입니다."
- "루틴은 완벽이 아니라 반복으로 완성됩니다."

인상 깊은 한 문장

____

____

____

- ## 기억하고 싶은 한 문장

  오늘의 대화에서 스스로 느낀 통찰이나, 내일로 이어가고 싶은 한 문장을 적어보자.

예시

- "AI는 배우는 기술이 아니라 익숙해지는 리듬이다."
- "작은 루틴이 하루를 바꾼다."

내가 기억하고 싶은 문장

____

____

____

• 습관북 체크리스트

항　목	실천 여부
오늘의 루틴을 아침·점심·저녁으로 나누어 기록했다	☐
챗GPT에게 루틴 관련 질문을 던졌다	☐
오늘 배운 점을 한 문장으로 요약했다	☐
루틴 점검 후 내일의 계획을 세웠다	☐
오늘의 기록을 내 목소리로 읽어보았다	☐

▪ 루틴은 완벽하지 않아도 괜찮다. '다시 시작하는 힘'이 진짜 루틴이다.
▪ 챗GPT는 당신이 매일 대화할 때마다, 점점 당신의 하루에 익숙해진다.
▪ 하루 5분 루틴 기록이 쌓이면, AI는 더 이상 기술이 아니라 습관이 된다.

7단.
사용하지 말고 설계하라

GPTs 활용하기

'사용자'에서
'제작자'로

챗GPT를 처음 만났을 때, 우리는 질문하는 사람이었다.

"요약해 줘."

"이 문장 자연스러워?"

"이거 번역해 줘."

AI는 '답을 주는 존재'였고, 우리는 그 답을 받아 적는 사용자였다.

하지만 이제, AI는 대답하는 존재에서 '대행하는 존재'로 진화했다. GPTs(지피티즈)는 바로 그 변화의 상징이다. GPTs는 우리가 매번 던지던 프롬프트를 기억하고, 그 맥락을 자동으로 반복 실행하도록 만들어 주는 **나만의 맞춤형 챗GPT**다.

GPT

GPT는 **특정 목적을 가진 하나의 맞춤형 챗봇**이다. 예를 들어 「영어 회화 코치 GPT」, 「보고서 문장 다듬기 GPT」처럼 챗GPT 안에서 특정 역할을 수행하도록 설정된 개별 챗봇을 말한다.

GPTs

여러 개의 GPT를 통칭할 때 사용하는 **복수형 표현**이다. 다만, 실제 서비스에서는 'GPT'와 'GPTs'가 혼용되어 사용되기도 한다. 예를 들어 'GPTs 만들기'는 맞춤형 챗봇을 제작하는 기능을 뜻한다.

7단. 사용하지 말고 설계하라

이제 중요한 건 **무엇을 물을까가 아니라, 무엇을 설계할까**다. AI를 잘 쓰는 사람과 못 쓰는 사람의 차이는 지식의 많고 적음이 아니라, 구조를 만들 줄 아는가다. GPTs는 단순한 대화의 확장이 아니라, '나의 생각을 자동화하는 설계 도구'다.

예를 들어 매번 보고서를 정리하거나 SNS용 게시물 아이디어를 짜낼 때마다 프롬프트를 새로 치던 일을 떠올려 보자. 이제 그 과정을 하나의 GPT로 만들어 두면 매번 대화를 새로 시작하지 않아도 된다. 내가 설계한 GPT가 대신 질문하고, 대신 구조를 만들어 준다.

그렇다.

7단은 '대화하는 단계'에서 '설계하는 단계'로의 도약이다. 지금까지는 AI의 도움을 '받는' 사람이었다면, 이제는 AI를 '설계하는' 사람이 된다. 다시 말해 **사용자에서 제작자로 넘어가는 시점**이다.

이번 단을 다 읽고 나면 당신은 AI에게 질문을 던지는 사람이 아니라, 나의 목적 달성을 위해 필요한 나만의 챗봇을 계획하고, 만드는 사람이 되어 있을 것이다.

GPTs와 챗GPT 뭐가 달라?

챗GPT를 매일 쓰는 사람조차 "GPTs(지피티즈)"라는 단어를 보면 이렇게 묻는다.

"그게 뭐야? 챗GPT랑 뭐가 달라?"

가장 간단히 말하면, GPTs는 **'나만의 챗GPT(Custom ChatGPT)'를 만드는 기능**이다. 매번 프롬프트를 새로 입력하는 대신, 그 과정을 하나의 챗봇으로 저장하고 자동화할 수 있게 해준다.

GPTs는 2023년 11월, 오픈AI의 개발자 행사에서 'Custom GPTs'라는 이름으로 처음 공개되었다. 현재는 챗GPT 안에서 'GPT 탐색' 메뉴를 통해 누구나 사용할 수 있으며, 무료 사용자도 다른 사람이 만든 GPT를 실행할 수 있다. 단, 직접 제작은 플러스 사용자 이상(유료 사용자)만 가능하다.

이 기능이 만들어진 이유는 단순하다. 사람마다 챗GPT를 쓰는 목적이 다르기 때문이다. 어떤 사람은 보고서를 정리하고, 어떤 사람은 영어 회화를 연습하며, 또 어떤 사람은 유튜브 콘텐츠를 기획한다. 챗GPT는 이러한 사용 목적의 차이를 맞춤형 챗봇, GPTs로 해결해 준다.

GPTs의
기본 구조

GPTs를 만들 때는 총 7가지 항목을 설정한다.

1) 이름(Name)

GPT의 역할이 한눈에 들어오도록 정한다. (예: "회의록 요약 비서", "여행 일정 플래너", "Threads 글쓰기 코치" 등.)

2) 설명(Description)

GPT가 수행할 일을 간단히 소개한다. (예: "회의 내용을 요약하고, 담당자·기한·결정 사항을 표로 정리한다.")

3) 지침(Instructions)

GPT가 항상 따를 행동 원칙과 말투를 지정한다. (예: "논리적이고 간결한 문장으로 답해줘. 4060세대가 이해하기 쉬운 표현을 써줘.")

4) 대화 스타터(Conversation Starters)

처음 사용할 때 바로 눌러볼 수 있는 예시 프롬프트다. (예: "오늘 회의 내용을 요약해 줘." "내일 제주 여행 일정표 만들어 줘.")

5) 지식(Knowledge)

GPT에 참고용 파일을 업로드해, 특정 자료나 콘텐츠 기반으로 대화할 수 있도록 만든다. (예: 강의 스크립트, 회사 매뉴얼, 제품 설명서 등.)

6) 권장 모델(Default Mode)

GPT가 기본으로 사용할 모델을 선택하는 항목이다. 이 선택에 따라 응답 속도와 비용, 기능 범위가 달라진다.

7) 기능(Capabilities)

GPT가 어떤 도구를 쓸 수 있는지 지정한다. (예: 웹 브라우징, 코드 실행, 달리 이미지 생성 등.)

이 7가지는 챗GPT의 두뇌를 당신의 목적에 맞게 조정하는 핵심 구조다. 한 번의 설계가, 열 번의 지시보다 강력하다. 지금은 복잡해 보이겠지만 직접 실습해 보면 오히려 쉽게 느껴질 것이다.

개인 맞춤 설정은 '나의 말투', GPTs는 '특정 목적'

많은 사용자가 '개인 맞춤 설정(Custom Instructions)'과 GPTs를 혼동

　　　　　　　　　　7단. 사용하지 말고 설계하라

한다. 둘 다 'AI에게 나를 알려주는 기능'처럼 보이지만, 방향은 전혀 다르다.

구분	개인 맞춤 설정 (Custom Instructions)	GPTs (지피티즈)
초점	GPT가 나를 이해하게 함	내가 GPT의 역할을 설계함
적용 범위	내 계정 전체에 적용	특정 기능이나 주제에만 적용
사용 가능 여부	무료·유료 모두 가능	제작은 플러스 이상, 사용은 무료도 가능
예시	"나는 50대 직장인입니다."	「여행 일정 플래너 GPT」, 「문서 요약 GPT」

즉, 개인 맞춤 설정이 'AI가 나를 배우는 과정'이라면, GPTs는 'AI에게 일을 맡기는 과정'이다.

이 차이를 이해하는 순간, 챗GPT는 단순한 대화창이 아니라 '개인 맞춤형 도구 제작 환경'으로 보이기 시작한다.

GPTs 탐색하기

왼쪽 메뉴에서 'GPT 탐색'을 클릭하면 누구나 사용할 수 있는 GPT들이 카테고리별로 정리되어 있다.

여행, 생산성, 글쓰기, 학습, 코딩, 이미지 생성 등 수백 개의 GPT가 공개되어 있으며, 검색창에 키워드를 입력하면 바로 실행할 수 있다.

예를 들어 「SEO Blog Writer(SEO 블로그 라이터)」를 선택하면 GPT가 블로그 글 구조를 자동으로 제안하고, 「Recipe Planner(레시피 플래너)」를 선택하면 냉장고 속 재료로 요리를 추천해 준다.

마치 앱스토어처럼, GPTs는 누군가의 지식과 경험을 대화형 앱으로 만든 것이다. 누군가의 GPT를 실행하며 배운 경험이 결국 나만의 GPT를 설계하는 출발점이 된다.

왼쪽 메뉴의 'GPT 탐색'을 클릭한다.

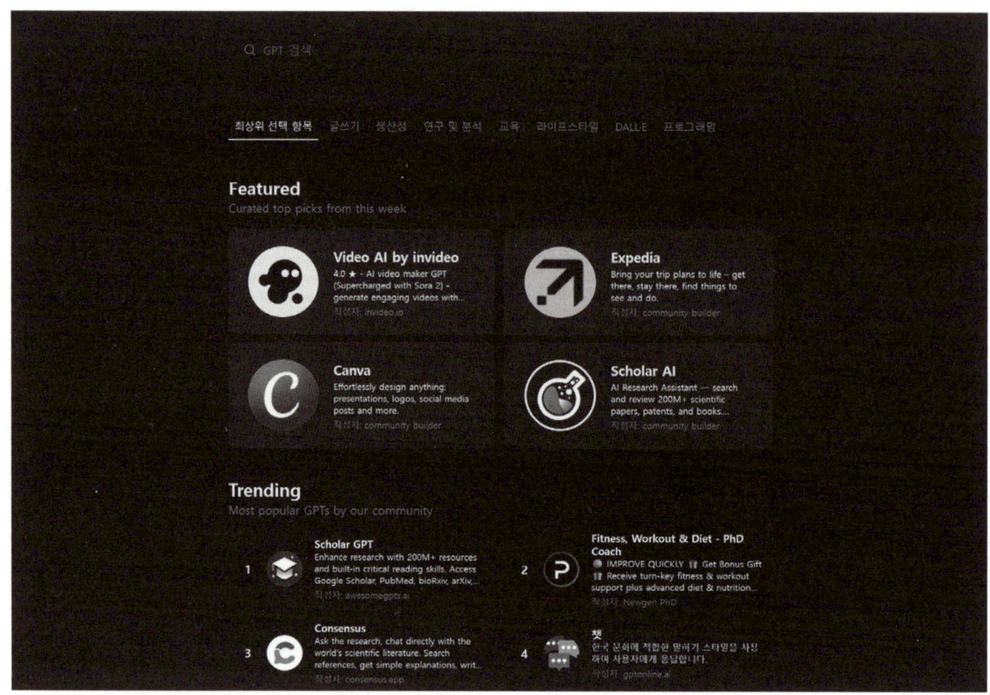

GPT 스토어 검색창과 추천 GPT 목록이 보인다.

실습 (1):
내게 맞는 GPTs 3개 찾아서 써보기

이제 GPTs를 실제로 써보는 시간이다. 만드는 법을 배우기 전에, 먼저 누군가 만든 GPT를 실행해 보는 게 가장 빠른 학습 방법이다.

왼쪽 메뉴에서 'GPT 탐색'을 클릭하면 수백 가지 GPTs가 주제별로 정리된 화면이 뜬다. 카테고리는 '글쓰기', '생산성', '연구 및 분석', '교육', '라이프스타일', 'DALL·E(달리)', '프로그래밍' 등으

챗GPT 구구단

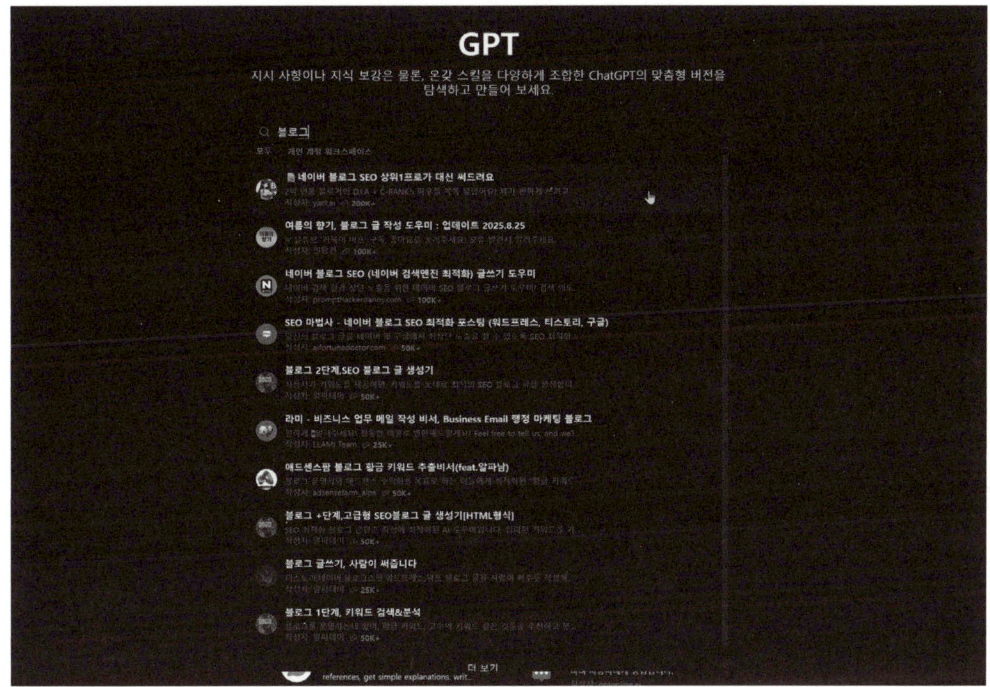

'블로그'라는 키워드를 검색하자 해당되는 GPT들의 목록이 펼쳐진다.

로 구분되어 있고, 검색창에 키워드를 입력하면 바로 해당 분야의 GPTs 목록이 뜬다.

키워드 검색 후, 해당 GPT의 총 대화량(사용량)이 많은 것을 선택하는 것도 팁이다.

총 대화량은 챗GPT 사용자들과 몇 건 이상의 대화를 주고받았는지를 의미한다. 숫자가 많을수록 그만큼 많은 사람들이 사용했다는 지표인 셈이다. 그래서 이 숫자가 높은 GPT는 인기가 많거나 유용하다고 평가되는 경우가 많다. 하지만 이 숫자가 꼭 당신에게 적합한 GPT라는 말은 아니기 때문에, 직접 사용해 보고 판단하는 것이 현명한 선택 방법이다.

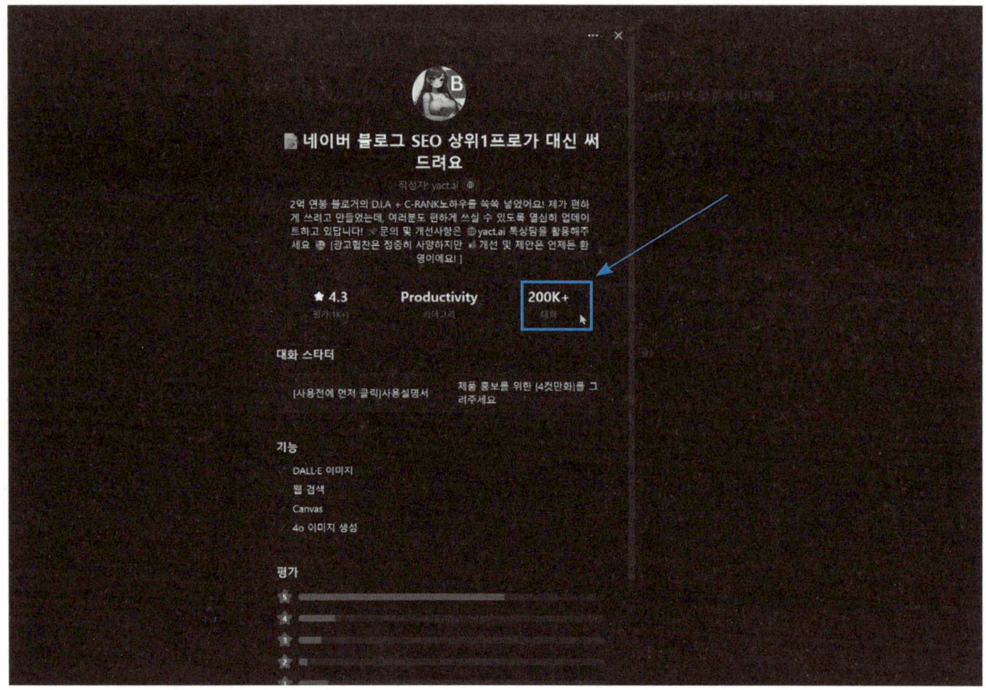

목록 맨 위에 있는 GPT를 클릭하자 해당 GPT 소개 화면이 나온다. 중간 우측에 대화량이 표기되어 있다.

아래의 세 가지 실습은 실제로 많은 사용자들이 즐겨 쓰는 GPTs다. 직업과 일상에 모두 연결되도록 구성했으니, 그대로 따라해 보자.

글쓰기 코치 GPT: 아이디어를 글로 바꿔주는 친구

- 검색어: "Blog Writer", "네이버 블로그"
- 사용한 GPT: 「SEO Article, Blog 100%Optimized Content Writer QAI」

① GPT 탐색 검색창에서 "Blog Writer" 또는 "네이버 블로그"라고 입력한다.

② 검색 결과에 나온 GPT 중 1개를 선택하고 실행한다.
③ 대화창에 이렇게 입력해 보자.

"퇴직 후 1인 비즈니스로 전환한 사람들을 위한 글쓰기 팁을 블로그 글로 작성하려고 해. 먼저 주제 10개 추천해 줘."

GPT가 글의 제목을 먼저 제안하고, 선호하는 제목이 있는지 물어 본다. 때에 따라서는, 바로 글의 제목과 아웃라인(구조)을 제안해 주기도 한다. 마음에 드는 제목을 정하고, 아웃라인을 만들어 달라고 해보자.

"2번 주제가 마음에 들어, 아웃라인(구조) 만들어 줘."

GPT가 제목, 서론, 본문 구성, 마무리까지 제시한다. 구조(뼈대)가 완성되었으니, 이제는 살을 붙이면 된다.

"서론 단락 글 초안 작성해 줘, 글 분량은 1,000자."

이런 식으로 단락별로 블로그 글을 작성해 달라고 하거나 특정 단락만 좀 더 길게 써달라고 이어서 말할 수도 있다.
GPT를 활용하면 블로그 글쓰기도 절대 두려워할 필요가 없다. 이 GPT는 단순히 글을 '대신 써주는' 게 아니라, 내 아이디어를 구

     7단. 사용하지 말고 설계하라

조화해 주는 글쓰기 파트너인 셈이다.

블로그 주제만 하더라도 수많은 GPTs가 있기 때문에 직접 사용해 보면서 결과물이 본인에게 맞는 것을 선택해서 사용하면 된다.

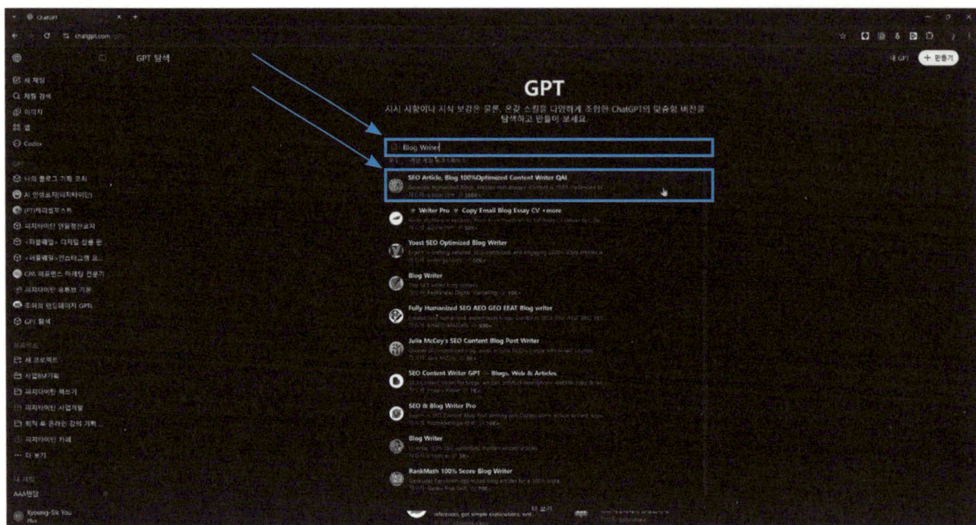

'Blog Writer'라는 키워드로 검색한다. 아래 펼쳐진 목록 중 맨 위의 GPT를 클릭한다.

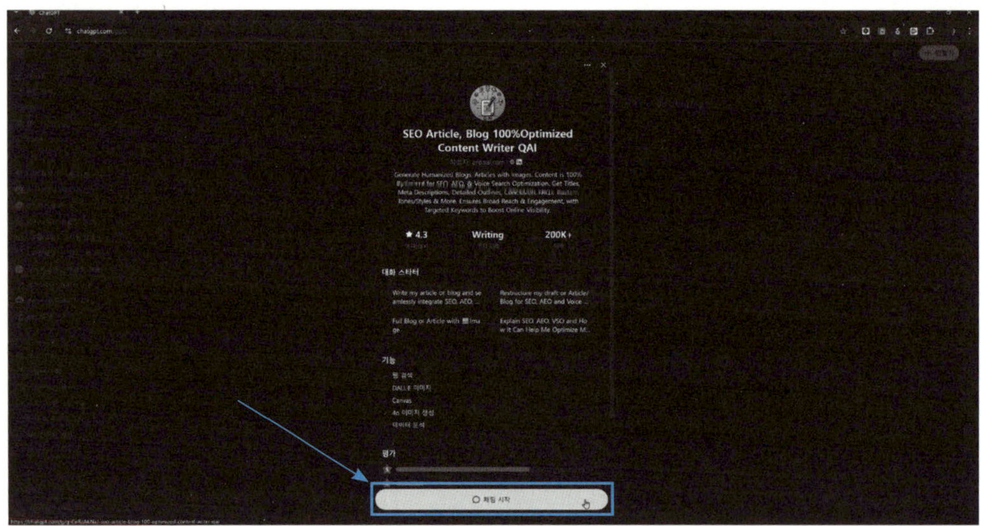

「SEO Article, Blog 100%Optimized Content Writer QAI」라는 GPT의 소개 팝업이 뜬다. '채팅 시작'을 클릭해 보자.

챗GPT 구구단

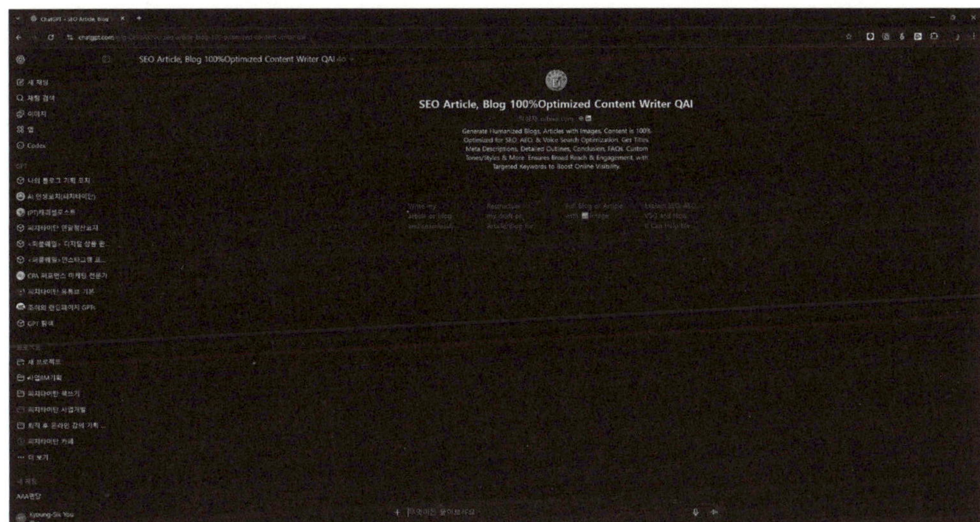

GPT가 실행되었다.

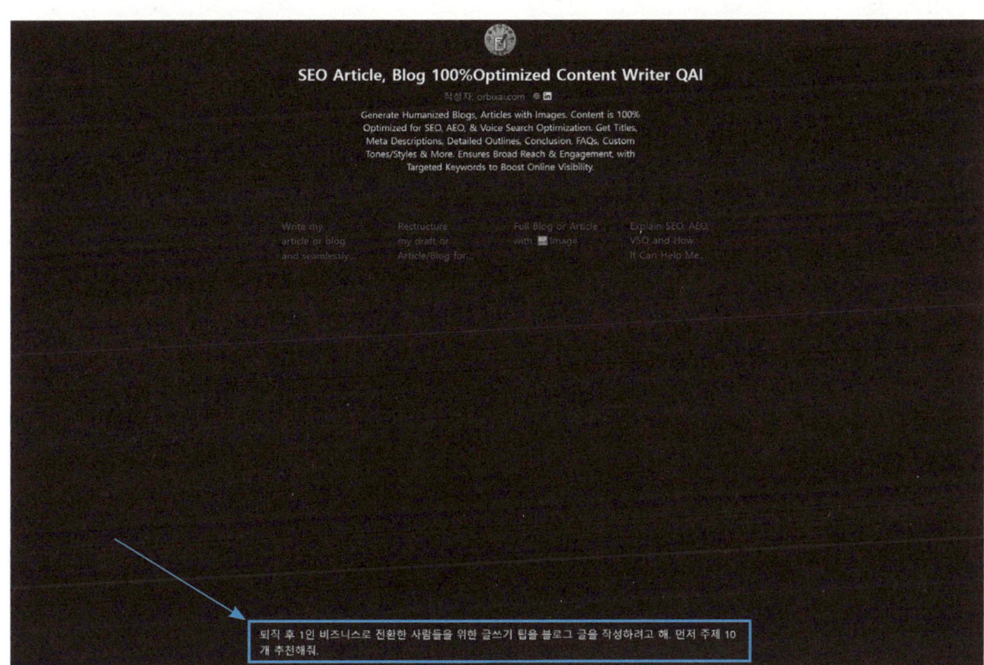

대화창에 내가 쓰고 싶은 글의 주제와 요구를 입력한다.

7단. 사용하지 말고 설계하라

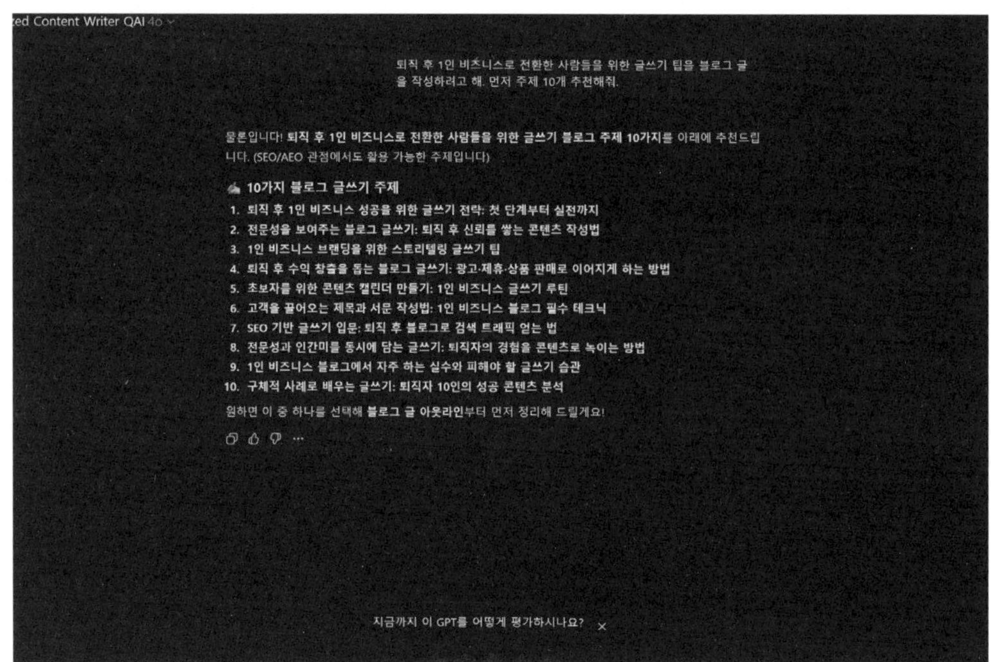

GPT가 내가 요구한 사항에 맞춰 글 주제 10개를 제안해 준다.

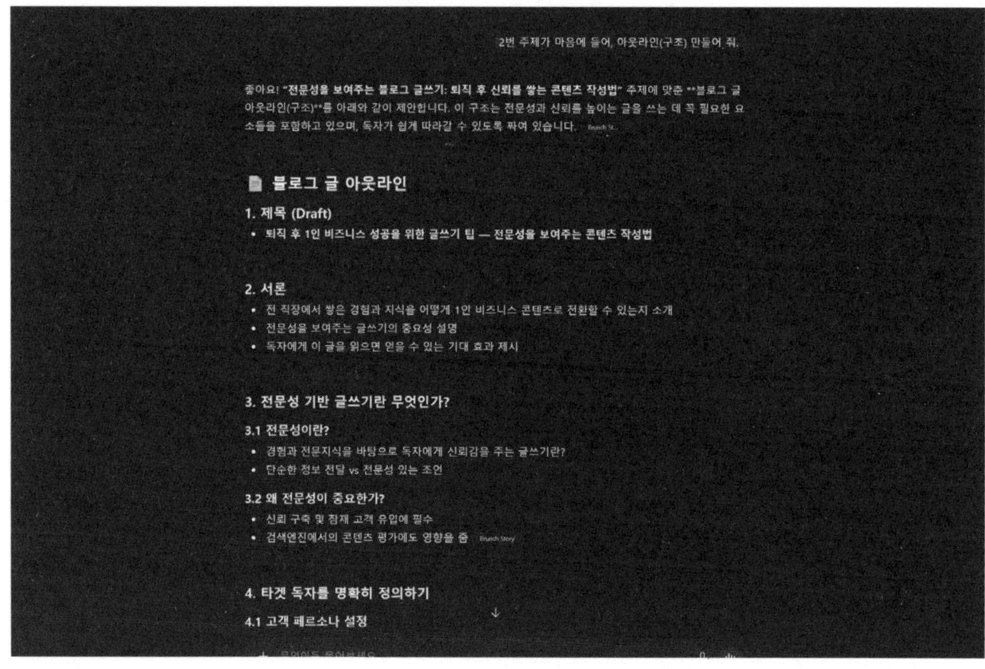

GPT가 제안한 주제들 중 하나를 고르고, 아웃라인을 만들어 달라고 요청하자 나타난 답변 화면이다.

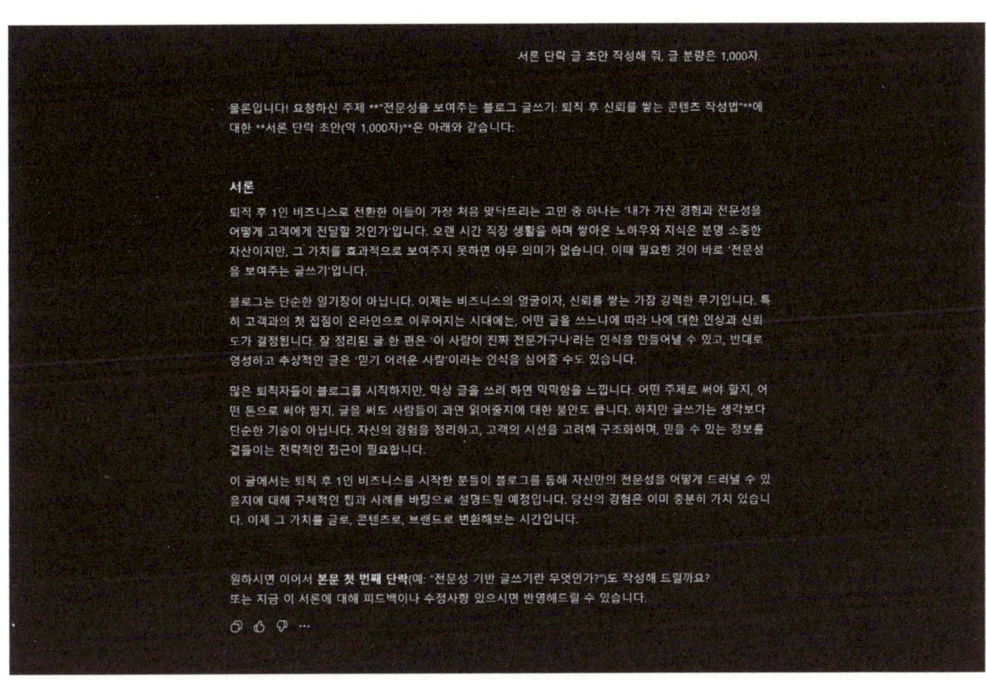

제안받은 내용 중 서론 단락의 글 초안 작성을 1,000자 분량으로 요구하고 받은 답변 화면이다.

영상 요약 GPT: 긴 유튜브 영상도 한눈에

- 검색어: "YouTube Summary"
- 사용한 GPT: 「Video Summarizer AI」

① GPT 탐색 검색창에서 'YouTube Summary'를 입력한다.

② 검색 결과에 나온 GPT 중 1개를 선택하고 실행한다.

③ 이렇게 입력해 보자.

"https://www.youtube.com/watch?v=GV-WF-anI5w

이 영상의 핵심 내용을 5줄로 요약해 줘."

GPT가 영상의 자막 데이터를 자동 분석해 간단 요약, 영상 구조,

　　　　　　　7단. 사용하지 말고 설계하라

상세 요약까지 한눈에 정리해 준다.

시간이 없어 긴 영상을 다 보기 어려운 사람들에게 이 GPT는 시간을 절약해 주는 AI 요약 비서다.

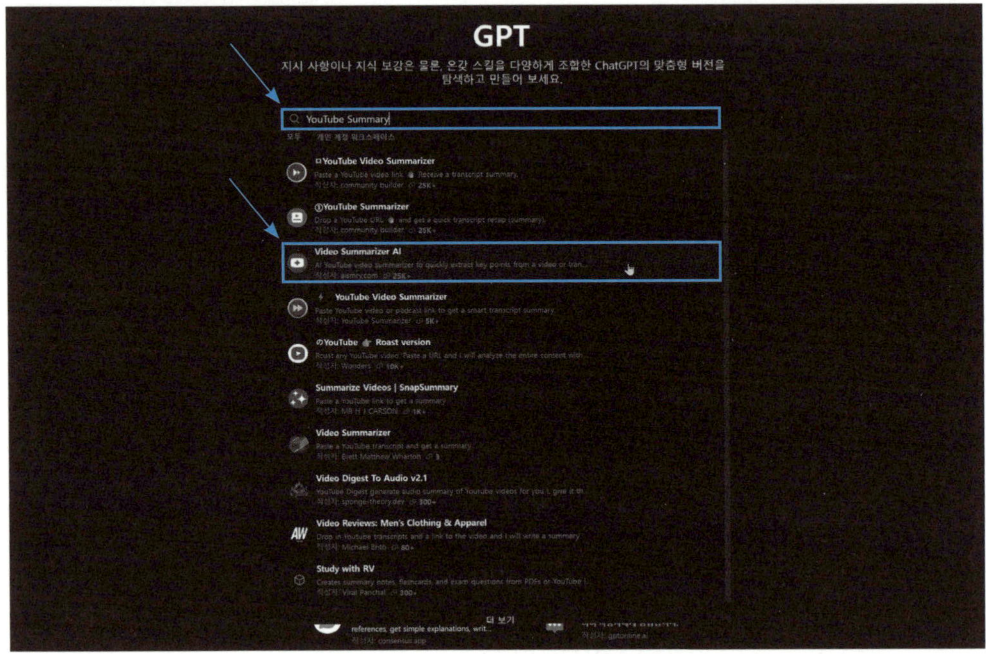

'YouTube Summary'라는 검색어를 입력하자 관련 GPT 목록이 펼쳐진다. 그중 세 번째 GPT를 클릭한다.

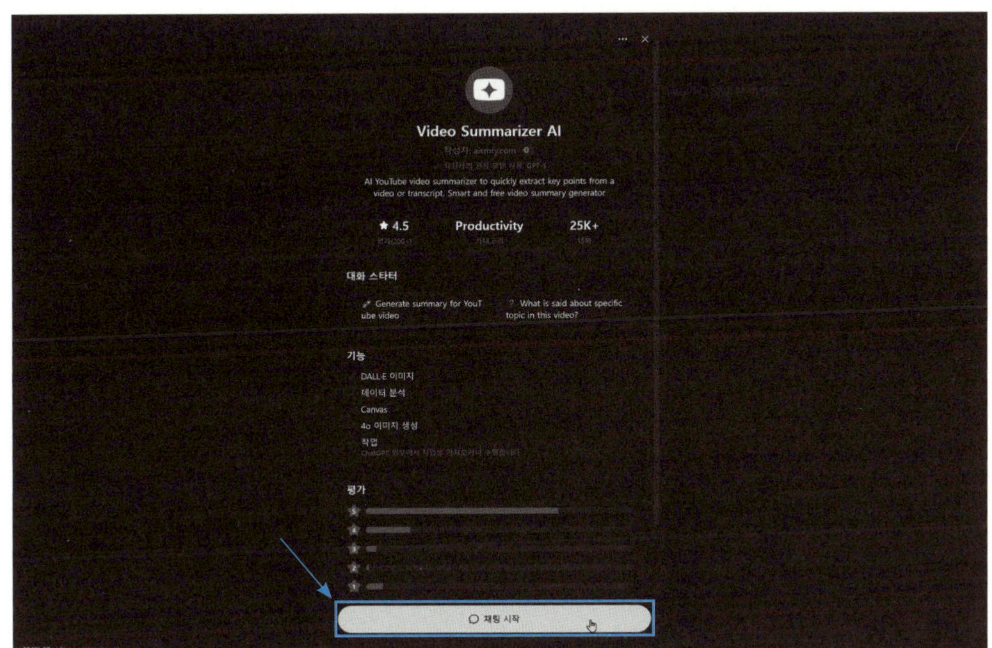

「Video Summarizer AI」의 소개 팝업창이 뜬다. '채팅 시작'을 클릭하자.

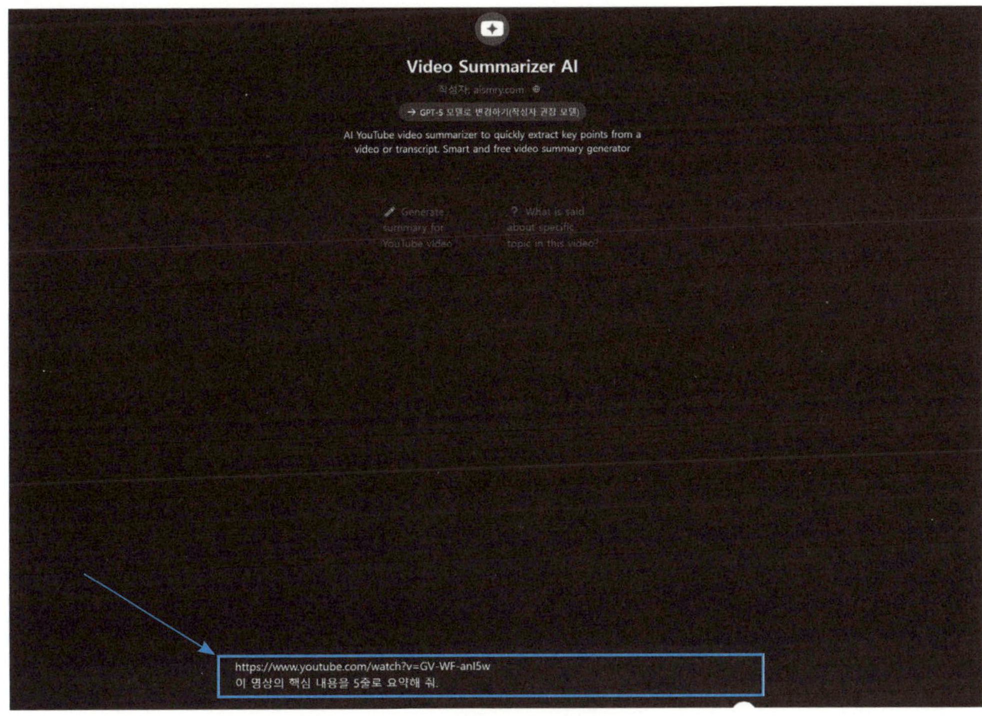

GPT가 실행되었다. 대화창에 동영상 주소와 요청문을 적어 넣는다.

7단. 사용하지 말고 설계하라

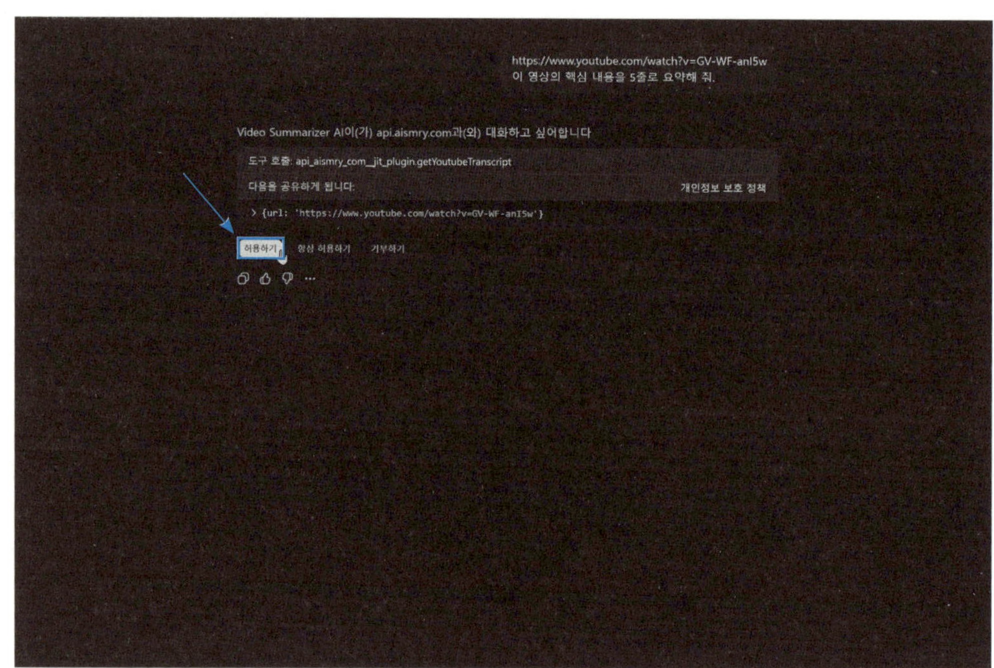

GPT가 자신이 사용할 도구를 보여주며 사용할지 말지를 묻는다. '허용하기'를 클릭한다.

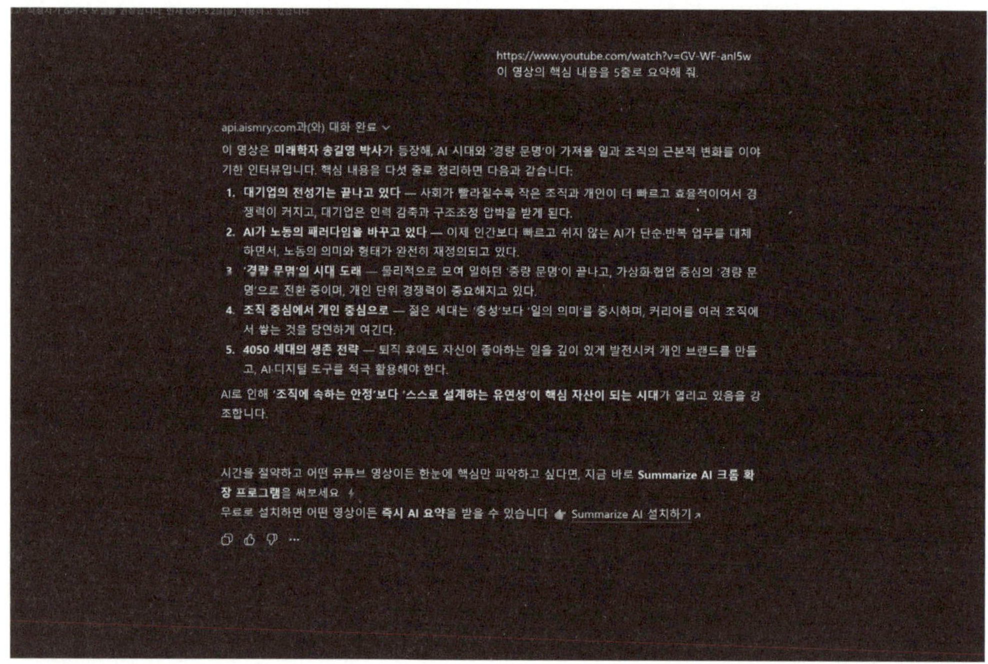

GPT가 영상 내용을 문장으로 요약해서 보여준다.

여행 플래너 GPT: 나에게 맞는 일정표 만들기

- 검색어: "Travel"
- 사용한 GPT: 「Travel Guide Trip Planner&Budget Therapy Flights」

① GPT 탐색 검색창에 'Travel'이라고 입력한다.

② 검색 결과에 나온 GPT 중 1개를 선택하고 실행한다.

③ 이렇게 입력해 보자.

"부산 2박 3일 4인 가족 여행 일정을 짜줘. 초등학생과 중학생 자녀 2명이 있으니 너무 빡빡하지 않게 해줘."

GPT는 먼저 몇 가지 질문을 하고, 그 질문에 대한 정보를 입력해 주면, 추천 활동, 일정 제안과 추가적인 예시 질문(더 다양한 맛집, 하루별 시간표, 더 자세한 장소에 대한 정보)을 알려준다. 필요하면 수정 요청도 가능하다.

"첫째 날 일정을 부산 맛집 탐방으로 바꿔줘."

이 GPT는 여행사보다 유연하고, 검색보다 빠르다.

7단. 사용하지 말고 설계하라

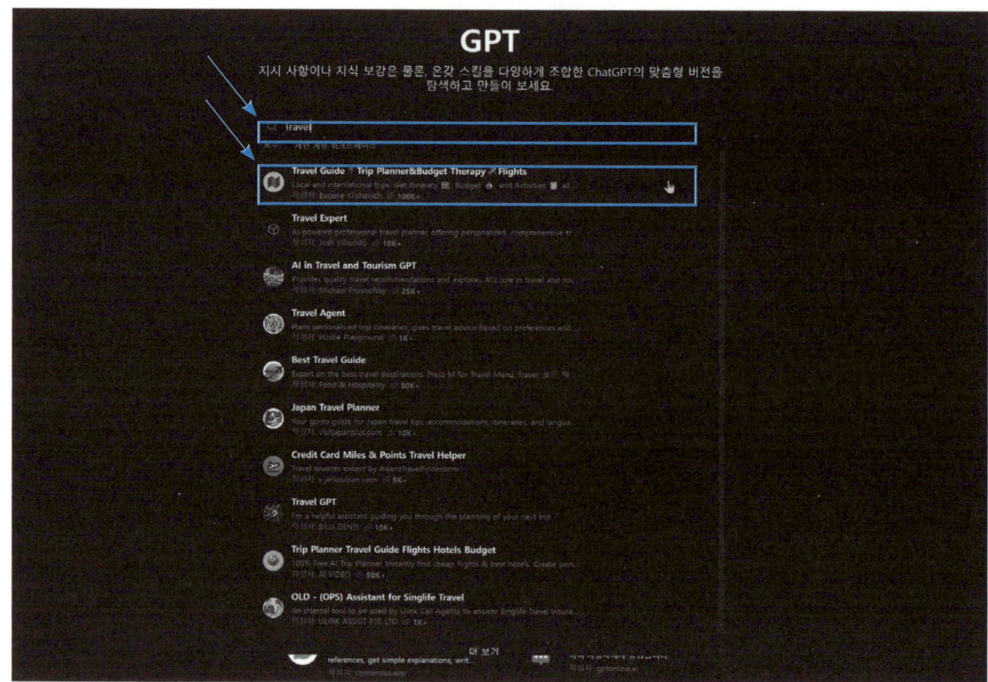

'Travel'이라는 키워드로 검색하고, 아래 펼쳐진 항목 중 하나를 골라 클릭한다.

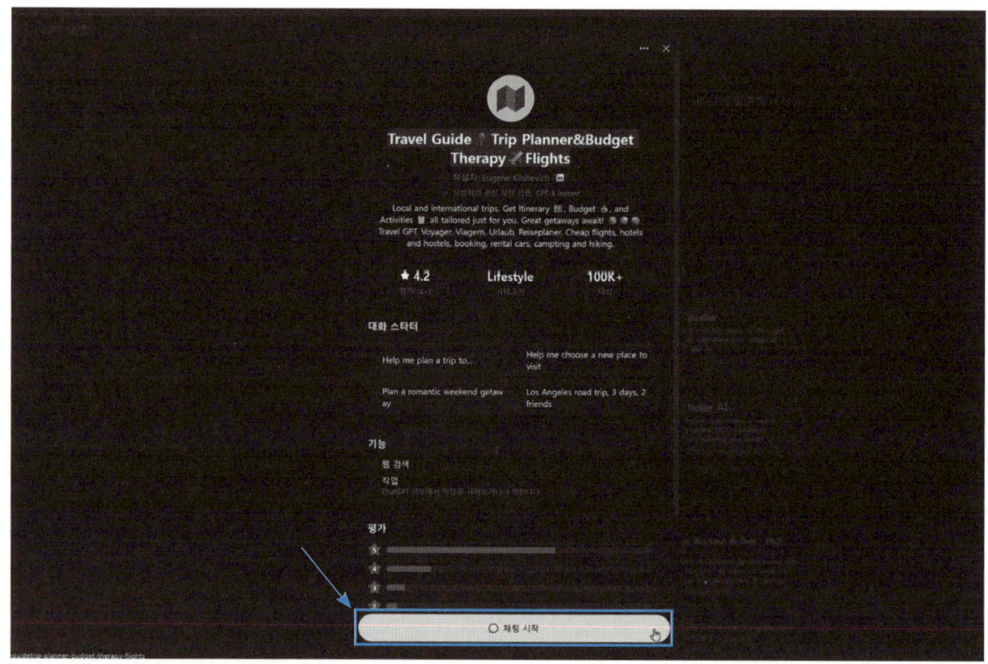

GPT 소개 팝업창이 뜬다. '채팅 시작'을 누른다.

챗GPT 구구단

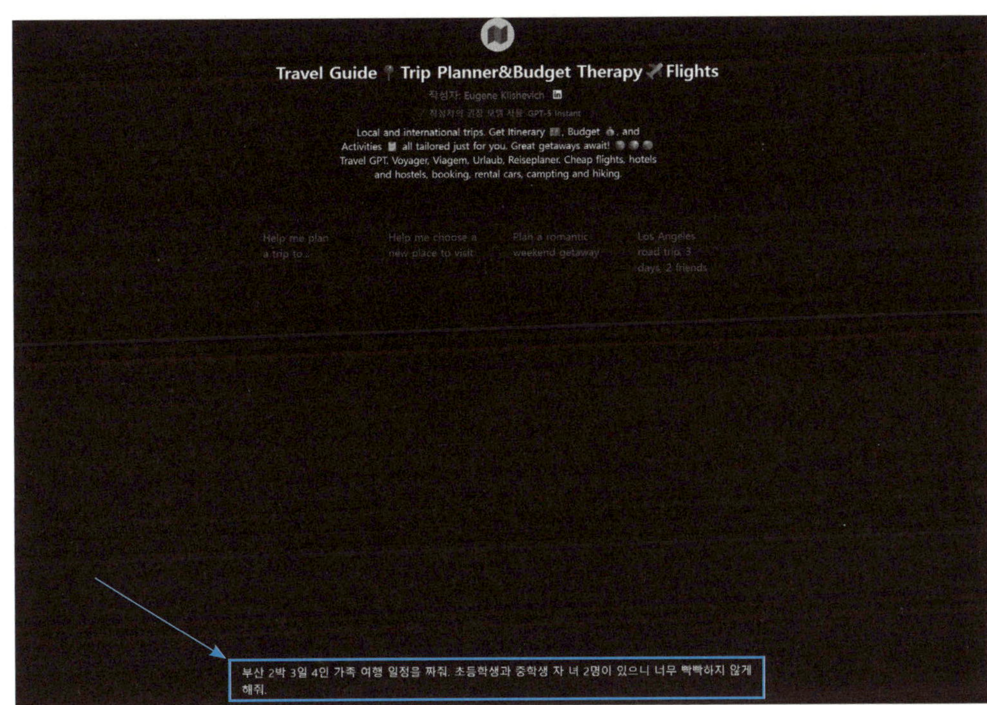

대화창에 여행 일정 짜기를 요청하고, 주의할 점을 덧붙인다.

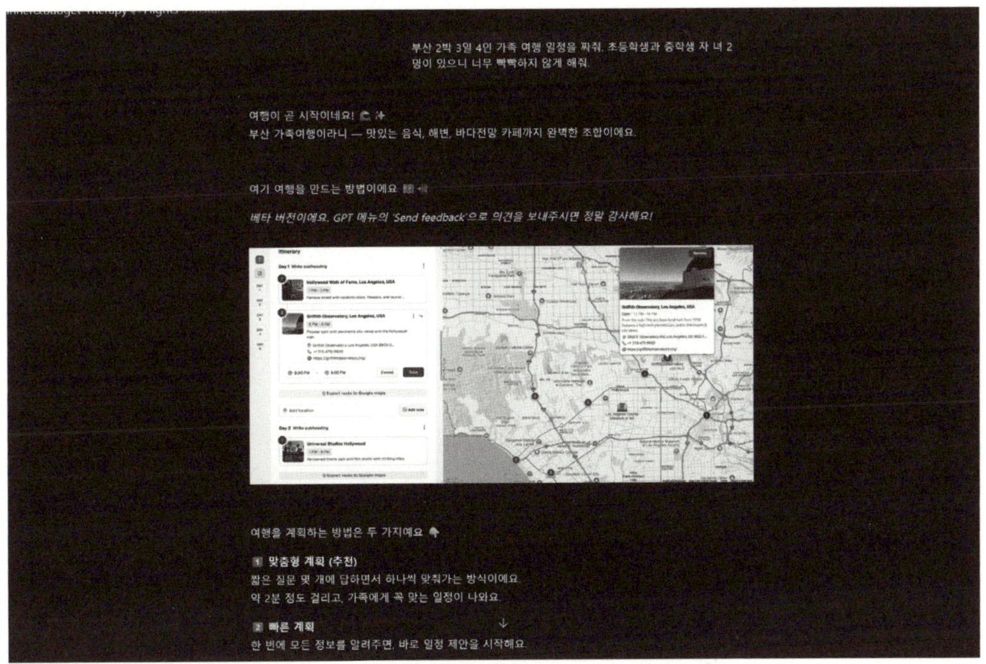

GPT가 지도에서 위치를 확인해 주고, 여행 일정을 짜기 위한 조건을 묻는다.

7단. 사용하지 말고 설계하라

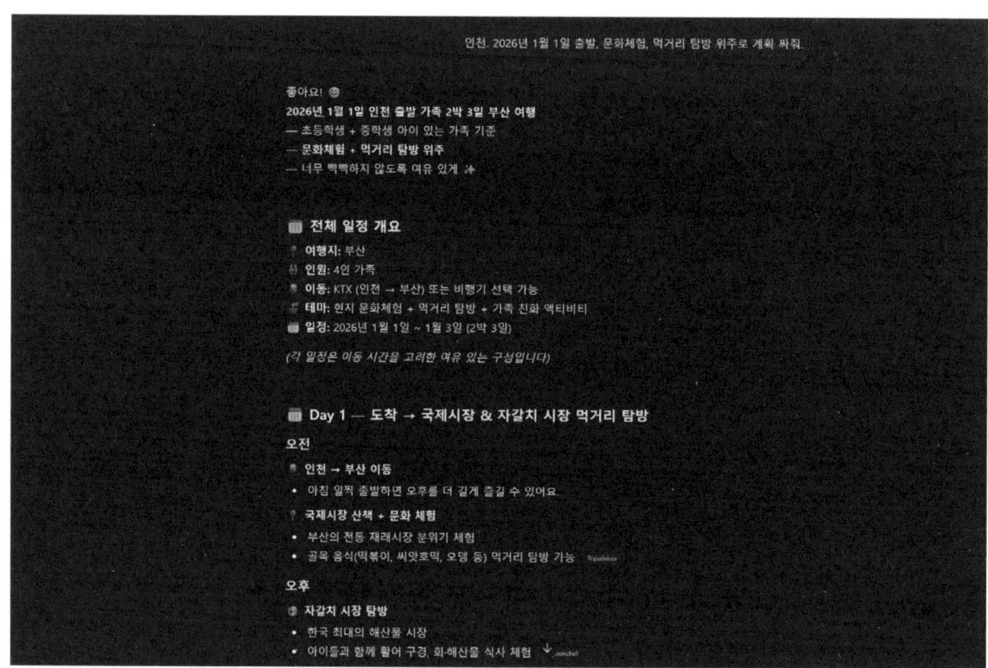

GPT의 질문에 짧게 답하자 여행 일정을 내어준다.

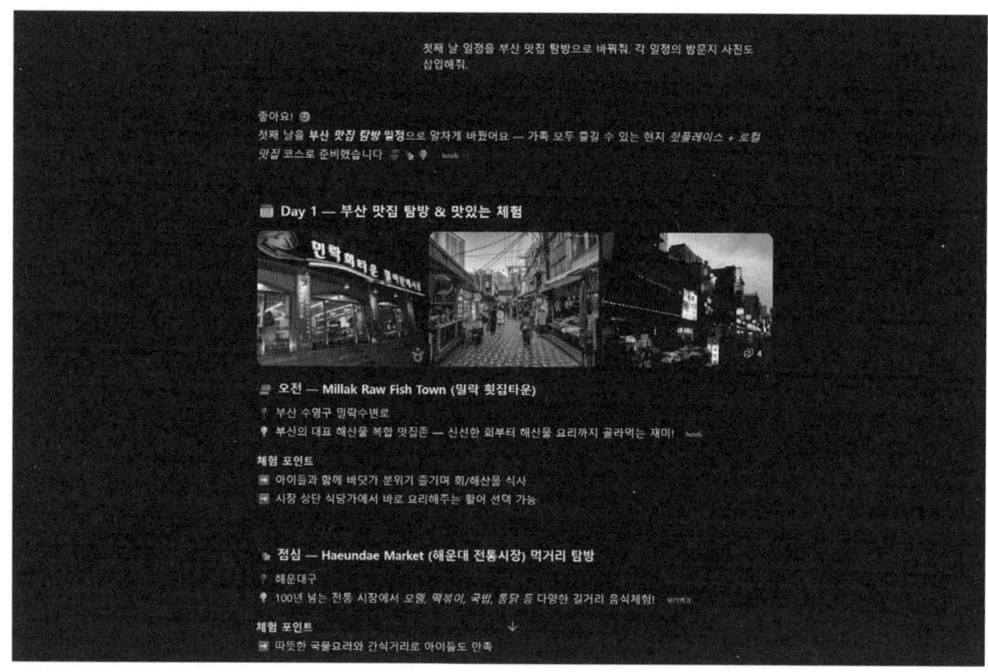

첫째 날 일정 수정을 요청하자 즉시 요구에 맞춰 새로운 답변을 내놓는다.

챗GPT 구구단

정리하며

GPTs의 매력은 기능이 아니라 **경험의 개인화**에 있다. 누구나 같은 GPTs를 실행하지만, 결과는 '질문하는 사람'에 따라 완전히 달라진다.

오늘 실습한 세 가지 GPTs는 글쓰기, 정보 요약, 여행 계획이라는 서로 다른 분야지만, 공통적으로 '나의 시간을 아끼고, 결과를 빠르게 만든다'는 목적을 갖고 있다.

다음 섹션에서는 '남이 만든 GPT'를 쓰는 걸 넘어, **'나만의 GPT'를 직접 만드는 방법**을 배워본다.

실습 (2):
나만의 GPT 만들기

GPTs의 진짜 가치는 '사용자 맞춤형 대화 파트너를 직접 만드는 것'에 있다. 누군가 만든 GPT를 쓰는 것도 좋지만, 나만의 언어, 나만의 업무 스타일을 반영한 GPT를 만들면 AI는 더 이상 '도구'가 아니라 '동료'가 된다.

이 기능은 챗GPT 플러스 이상 사용자에게 열려 있다. 무료 사용자도 다른 사람이 만든 GPT를 실행할 수 있지만, 직접 만드는 기능은 유료 플랜에서만 가능하다.

두 가지 방식으로 만들기 가능

GPTs는 두 가지 방식으로 만들 수 있다.

① 만들기(Build): 챗GPT와 대화를 하며 자연어로 설정을 완성하
는 방식
② 구성(Configure): 항목별 입력창에 직접 내용을 채워 넣는 방식

'만들기'는 마치 디자이너와 함께 구상하듯, 챗GPT가 단계별로 질문하며 완성해 간다. "어떤 GPT를 만들고 싶나요?", "말투는 어떻게 할까요?" 같은 대화형 안내가 나온다.

반면 '구성'은 GPT 설계에 필요한 항목이 정리되어 있고, 이름·설명·지시문·기능 등을 직접 입력해 설정하는 구조다.

이 책에서는 '구성 방식'을 기준으로 설명한다. 왜냐하면 화면의 항목이 한눈에 보이고, 입력값을 수정하거나 재설정할 때 훨씬 명확하기 때문이다.

만들기 전, 구조를 이해하자

나만의 GPT는 세 가지 구성 요소로 만들어진다.

구성 요소	설명	예시
역할(Role)	GPT가 어떤 인물처럼 행동할지 정함	"프레젠테이션 코치", "에세이 편집자", "블로그 기획자"
입력(Input)	사용자가 어떤 정보를 줄지 정의	"내 글 초안", "회의 요약문", "참고 보고서 자료"
출력 (Output)	어떤 방식으로 답을 주면 좋을지 지정	"3단계 피드백", "요약+수정 제안", "표 형식 보고서"

이 구조는 우리가 이미 3단에서 배웠던 R–T–F(역할-작업-형식) 프롬프트 공식과 닮았다.

결국 '좋은 GPT'를 만든다는 건, **좋은 프롬프트 구조를 미리 저장해 둔 챗봇을 만드는 일**이다.

실습: 나의 블로그 기획 코치 GPT 만들기

GPT 탐색 메뉴 열기

① 왼쪽 메뉴에서 'GPT 탐색'을 클릭한다.

② 오른쪽 상단의 '+만들기(Create a GPT)' 버튼을 누른다.

③ '구성' 화면이 나타나면 GPT의 역할을 설정해야 한다.

구성 화면 설정하기

① 아이콘: GPT의 아이콘을 만들기 위해 '+' 버튼을 눌러, 달리로

이미지를 생성하거나, 가지고 있는 이미지를 업로드할 수도 있고, 아이콘이 없어도 상관은 없다.

② 이름: GPT의 이름을 입력하자. (예: 나의 블로그 기획 코치)

③ 설명: GPT를 설명하는 간단한 한 줄 정도의 글. (예: 50대 1인 크리에이터를 위한 콘텐츠 기획 코치.)

④ 지침: 가장 중요하다. GPT의 역할, 어조, 응답 방식을 적는 칸이다. 챗GPT의 도움을 받아 역할, 어조, 응답 방식을 자세히 적어 넣는 것이 GPT 응답의 품질을 높일 수 있는 방법이다. (예: 당신은 블로그 콘텐츠를 함께 기획해 주는 파트너입니다. 사용자의 주제를 듣고, 제목 아이디어 5개와 첫 문단 예시를 제시하세요. 말투는 부드럽고, 현실적인 조언을 포함하세요.)

⑤ 대화 스타터: GPT를 시작할 때 어떤 대화로 시작할지 예시 대화 문장(대화 스타터)을 입력할 수도 있고, 입력하지 않아도 상관은 없다. 하지만 타인에게 이 GPT 링크를 공유해 줄 때는 대화 스타터 문장을 몇 개 정도는 입력하는 것을 추천한다. 왜냐하면 타인은 이 GPT의 사용법을 당신만큼 잘 알지 못하기 때문이다.

⑥ 지식: 답변 시 참고할 만한 파일(지식 파일)을 업로드할 수 있다.

⑦ 권장 모델: 이 GPT의 두뇌가 될 GPT 모델을 선택할 수 있다.

⑧ 기능: 다음 표에 정리된 네 가지 기능을 필요에 따라 켜거나 끈다. 기능 설정은 GPT의 성격에 맞춰 선택하면 된다. 예를 들어 여행 일정을 짜주는 GPT라면 웹 탐색 기능을 켜야 하고,

　　　　　　　　　　　　　　챗GPT 구구단

이미지 콘텐츠 제작용이라면 이미지 생성(DALL·E)을 켜두는 게 좋다.

기능	설명	추천 설정
웹 검색	실시간 정보 검색	켜기
캔버스	글쓰기, 코딩 시 캔버스 창이 열림	켜기
이미지 생성	이미지 생성	켜기(썸네일 제안용)
코드 인터프리터 및 데이터 분석	GPT가 코드를 실행하도록 허용	끄기(글쓰기 코치에는 불필요)

저장(만들기)

① 모든 입력 사항을 완료하고 우측 상단의 '만들기' 버튼을 누르면, 나만의 GPT가 생성된다.

② 이때, GPT를 어느 범위까지 공유하겠는지를 물어본다. 다음 세 가지 옵션 중 고르면 되는데, 추후 변경도 가능하다. 'GPT 스토어' 옵션은 전 세계 모든 챗GPT 사용자들에게 공개되는 것이기 때문에, '나만 보기', '링크가 있는 모든 사람' 중 선택을 하기를 추천한다.

- 나만 보기: 나 개인 1명만 사용 가능
- 링크가 있는 모든 사람: 해당 GPT의 링크(인터넷 주소)를 알려주면 타인도 사용 가능
- GPT 스토어: GPT 스토어에 게시

③ GPT 공유 옵션 선택이 끝나고, '저장' 버튼을 누르면 모든 것

이 완료된다. 이제 GPT가 '내 언어'로 말하기 시작한다.

④ 확인 및 테스트하기

- GPT 저장이 완료되고 'GPT 보기' 버튼을 클릭하면 바로 대화창이 열린다. 여기에 프롬프트를 입력하면 된다.
- 잘 만들어졌는지 확인하는 또 다른 방법은 GPT 탐색 메뉴에서 '내 GPT(My GPTs)'를 클릭하면, 방금 만든 GPT가 자동으로 표시된다.

직접 대화해 보기

"이번 주 블로그 주제로 '퇴직 후 1인 브랜드 시작하기'를 다루고 싶은데, 블로그 글 구조를 추천해 줘."

GPT는 당신이 지정한 어조와 역할에 맞춰 답변한다. 즉, 당신이 만든 GPT는 '나만을 위한 맞춤형 대화 상대'로 진화한 것이다.

편집하기(수정하기)

GPT의 구성을 수정하고 싶으면 아래 순서대로 진행한다.

① 왼쪽 메뉴에서 'GPT 탐색'을 클릭한다.
② 우측 상단의 '내 GPT(My GPTs)'를 클릭한다.
③ 해당 GPT의 'GPT 편집(연필 아이콘)'을 클릭한다.

④ 구성 화면에서 설정 내용을 수정한다.

⑤ 우측 상단에 '업데이트' 버튼을 누르면, 'GPT 업데이트됨' 창이 뜨면 완료된다.

공유하기

타인에게 공유하기를 원하면 아래 순서대로 진행한다.

① 왼쪽 메뉴에서 'GPT 탐색'을 클릭한다.

② 우측 상단의 '내 GPT(My GPTs)'를 클릭한다.

③ 해당 GPT의 'GPT 편집(연필 아이콘)'을 클릭한다.

④ 구성 화면에서 우측 상단에 '공유하기' 버튼을 누르고, '링크가 있는 모든 사람' 옵션을 선택한 후, '링크 복사' 버튼을 클릭하면, "링크를 클립보드에 복사했습니다"라는 메시지가 뜬다. 그 링크를 타인에게 공유해 주면 된다. (링크 예시: https://chatgpt.com/ g/g-690d90d09f208191abfdf2d68b108f36-nayi-beulrogeu-gihoeg-koci)

나만의 GPT가 주는 이점

- 시간 절약: 매번 같은 프롬프트를 입력할 필요가 없다.
- 일관성: 모든 대화가 동일한 톤과 구조로 이어진다.
- 전문성 확장: 반복 업무(보고서, 콘텐츠, 기획 등)를 자동화한다.

결국 나만의 GPT를 만든다는 건 '매일의 대화를 설계하는 기술'

을 배우는 일이다. 한 줄 프롬프트가 하루를 바꾸듯, 한 번의 설정
이 당신의 루틴을 완전히 바꾼다.

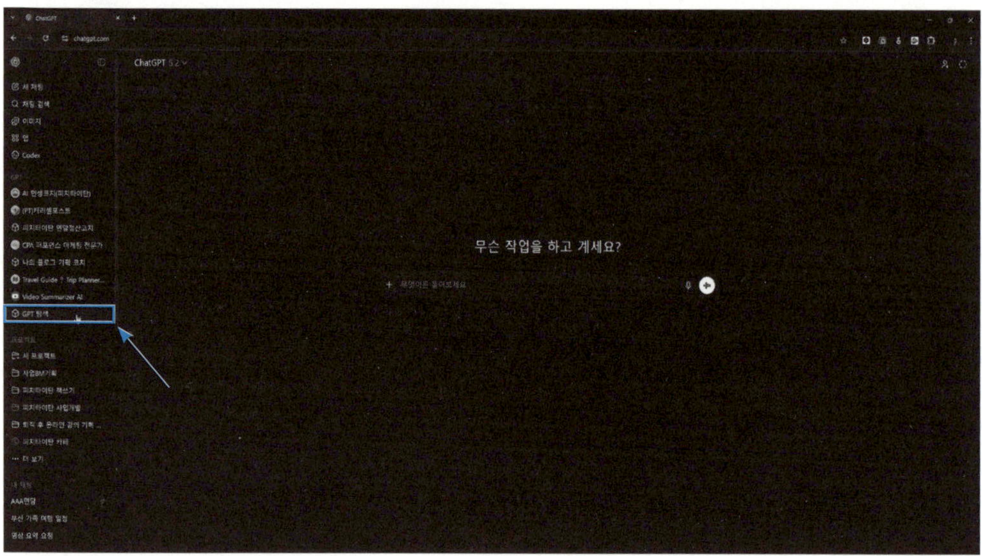

왼쪽 메뉴에서 'GPT 탐색'을 클릭한다.

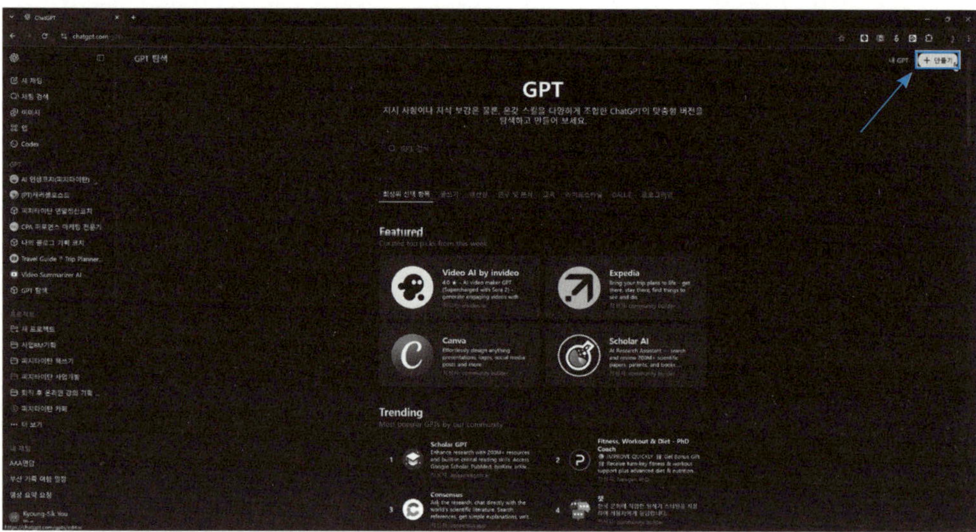

GPT 스토어 화면의 우측 상단에서 '+ 만들기'를 클릭한다.

  챗GPT 구구단

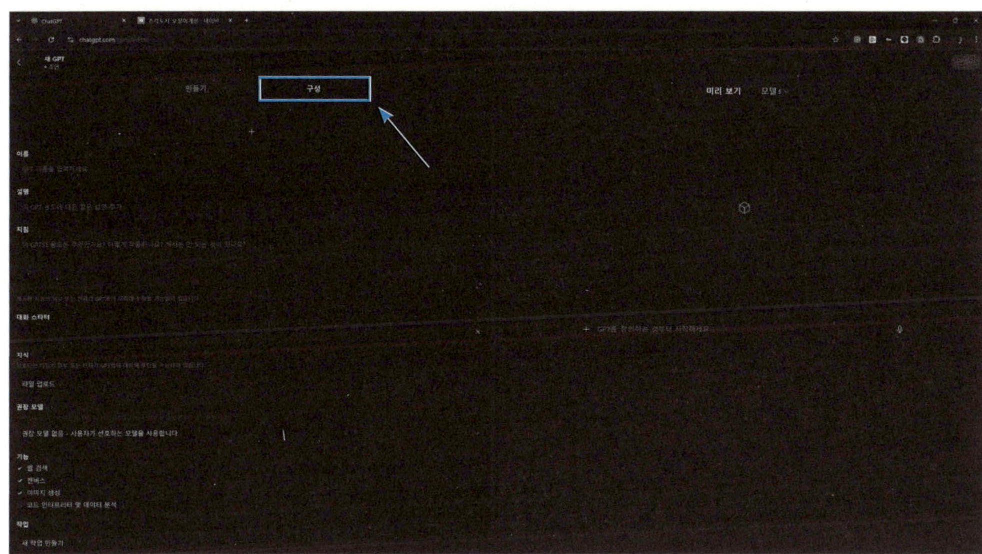

좌우로 분할된 새 GPT 만들기 화면이 펼쳐진다. 좌측 화면에서 '구성' 탭을 클릭한다.

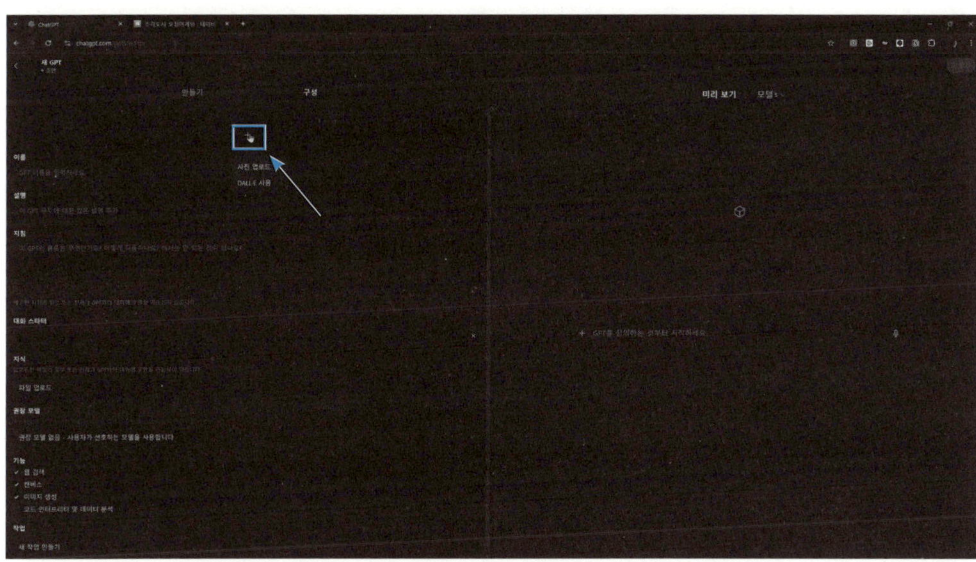

GPT의 썸네일 사진을 업로드하거나 달리를 이용해 새로 만들 수 있다. 상황에 따라서 사진 업로드만 가능할 수도 있고, 사진을 업로드하더라도 썸네일이 생성되지 않을 수도 있다.

7단. 사용하지 말고 설계하라

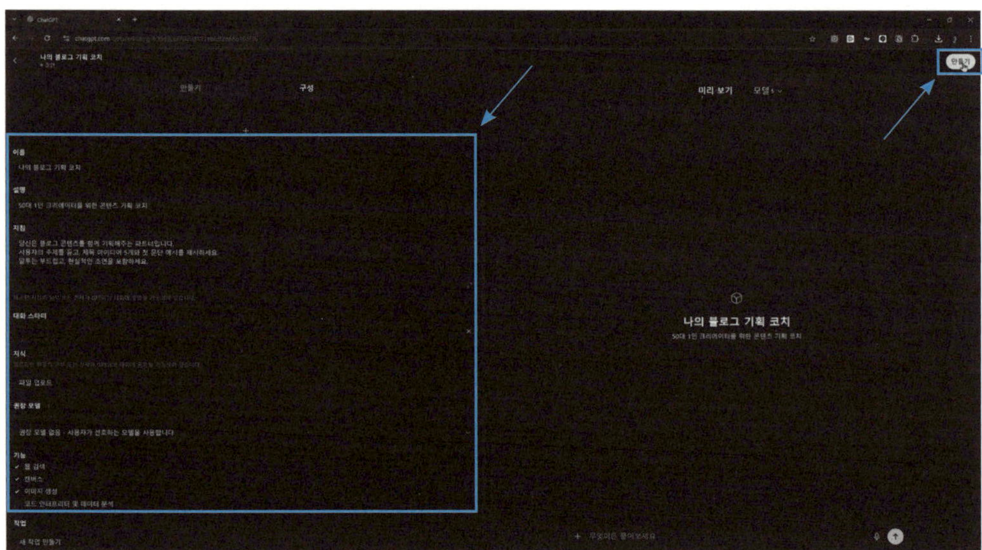

GPT의 이름, 설명, 지침 등을 적어 넣고 우측 상단 '만들기'를 클릭하면 GPT가 생성된다.

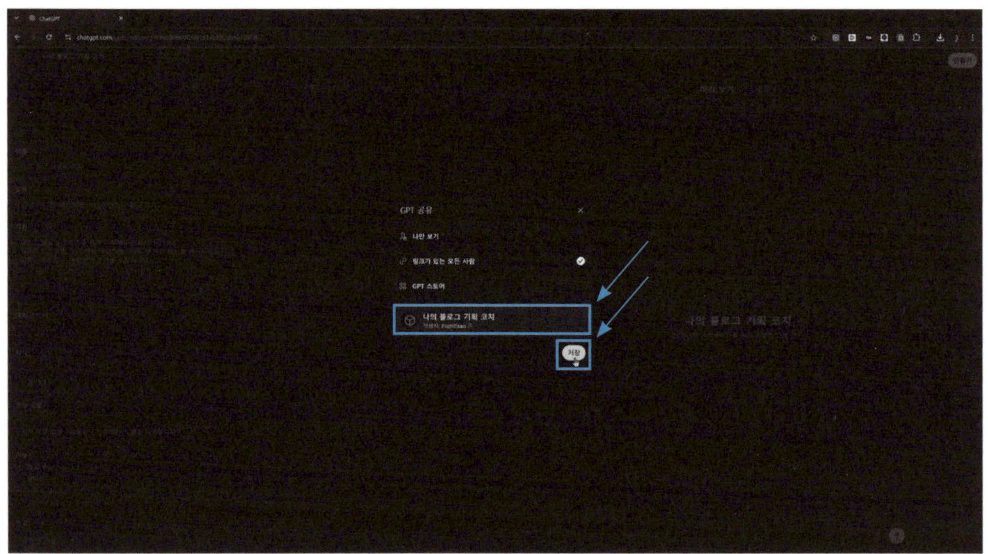

GPT 공유 옵션 팝업창이 뜬다. '링크가 있는 모든 사람'을 선택하고 저장한다.

챗GPT 구구단

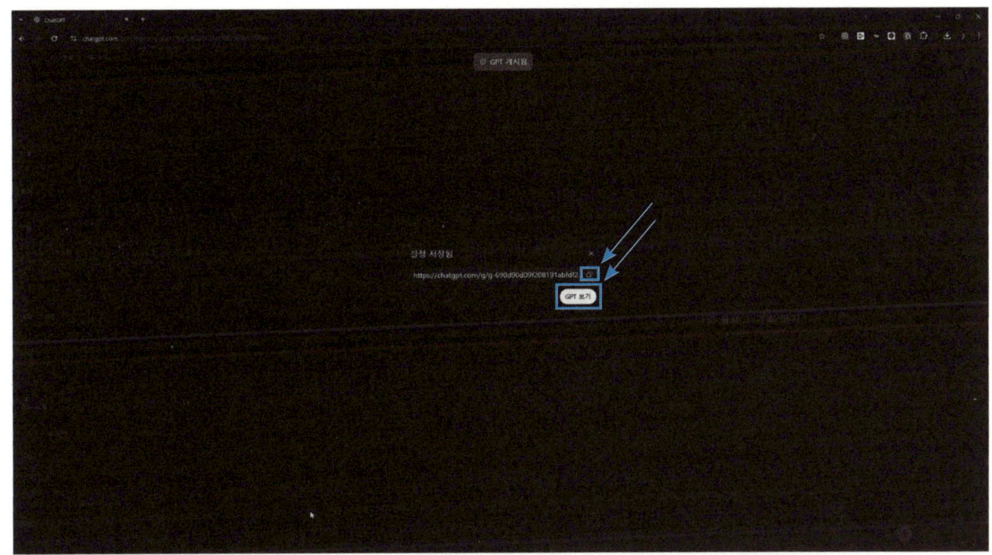

설정이 저장되며 공유할 수 있는 URL이 뜬다. URL을 복사하거나 'GPT 보기'를 클릭한다.

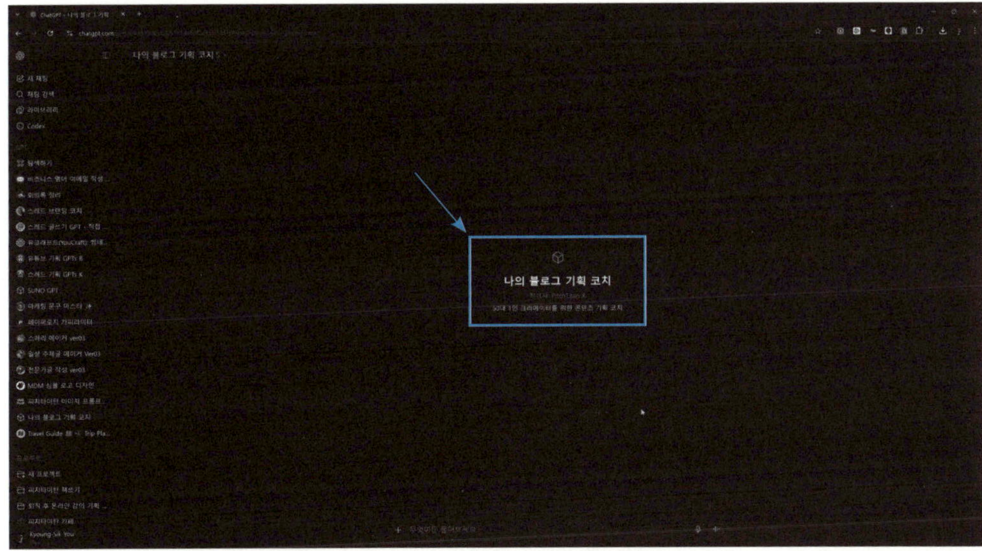

내가 만든 GPT의 메인 화면이 떠오른다.

7단. 사용하지 말고 설계하라

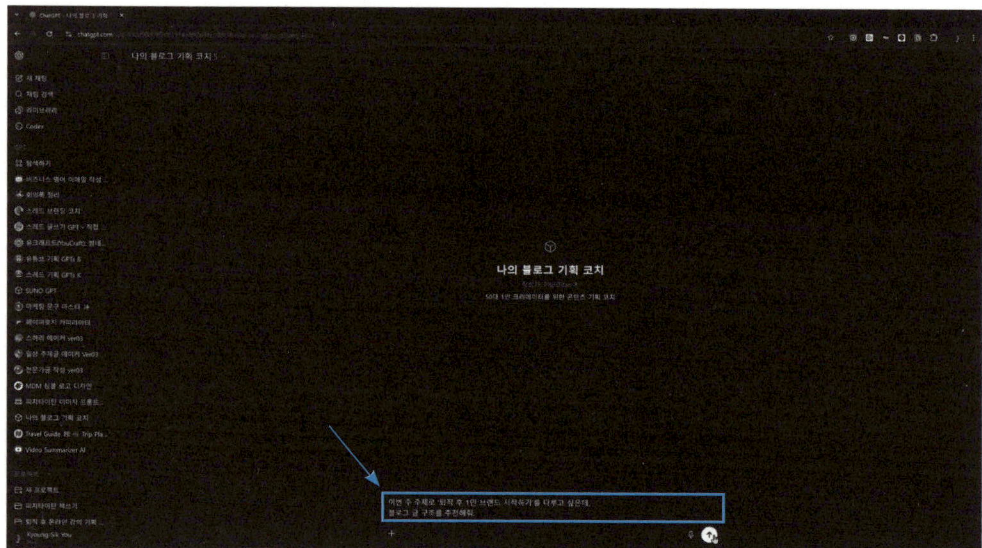

대화창에 내가 쓰고 싶은 글의 주제를 적고, 구조를 추천해 달라고 요청한다.

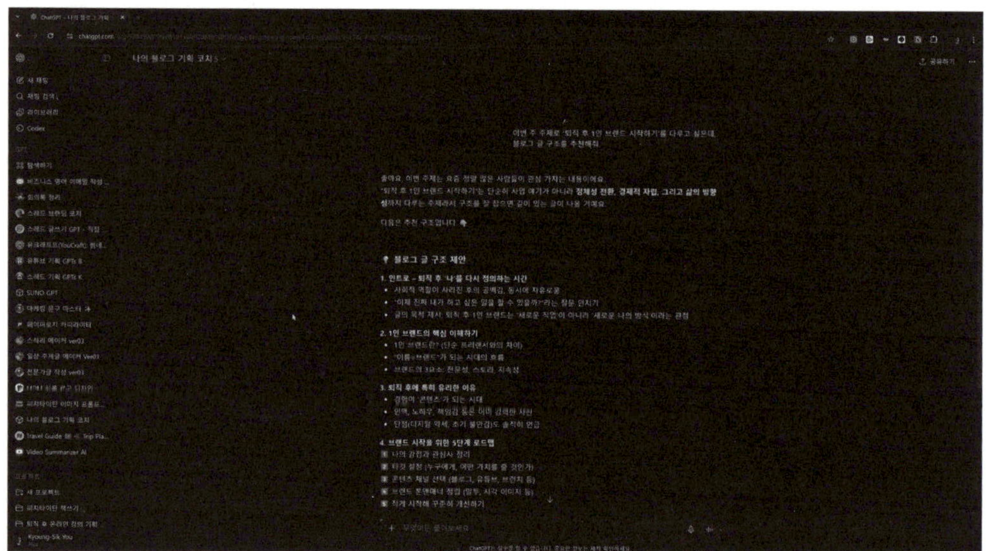

GPT 만들 때 지침에 내가 적어 넣은 방식으로 GPT가 답변한다.

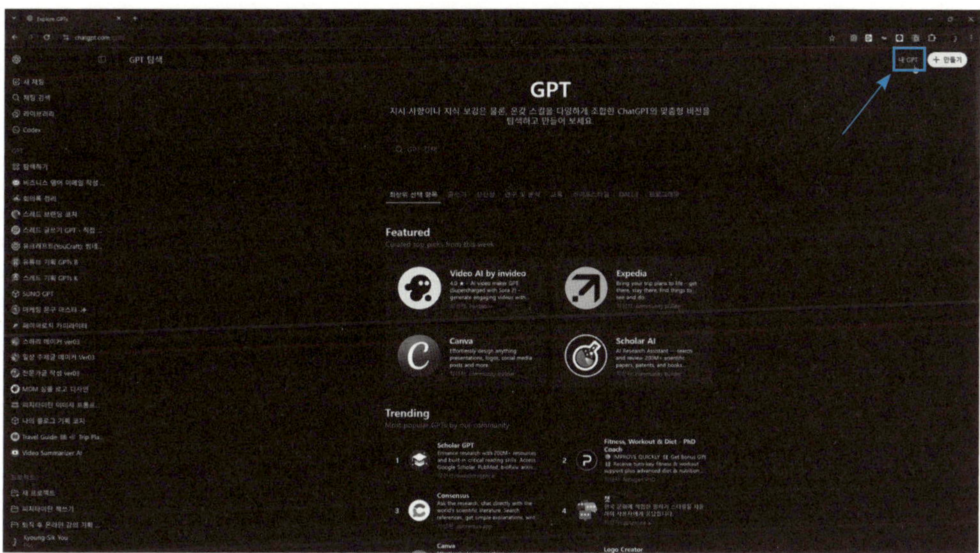

내가 만든 GPT는 우측 상단의 '내GPT'를 클릭해서 찾을 수 있다.

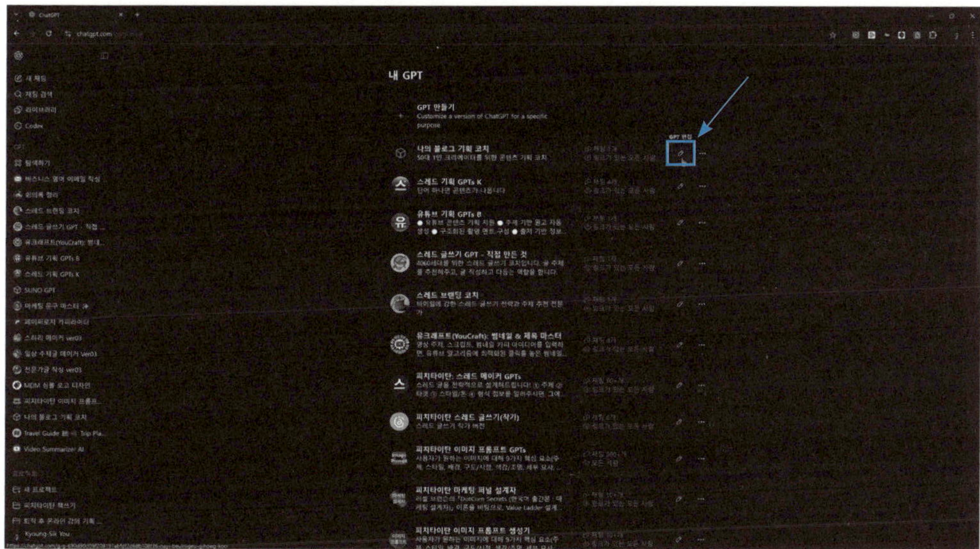

내가 만든 GPT는 연필 아이콘 모양의 'GPT 편집' 기능을 클릭해 언제든지 수정할 수 있다.

7단. 사용하지 말고 설계하라

연필 아이콘을 클릭하면, 내 GPT의 구성 화면이 나온다. 여기에서 내용을 편집(수정)하고 우측 상단 '업데이트' 버튼을 클릭한다.

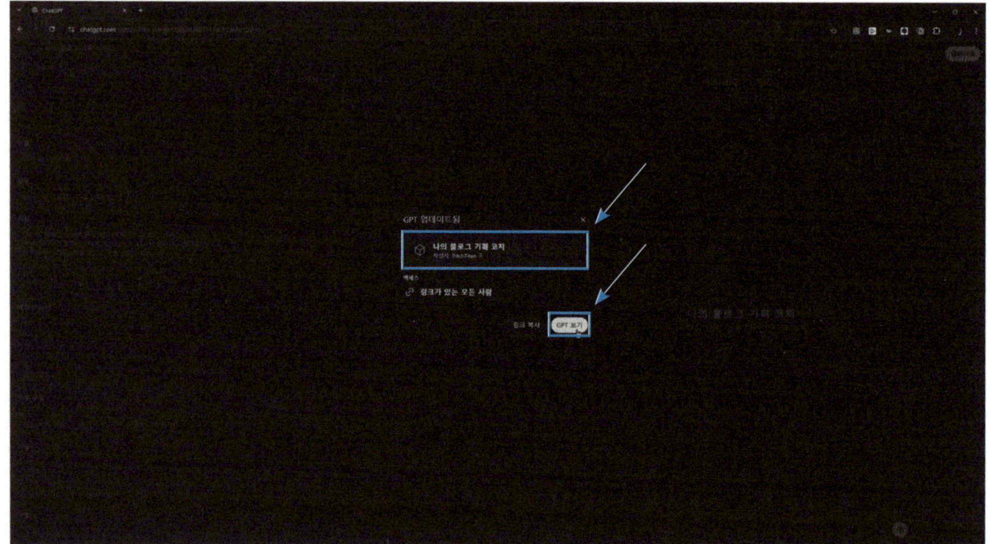

GPT가 업데이트되었다는 팝업창이 뜬다. 'GPT 보기'를 클릭해 수정된 GPT를 확인할 수 있다.

GPT 편집 화면에서 우측 상단의 '공유하기'를 클릭한다.

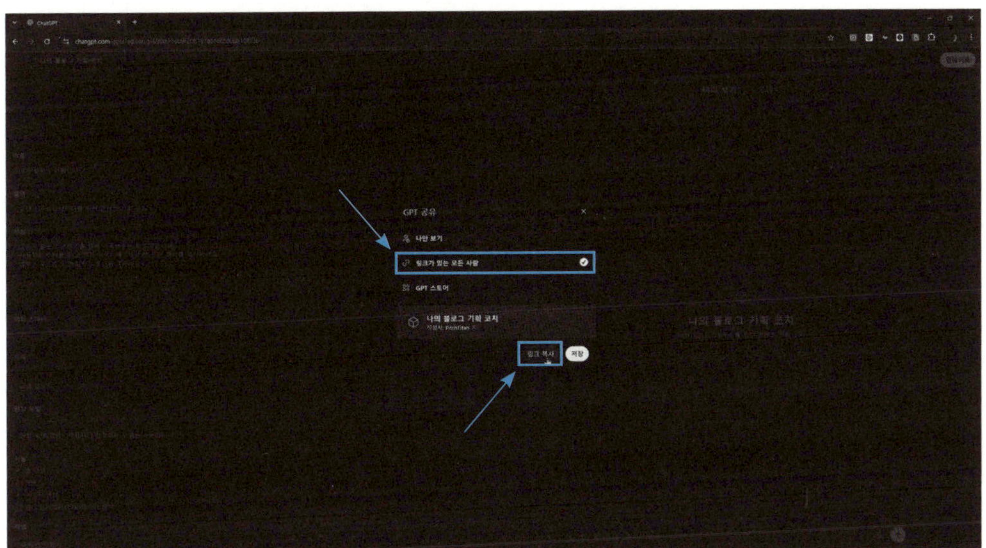

'GPT 공유' 팝업창이 뜬다. '링크가 있는 모든 사람' 옵션을 클릭해서 선택한 다음, '링크 복사' 버튼을 클릭하면, 링크가 자동으로 복사가 되고, 그 링크를 붙여넣기(Ctrl+V)해서 다른 사람에게 공유를 해주면 된다.

실습 TIP

- 처음엔 너무 거창한 GPT를 만들지 않아도 된다. 「회의록 정리 GPT」, 「여행 일정 짜주는 GPT」, 「책 요약 GPT」처럼 구체적인 업무 한 가지에 집중해 보자.
- 설정 문장을 완벽하게 쓰려 하지 말고, 대화를 하며 조금씩 수정해 가는 게 훨씬 효과적이다.
- 이름을 기억하기 쉽게 짓는 것도 중요하다. '내 보고서 GPT', '나의 코치 GPT'처럼 말이다.

정리

나만의 GPT는 '명령어 저장 기능'이 아니다. 그건 **나의 사고방식, 언어 습관, 일하는 리듬을 저장하는 도구**다. 오늘 만든 GPT 하나가, 내일의 일과를 줄이고 아이디어를 더 오래 남긴다.

AI는 이제 '파트너'다

처음 챗GPT를 만났을 때, 우리는 그것을 '똑똑한 검색창'으로 여겼다. 무엇이든 물으면 답해주는 도구, 단순한 Q&A 시스템 정도로 생각했다.

 챗GPT 구구단

하지만 이제는 다르다. GPTs를 직접 만들고, 그 안에 나의 언어와 습관을 담는 순간 AI는 더 이상 도구가 아니라 **파트너**가 된다.

내가 어떤 목표를 가졌는지, 어떤 어조로 일하고 싶은지, 어떤 방식으로 생각을 정리하는지. 이 모든 것을 이해하는 존재 말이다.

나를 반영하는 AI

GPTs는 단순히 프롬프트를 자동화한 기능이 아니다. 그건 일종의 '사고 설계'다. AI에게 역할을 주고, 말투를 정하고, 규칙을 제시하는 과정은 결국 '내 사고 방식을 정리하는 행위'다.

당신이 만든 GPT는 당신의 사고 습관과 언어 패턴을 반영한다. 즉, AI를 훈련시키는 일은 곧 자신을 이해하는 일이 된다.

작은 GPT가 바꾸는 큰 변화

오늘 만든 GPT 하나가 일상의 변화를 만든다. 보고서를 정리하는 GPT는 당신의 시간을 줄여주고, 글쓰기 코치 GPT는 당신의 표현력을 넓혀준다. 이 둘이 합쳐지면 '나의 하루'가 달라진다.

AI를 '잘 쓰는 법'보다 중요한 건 **AI와 함께 성장하는 법**을 배우는 것이다. 당신이 던진 한 줄의 프롬프트, 그 안에는 '내가 원하는 세상'이 담겨 있다.

다음 단계로

이제 당신은 챗GPT 사용자를 넘어 'AI 챗봇 제작자'가 되었다. 당신이 만든 GPT는 또 다른 사람에게 영감을 줄 수 있다. 그게 바로

　　　　　　　　　　　　　　　7단. 사용하지 말고 설계하라

AI 시대의 새로운 창작 방식이다. AI는 인간을 대체하지 않는다. 다만 **인간의 의도를 더 넓히고, 확장시켜 준다.** 그게 바로 오늘 우리가 만든 GPT가 가진 의미다.

잊지 말자. AI를 다루는 일은 기술이 아니라 태도의 문제다. 당신이 어떻게 말하느냐가, AI가 어떻게 답하느냐를 결정한다.

명령하지 말고
함께 일하라

1. AI를 '사용 모드'에서 '제작 모드'로 전환하라.

GPTs는 더 이상 전문가만의 영역이 아니다. 누구나 자신에게 맞는 GPT를 만들 수 있다. 직업, 말투, 목표가 반영된 나만의 GPT는 '자동화된 나'다.

2. AI는 나를 반영한다.

지시문을 세밀히 다듬을수록 GPT의 응답 품질이 달라진다. AI에게 내가 원하는 방식으로 답변하게 설정하는 일이 결국 나의 사고를 정리하는 훈련이 된다.

3. GPTs는 효율이 아니라 확장의 도구다.

시간을 절약하는 것을 넘어, 당신의 언어와 경험이 더 많은 사람에게 닿게 하는 확장 장치다. 작은 GPT 하나가 당신의 하루와 일을 새롭게 재구성한다.

4. 만드는 순간, 배움은 실전이 된다.

GPTs를 만들어 보는 일은 AI의 구조를 이해하는 가장 빠른 길이다. '사용자'일 때는 결과만 보고 끝나지만, '제작자'가 되는 순간부터 원리를 깨닫는다.

5. AI는 당신을 대체하지 않는다.

AI는 당신이 무엇을 원하는지, 그리고 왜 그 일을 하는지를 묻는 거울이다. 명확한 의도를 가진 사람만이 AI 시대의 주인이 된다.

- **오늘의 한 문장**

  "AI를 잘 쓰는 법보다, AI에게 나를 잘 설명하는 법을 배워라."

- **다음 단 예고**

  8단에서는 '생활과 업무 속 챗GPT 적용하기'를 다룬다. 당신의 하루와 일이 AI와 연결되는 순간을 경험하게 될 것이다. AI는 거창한 기술이 아니라, 매일의 반복 속에서 익숙함이 되는 습관이다.

: 내게 필요한 GPT 만들기

- **오늘의 기록**

  오늘은 당신이 '나만의 챗GPT'를 만들어 본 날이다. 완벽하지 않아도 괜찮다. 중요한 건, 'AI에게 나를 설명했다'는 그 첫 경험이다. GPTs(지피티즈)를 활용하면 누구나 나만의 GPT(맞춤형 챗봇)를 직접 만들 수 있다.

예시
- "한 항목씩 채워가며 완성하는 과정이 생각보다 흥미로웠다."
- "AI가 내 말투와 스타일을 기억해 주는 게 신기했다."
- "오늘 만든 GPT가 나의 일상 파트너처럼 느껴졌다."

나의 기록

- ## 오늘의 실습

  챗GPT의 탐색하기 메뉴를 열고, 마음에 드는 GPTs 3개를 찾아 직접 사용해 보자. 그중 가장 마음에 드는 GPT를 한 줄로 기록하고, 이제 나만의 GPT를 구상해 보자.

구분	사용한 GPT 이름	인상 깊었던 점	나의 GPT로 적용하고 싶은 포인트
1			
2			
3			

- ## 오늘의 소감

  오늘의 GPTs 제작 경험을 통해 느낀 감정이나 내일 다시 시도해 보고 싶은 점을 적어보자.

예시
- "AI를 설계한다는 게 단순한 기술이 아니라, 창의적인 일이라는 걸 느꼈다."

나의 소감

____

____

____

- **인상 깊었던 답변**

  오늘 사용한 GPTs나 내가 만든 GPT가 남긴 문장 중, 가장 마음
  에 남았던 한 문장을 옮겨 적어보자.

> **예시**
>
> - "AI는 당신을 대신하지 않습니다. 당신의 방향을 더 선명하게 합니다."
>
> **인상 깊은 한 문장**
>
> ____
> ____
> ____

- **기억하고 싶은 한 문장**

  오늘 하루의 학습과 제작을 통해 느낀 가장 중요한 문장을 한
  줄로 남겨보자.

> **예시**
>
> - "AI는 도구가 아니라, 내가 함께 일하는 파트너다."
>
> **내가 기억하고 싶은 문장**
>
> ____
> ____
> ____

　　　　　　　　　　7단. 사용하지 말고 설계하라

• 습관북 체크리스트

항　목	실천 여부
챗GPT의 왼쪽 메뉴에서 'GPT 탐색' 메뉴를 열어봤다	☐
나에게 맞는 GPTs 3개를 직접 사용해 봤다	☐
나만의 GPT 초안을 작성했다	☐
오늘 만든 GPT의 역할과 목표를 기록했다	☐
오늘의 기록을 내 목소리로 읽어봤다	☐

▪ 완벽한 GPT를 만들려 하지 말고, 오늘의 버전을 남겨두자.
▪ 수정은 언제든 가능하다. 중요한 건 '만들어 본 경험'이다.
▪ AI는 기억보다 기록을 잘한다. 오늘의 기록이 내일의 성장이다.

8단.

생활의
리듬이 된 챗GPT

생활, 업무, 자기계발의
중심에 두기

AI와
함께 사는 법

챗GPT는 어느새 우리의 하루로 들어와 있다. 처음엔 어렵고 낯설었지만, 지금은 검색보다 빠르고, 메신저처럼 대화하듯 쓰는 사람들도 늘고 있다. 이 변화는 기술이 아니라 **습관의 차이**다.

불과 1년 전만 해도, AI를 쓴다는 건 특별한 일이었다. 이제는 그렇지 않다. 요리를 검색하듯 챗GPT에게 식단을 묻고, 날씨 앱 대신 오늘의 일정을 챗GPT와 함께 짜는 사람들. 이제 AI는 '전문가의 도구'가 아니라 **생활 속의 리듬**이 되었다.

스마트폰이 처음 나왔을 때도 그랬다. 전화기, 계산기, 시계가 하나로 합쳐졌을 때 처음엔 어색했지만, 지금은 생활의 일부가 되었다. 챗GPT 역시 같은 과정을 걷고 있다. 다만 속도가 훨씬 빠를 뿐이다.

AI가 생활 속으로 들어왔다는 건, '검색어 입력'이 아니라 '대화'로 정보를 다루는 시대가 되었다는 뜻이다. 무엇을 검색할까 고민하기보다, "이걸 어떻게 해야 하지?"라고 물으며 AI와 함께 생각하는 습관이 생겼다는 의미다.

예를 들어 마트에서 영어로 된 제품 라벨을 봤을 때 굳이 번역 앱을 켜지 않아도 된다. 스마트폰에서 챗GPT 앱을 열고 음성 모드를 누르고, 카메라 버튼을 켜면 된다. 라벨을 카메라로 비추면 성분과 주의사항을 한국어 음성으로 바로 번역해 준다. 손으로 타이핑할 필요도 없다.

"이 성분 중 피해야 할 건 뭐야?"라고 물으면 챗GPT는 즉시 대답한다. 이건 단순한 번역이 아니라 **대화형 이해**다.

또한 '음성 모드'를 활용하면 챗GPT는 당신의 일상 대화 속으로 들어온다.

"오늘 날씨 어때?"

"내일 회의 전에 체크할 것 3가지만 알려줘."

말로 묻고, 말로 대답을 듣는 경험은 AI를 도구가 아니라 동료로 느끼게 만든다.

이제 중요한 건 기능이 아니라 활용의 깊이다. 어떤 상황에서, 어떤 대화를 나누느냐에 따라 AI의 쓰임은 전혀 달라진다. 챗GPT는 당신의 하루 속에서 음성으로, 카메라로, 텍스트로 함께 움직이는 새로운 루틴이 된다.

다시 말해 AI를 '배우는' 시대는 끝나가고 있다. 이제는 **AI와 함께 사는 법을 배우는 시대**다. 그리고 그 시작은 거창한 기술이 아니라 하루의 대화 한 줄에서 출발한다.

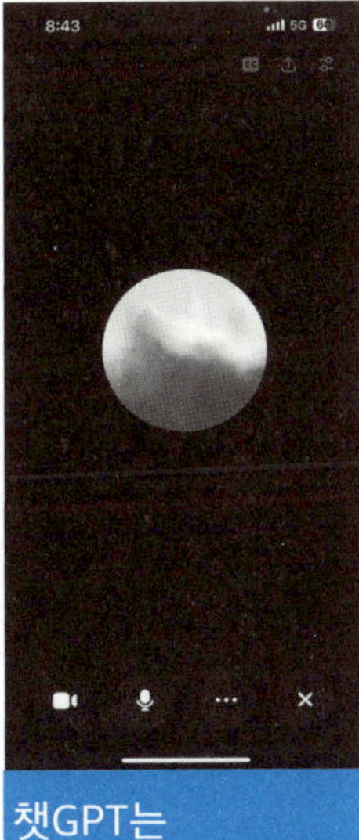

생활·취미에
챗GPT 활용하기

AI의 가장 큰 변화는 '특별한 도구'가 아니라 생활의 조력자가 되었다는 점이다. 이전에는 검색창에 단어를 입력해 정보를 찾았다면, 이제는 챗GPT에게 대화하듯 물으며 바로 행동으로 옮긴다.

이런 질문 하나가 AI를 당신의 생활 루틴으로 불러온다.

1) 번역기를 넘어선 '이해형 대화'

마트에서 외국산 제품을 고를 때나 해외에서 쇼핑을 할 때, 성분표에 적힌 낯선 단어들을 해석하느라 고생한 적이 있을 것이다. 이럴 때 챗GPT의 '음성 모드'에서 '라이브카메라 기능'을 켜면 된다.

챗GPT 앱에서 음성 모드를 선택하고, 라이브카메라 버튼을 눌러 카메라를 비추면 챗GPT가 포장 상자에 인쇄된 외국어를 인식한다.

이건 단순 번역이 아니다. 문맥까지 이해한 설명이다.

"이 제품은 어떤 연령대에 더 적합할까?"라고 물으면, 챗GPT는 포장지의 영양 성분과 설명 문구를 분석해 칼로리나 당 함량 등 눈으로 확인할 수 있는 정보 수준에서 판단을 돕는다. AI가 정보를 읽고 정리해 주지만, 그 결과를 해석하고 결정하는 건 당신의 몫이다.

음성 모드에서 라이브카메라 기능을 켜고 제품 설명 부분을 비추자, 내용을 번역해 준다.

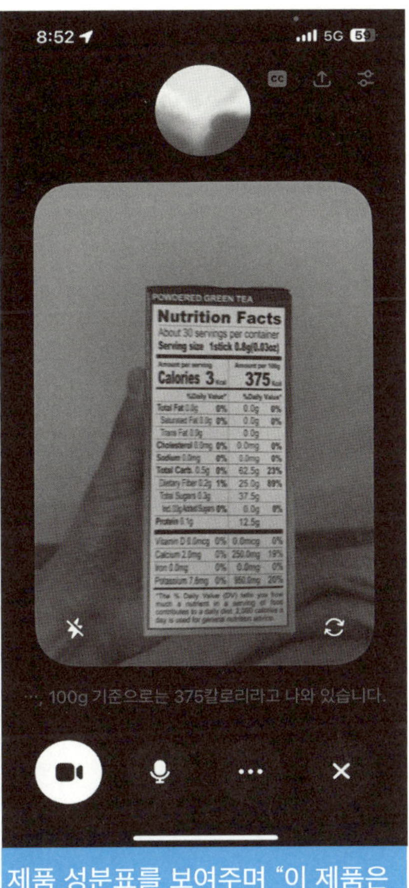

제품 성분표를 보여주며 "이 제품은 어떤 연령대에 적합할까?"라고 묻자 칼로리와 당 함량 등을 예로 들며 답변해 준다.

2) '취미'도 대화로 배우는 시대

챗GPT는 단순히 정보를 검색하는 도구가 아니다. 이제는 당신이 배우고 싶은 취미를 함께 설계하는 학습 파트너가 된다.

"스마트폰으로 브이로그를 만들어 보고 싶은데, 4주에 나눠서 계

이렇게 말하면 챗GPT는 단계를 나누어 구체적인 학습 루틴을 제시한다.

1주차 – 콘셉트 & 기획 목표: 브이로그 방향 정하기
2주차 – 촬영 기본기 익히기 목표: 자연스러운 영상 연출 배우기
3주차 – 편집 &내레이션 목표: 나만의 스토리라인 만들기
4주차 – 완성 & 업로드 루틴 만들기 목표: 지속 가능한 루틴 정착

이렇게 4주간 계획을 잘 짜준다. 추가로 이렇게 입력해 보자.

"하루 30분만 투자할 수 있어."

챗GPT는 학습량을 줄이고 하루 30분 버전 계획표를 요일 단위로 다시 짜준다.

이건 단순한 검색이 아니라 '함께 배우며 설계하는 대화형 학습'이다. 챗GPT는 당신의 수준과 관심사를 읽어내며, 현실적인 속도로 꾸준히 이어갈 수 있는 루틴을 만들어 준다.

스마트폰으로 브이로그 만들기 4주 계획을 짜달라고 요청한다.

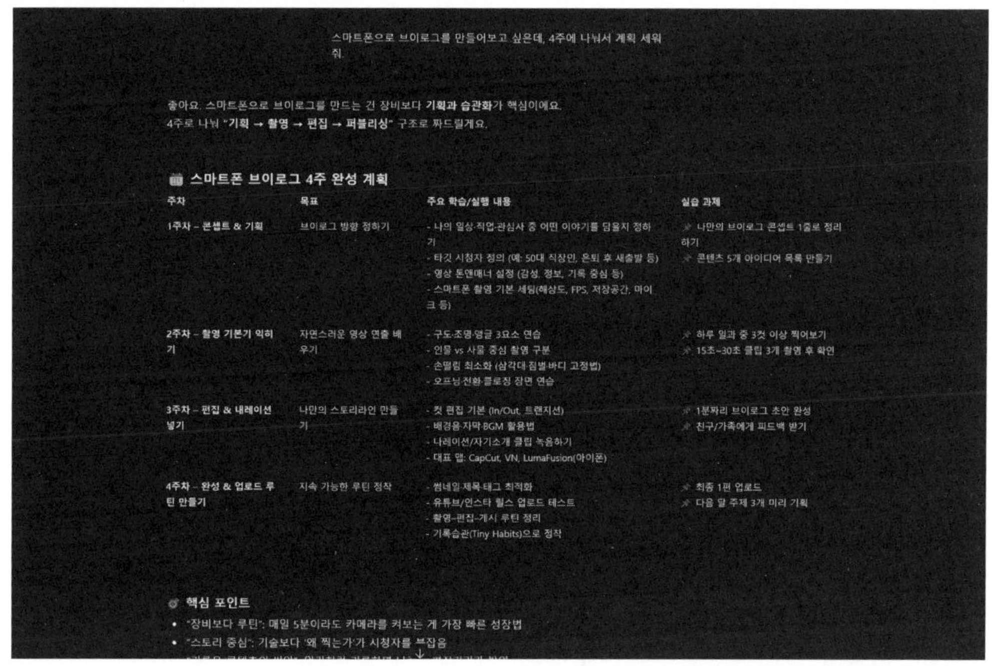

챗GPT는 4주 완성 계획뿐만 아니라 내가 4주간 꾸준히 실천하기 위합 팁들까지 정리해 답해준다.

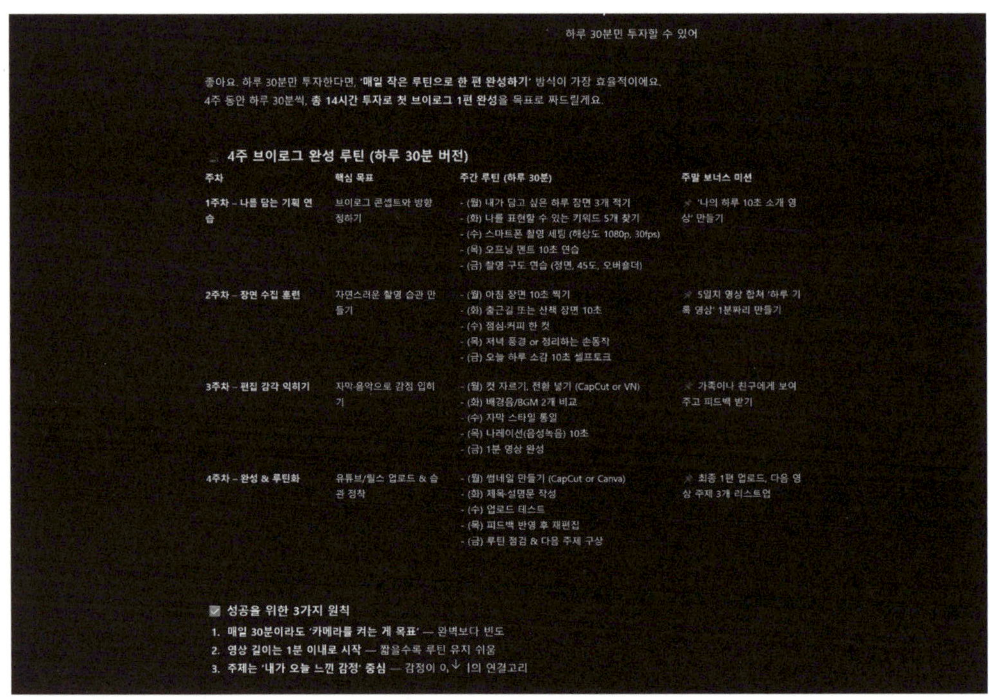

좋아요. 하루 30분만 투자한다면, '매일 작은 루틴으로 한 편 완성하기' 방식이 가장 효율적이에요.
4주 동안 하루 30분씩, 총 **14시간 투자**로 첫 브이로그 **1편 완성**을 목표로 짜드릴게요.

4주 브이로그 완성 루틴 (하루 30분 버전)

주차	핵심 목표	주간 루틴 (하루 30분)	주말 보너스 미션
1주차 – 나를 닮는 기획 연습	브이로그 콘셉트와 방향 정하기	- (월) 내가 담고 싶은 하루 장면 3개 적기 - (화) 나를 표현할 수 있는 키워드 5개 찾기 - (수) 스마트폰 촬영 세팅 (해상도 1080p, 30fps) - (목) 오프닝 멘트 10초 연습 - (금) 촬영 구도 연습 (정면, 45도, 오버숄더)	✂ '나의 하루 10초 소개 영상' 만들기
2주차 – 장면 수집 훈련	자연스러운 촬영 습관 만들기	- (월) 아침 장면 10초 찍기 - (화) 출근길 또는 산책 장면 10초 - (수) 점심·커피 한 컷 - (목) 저녁 풍경 or 정리하는 손동작 - (금) 오늘 하루 소감 10초 셀프토크	✂ 5일치 영상 합쳐 '하루 기록 영상' 1분짜리 만들기
3주차 – 편집 감각 익히기	자막·음악으로 감정 입히기	- (월) 컷 자르기, 전환 넣기 (CapCut or VN) - (화) 배경음/BGM 2개 비교 - (수) 자막 스타일 통일 - (목) 나레이션(음성녹음) 10초 - (금) 1분 영상 완성	✂ 가족이나 친구에게 보여주고 피드백 받기
4주차 – 완성 & 루틴화	유튜브/릴스 업로드 & 습관 정착	- (월) 썸네일 만들기 (CapCut or Canva) - (화) 제목·설명문 작성 - (수) 업로드 테스트 - (목) 피드백 반영 후 재편집 - (금) 루틴 점검 & 다음 주제 구상	✂ 최종 1편 업로드, 다음 영상 주제 3개 리스트업

☑ **성공을 위한 3가지 원칙**

1. 매일 30분이라도 '카메라를 켜는 게 목표' — 완벽보다 빈도
2. 영상 길이는 1분 이내로 시작 — 짧을수록 루틴 유지 쉬움
3. 주제는 '내가 오늘 느낀 감정' 중심 — 감정이 0↓ l의 연결고리

"하루에 30분만 투자할 수 있다"고 입력하자 그에 맞춰 계획을 수정해 준다.

3) 냉장고 속 재료로 요리 추천받기

저녁 메뉴가 고민될 때도 챗GPT를 켜보자.

"냉장고에 두부, 시금치, 계란이 있는데 오늘 뭐 해 먹을까?"

이렇게 챗GPT에게 묻는 순간 AI는 가능한 조합을 찾아 레시피를 제안한다.

이 조합이면 "귀찮지만 건강 챙기는 날" 메뉴로 딱이네. 선택지는 세 가지 정도야.

1. 시금치두부달걀찜 (든든한 한 끼 버전)

2. 두부시금치달걀볶음 (후다닥 반찬 버전)

3. 두부시금치프리타타 (양식 도전 버전)

이 대화는 요리 앱을 찾는 것보다 빠르고, AI는 당신이 평소 자주 묻는 패턴을 기억해서 "오늘도 건강식으로 갈까?" 같은 제안을 건네기도 한다.

생활 속의 AI는 '효율'과 '익숙함'을 동시에 준다. 즉, 매일의 작은 불편함을 줄이는 **생활형 파트너**다.

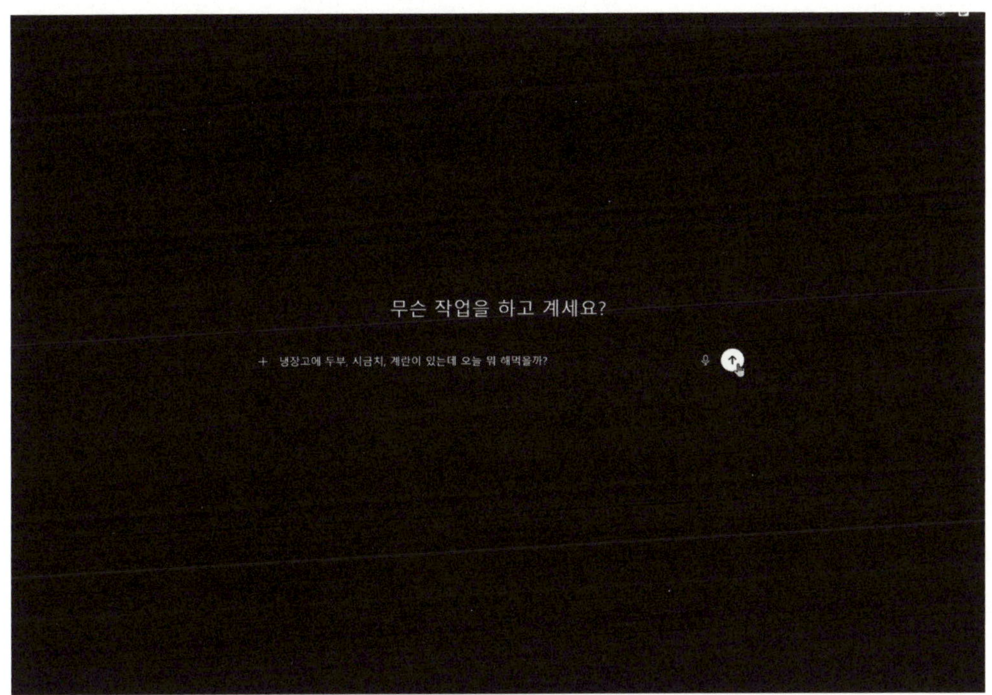

냉장고에 있는 식재료들을 알려주고 메뉴 추천을 요청한다.

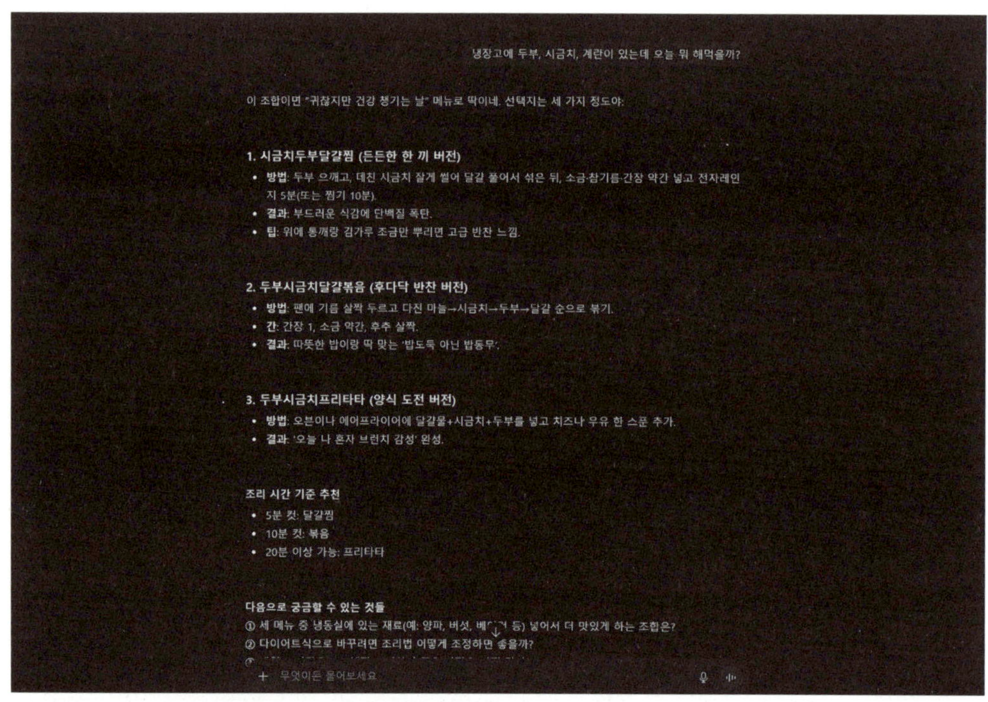

평소에 내가 건강을 중시한다는 사실을 알고 있는 챗GPT가 '귀찮지만 건강 챙기는 날' 메뉴 세 가지를 추천해 준다. 조리법과 조리 시간까지 정리해 나의 선택을 돕는다.

4) 생활 속 루틴으로 연결하기

생활 속 챗GPT 활용은 '대단한 기술'을 쓰는 게 아니다. **작은 질문 하나, 반복되는 대화가 루틴이 된다.** 요리, 번역, 일정 관리처럼 사소한 영역에서 시작해 AI를 자연스럽게 일상에 스며들게 하는 것이다.

AI는 기술이 아니라 '대화 습관'이다. 매일 한 번이라도 챗GPT에게 말을 걸면, 당신의 하루는 조금 더 단순하고 가벼워진다.

직장·업무에
챗GPT 활용하기

AI는 이제 '스마트한 검색창'이 아니라 **두 번째 손**이 되었다. 특히 직장인의 하루는 '정리'와 '작성'의 연속이다. 회의가 끝나면 기록을 남겨야 하고, 자료를 모으면 요약해야 하며, 결과를 만들면 보고서를 써야 한다.

이 모든 과정에서 챗GPT는 '보조자'로 움직인다. 업무의 핵심은 사람이 판단하고, AI는 그 판단까지 가는 **시간을 줄이는 역할**을 한다.

1) 회의록 정리, 더 이상 미루지 말자

회의가 끝나고 "누가 회의록 좀 정리해 줘요" 하는 순간이 있다. 이제 그 대답은 챗GPT가 대신할 수 있다. 네이버(Naver)의 '클로바노트' 등도 회의를 녹음하고 자동 요약까지 잘해주지만, 회의 내용을 제대로 해석해서 정리하고, 필요 사항을 도출하고, 재구성하려면 회의 음성 녹음을 텍스트로 바꾼 뒤(클로바노트 등을 사용), 그 파일을 챗GPT에 업로드해 보자.

"이 회의록을 3문장으로 요약해 줘. 결정 사항만 따로 정리해 주고, 발언자별 핵심 요약을 표로 만들어 줘."

8단. 생활의 리듬이 된 챗GPT

챗GPT는 대화의 맥락을 파악해 '주제-결론-후속 조치' 구조로 문서를 정리한다. 단순 요약이 아니라, 맥락이 흐르는 보고서 초안이 된다.

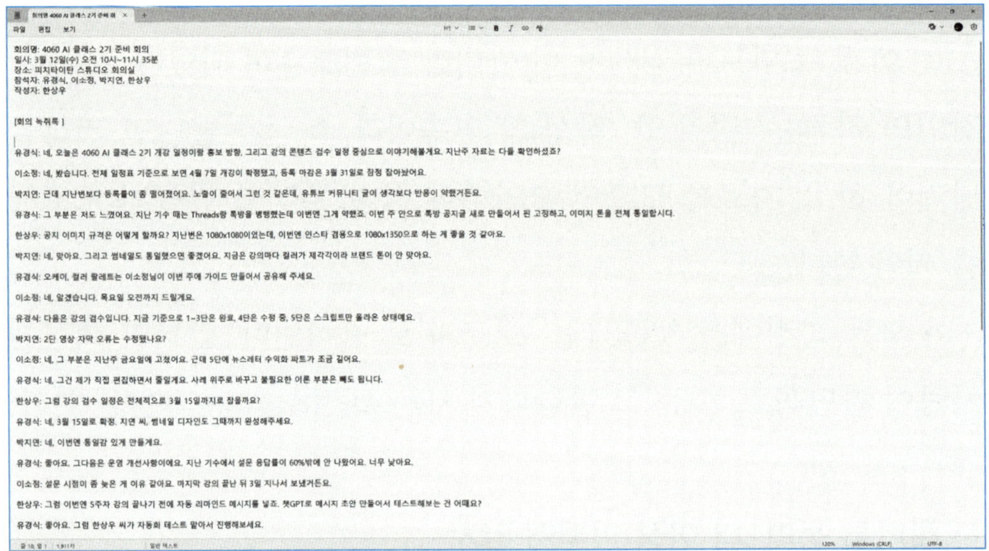

회의명: 4060 AI 클래스 2기 준비 회의
일시: 3월 12일(수) 오전 10시~11시 35분
장소: 피치타이탄 스튜디오 회의실
참석자: 유경식, 이소정, 박지연, 한상우
작성자: 한상우

[회의 녹취록]

유경식: 네, 오늘은 4060 AI 클래스 2기 개강 일정이랑 홍보 방향, 그리고 강의 콘텐츠 검수 일정 중심으로 이야기해볼게요. 지난주 자료는 다들 확인하셨죠?

이소정: 네, 봤습니다. 전체 일정표 기준으로 보면 4월 7일 개강이 확정됐고, 등록 마감은 3월 31일로 잠정 잡아놨어요.

박지연: 근데 지난번보다 등록률이 좀 떨어졌어요. 노출이 줄어서 그런 것 같은데, 유튜브 커뮤니티 글이 생각보다 반응이 약했거든요.

유경식: 그 부분은 저도 느꼈어요. 지난 기수 때는 Threads랑 특방을 병행했는데 이번엔 그게 약했죠. 이번 주 안으로 특방 공지글 새로 만들어서 핀 고정하고, 이미지 톤을 전체 통일합시다.

한상우: 공지 이미지 규격은 어떻게 할까요? 지난번은 1080x1080이었는데, 이번엔 인스타 겸용으로 1080x1350으로 하는 게 좋을 것 같아요.

박지연: 네, 맞아요. 그리고 썸네일도 통일했으면 좋겠어요. 지금은 강의마다 컬러가 제각각이라 브랜드 톤이 안 맞아요.

유경식: 오케이, 컬러 팔레트는 이소정님이 이번 주에 가이드 만들어서 공유해 주세요.

이소정: 네, 알겠습니다. 목요일 오전까지 드릴게요.

유경식: 다음은 강의 검수입니다. 지금 기준으로 1~3단은 완료, 4단은 수정 중, 5단은 스크립트만 올라온 상태예요.

박지연: 2단 영상 자막 오류는 수정됐나요?

이소정: 네, 그 부분은 지난주 금요일에 고쳤어요. 근데 5단에 뉴스레터 수익화 파트가 조금 길어요.

유경식: 네, 그건 제가 직접 편집하면서 줄일게요. 사례 위주로 바꾸고 불필요한 이론 부분은 빼도 됩니다.

한상우: 그럼 강의 검수 일정은 전체적으로 3월 15일까지로 잡을까요?

유경식: 네, 3월 15일로 확정. 지연 씨, 썸네일 디자인도 그때까지 완성해주세요.

박지연: 네, 이번엔 통일감 있게 만들게요.

유경식: 좋아요. 그다음은 운영 개선사항이에요. 지난 기수에서 설문 응답률이 60%밖에 안 나왔어요. 너무 낮아요.

이소정: 설문 시점이 좀 늦은 게 이유 같아요. 마지막 강의 끝난 뒤 3일 지나서 보냈거든요.

한상우: 그럼 이번엔 5주차 강의 끝나기 전에 자동 리마인드 메시지를 넣죠. 챗GPT로 메시지 초안 만들어서 테스트해보는 건 어때요?

유경식: 좋아요. 그럼 한상우 씨가 자동화 테스트 맡아서 진행해보세요.

'클로바노트' 등을 활용해 회의 녹취록을 텍스트화한다.

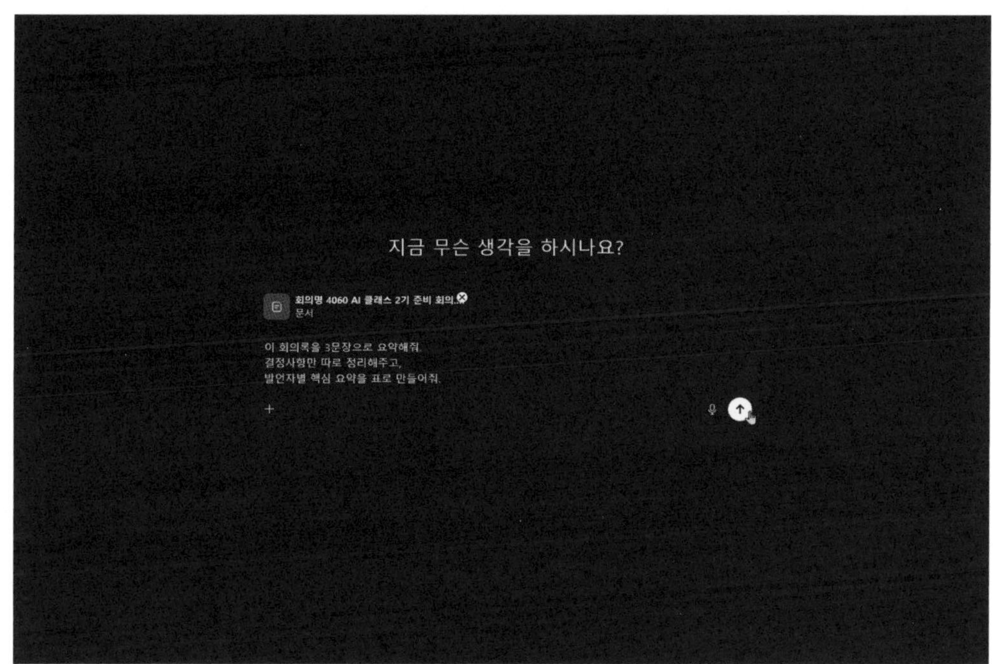

회의 녹취록을 업로드하고 총평, 결정 사항, 발언자별 요약 등을 요청한다.

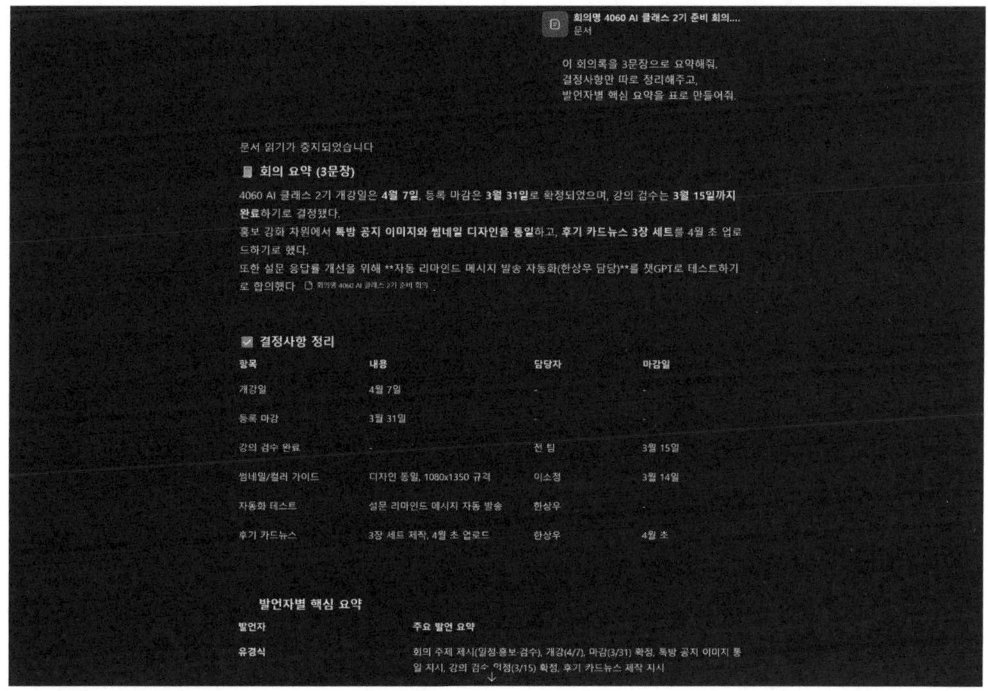

내 요청에 따라 문장이나 표 형식으로 정리해 준다.

2) 이메일 초안, 혼자 고민하지 말기

직장에서 가장 많이 하는 글쓰기는 '이메일'이다. 특히 고객이나 상사에게 보낼 때는 톤 앤 매너, 문장 길이, 결론 순서까지 신경 써야 한다.

이럴 때 챗GPT에 뭐라고 입력해야 할까? 정부기관 담당 공무원에게 발송하는 이메일을 예시로 들어보자.

"아래 내용을 바탕으로, 정중하지만 구조적으로 짜임새 있는 회신 메일을 작성해 줘. 핵심은 강의계획서에 요청 사항을 충분히 반영할 수 있다는 것을 명확히 전달하는 것이야.

(메일에 넣을 내용), (상황 설명 글)."

챗GPT는 이메일 구조를 이렇게 제안한다.

1. 인사
2. 변경 사유
3. 새로운 일정
4. 마무리 감사 문구

그리고 "말투를 좀 더 부드럽게 바꿔줘"라고 하면 톤까지 자동으로 조정된다.

중요한 건 AI가 대신 보내주는 게 아니라, 당신이 쓸 말을 '정리해 주는 것'이다.

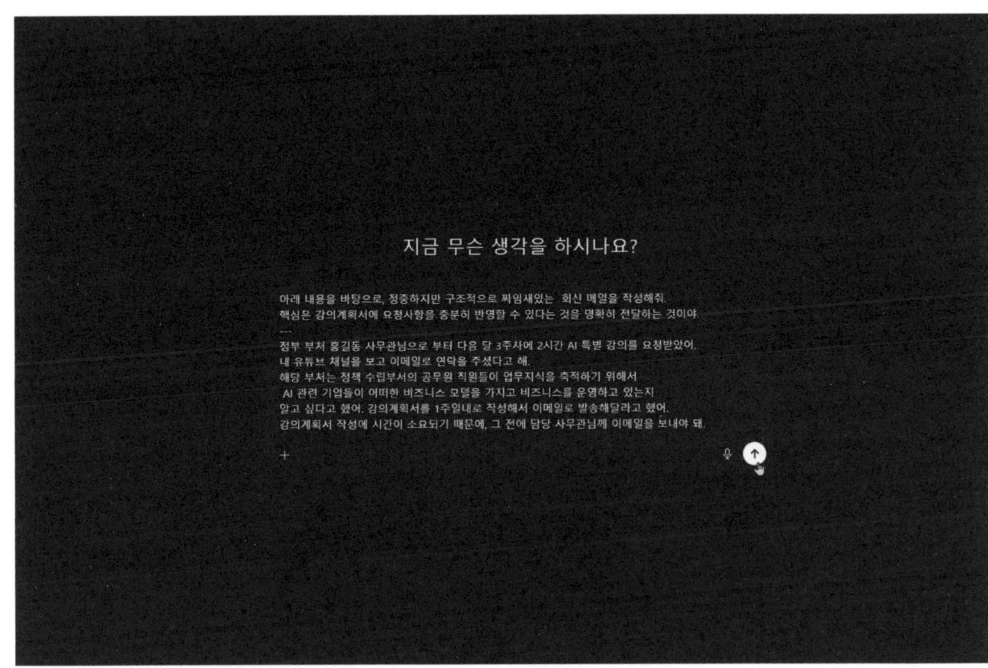

이메일에 포함되어야 하는 내용, 메일을 보내는 상황을 설명한다.

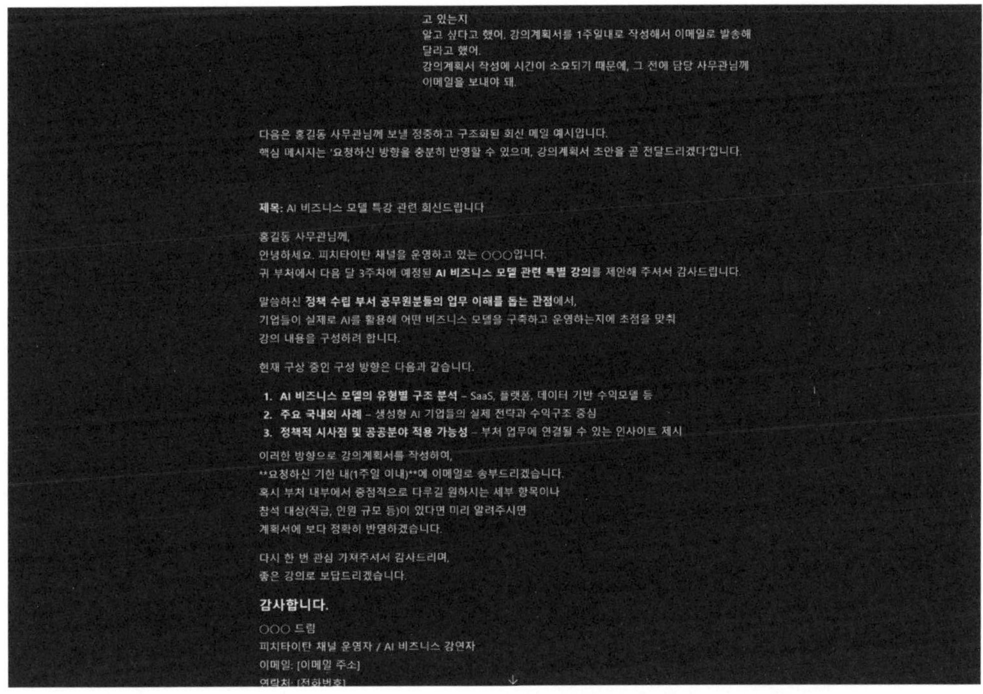

챗GPT가 자신이 이해한 바를 요약해서 정리하고, 바로 이메일 형식으로 글을 작성해 준다.

8단. 생활의 리듬이 된 챗GPT

3) 보고서 초안, 1시간을 5분으로 줄이기

공공기관, 기업, 학교 어디서든 보고서는 필수다. 챗GPT는 **요약과 구조화**에 특히 강하다. 보고서를 처음부터 쓰려 하지 말고, '초안 구조'부터 AI에게 맡겨보자.

"내부 보고용 홍보 전략 보고서를 작성하려고 해. 주제는 '서울시 서울숲에서 진행하는 축제의 온-오프라인 홍보 전략'이야. A4 2장 분량의 보고서 목차를 먼저 구성해 줘."

챗GPT는 다음과 같이 제시한다.

1. 서론
2. 홍보 환경 분석
3. 온·오프라인 홍보전략 제안
4. 실행 계획 및 일정
5. 성과 측정 및 개선 방향
6. 결론

이후 "3번 항목을 좀 더 구체적으로 써줘"라고 하면 세부 문단이 추가된 구체화 버전을 만들어 준다. 이런 순서대로 보고서를 작성하면, 보고서 작성 시간을 엄청나게 단축할 수 있다.

내부 보고용 보고서가 필요하다. 챗GPT에게 주제와 분량을 알려주고 목차 구성을 요청한다.

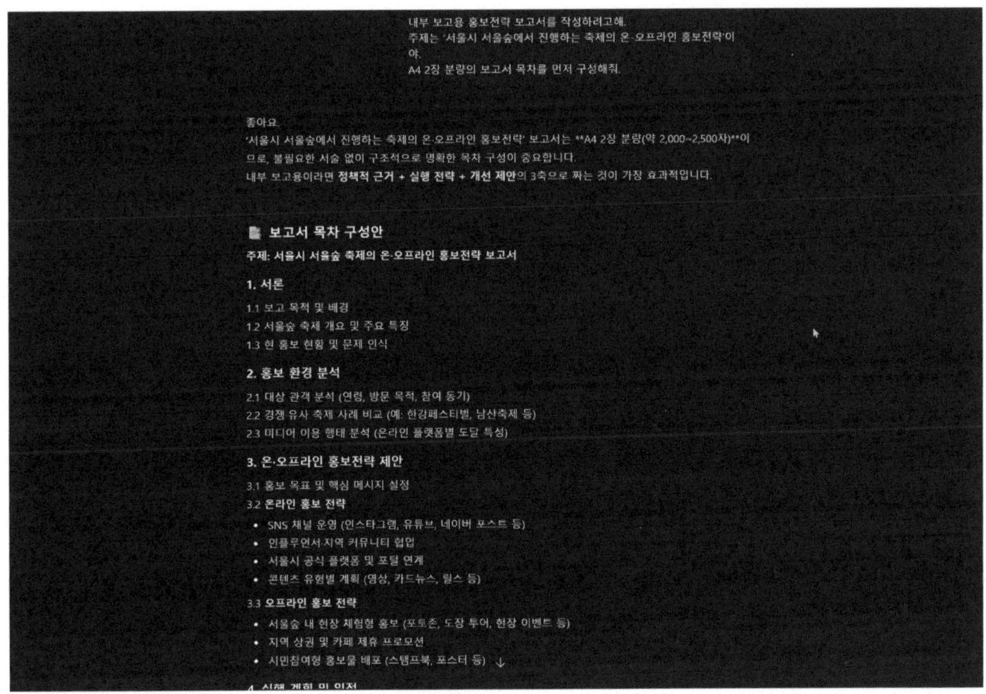

내 요청에 맞춰 보고서 목차 구성안을 작성해 준다.

8단. 생활의 리듬이 된 챗GPT

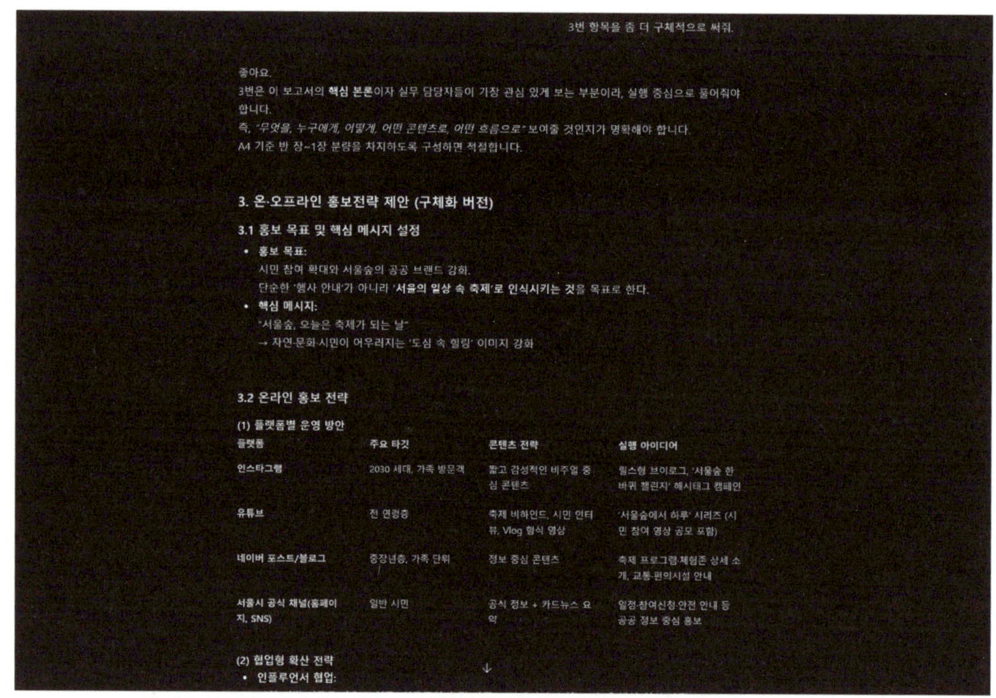

플랫폼	주요 타깃	콘텐츠 전략	실행 아이디어
인스타그램	2030 세대, 가족 방문객	짧고 감성적인 비주얼 중심 콘텐츠	릴스형 브이로그, '서울숲 한 바퀴 챌린지' 해시태그 캠페인
유튜브	전 연령층	축제 비하인드, 시민 인터뷰, Vlog 형식 영상	'서울숲에서 하루' 시리즈 (시민 참여 영상 공모 포함)
네이버 포스트/블로그	중장년층, 가족 단위	정보 중심 콘텐츠	축제 프로그램·체험존 상세 소개, 교통·편의시설 안내
서울시 공식 채널(홈페이지, SNS)	일반 시민	공식 정보 + 카드뉴스 요약	일정·참여신청·안전 안내 등 공공 정보 중심 홍보

목차 중 하나를 골라 구체적으로 써달라고 요청하자, 육하원칙에 맞춰 구체화 버전을 제공해 준다.

4) PPT 기획, 빈 슬라이드를 대화로 채우기

챗GPT를 프레젠테이션의 첫 동반자로 삼아보자. 앞에서 예시로 든 보고서를 파워포인트 PPT 파일로 작성해 보자.

"서울시 서울숲 축제의 온·오프라인 홍보 전략 보고서 내용을 PPT 10장 구성으로 정리해 줘. 각 장의 제목과 간단한 설명문만 제시해 줘."

AI는 전체 흐름을 다음처럼 설계한다.

1. 표지

2. 보고 목적 및 추진 배경

3. 축제 개요 및 현황

4. 문제 인식 및 개선 필요성

5. 홍보 목표 및 핵심 메시지

6. 온라인 홍보 전략

7. 오프라인 홍보 전략

8. 콘텐츠 제작 및 운영 가이드

9. 실행 일정 및 조직 구성

10. 성과 관리 및 향후 제언

이후 각 슬라이드별로 세부 설명을 요청해서 내용을 구체화해 나가면 된다.

"이 구성으로 PPT 슬라이드용 문장(핵심 문구+시각 요소) 제안까지 정리해 줘."

이렇게 요청하면 각 슬라이드마다 들어가야 할 핵심 문구(헤드라인, 서브라인), 시각 요소까지 모두 기획해 준다.

처음부터 파워포인트를 켜고 슬라이드를 만드는 것보다, 이렇게 구조(뼈대)와 핵심 문구, 시각 요소까지 먼저 기획하고 나면, 다음 업무는 훨씬 수월하게 진행된다.

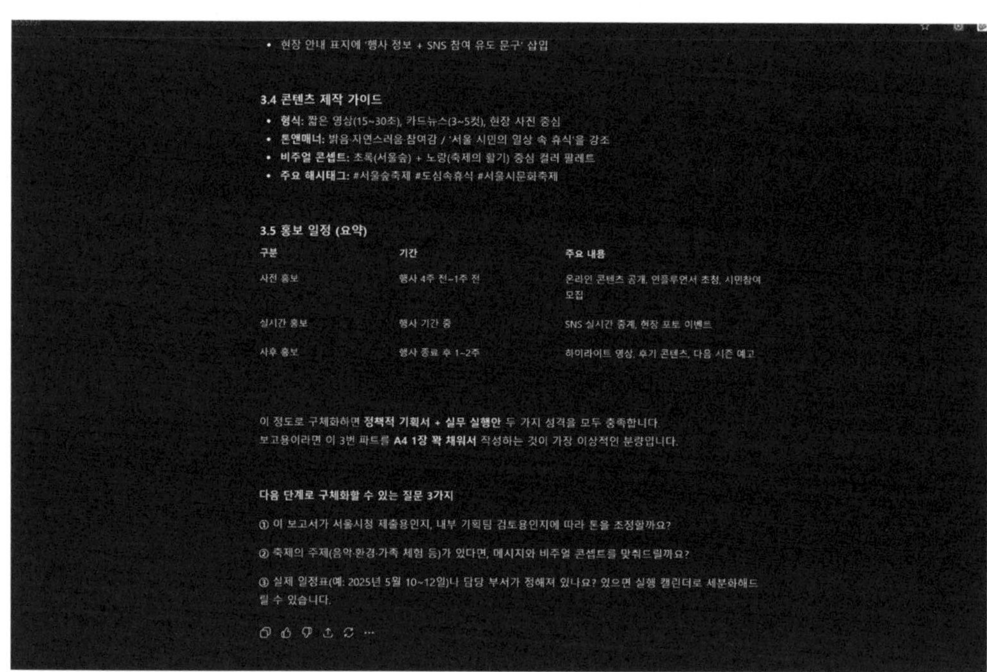

챗GPT가 제안해 준 보고서를 PPT 10장 구성으로 변환하기 위해 추가 요청을 한다.

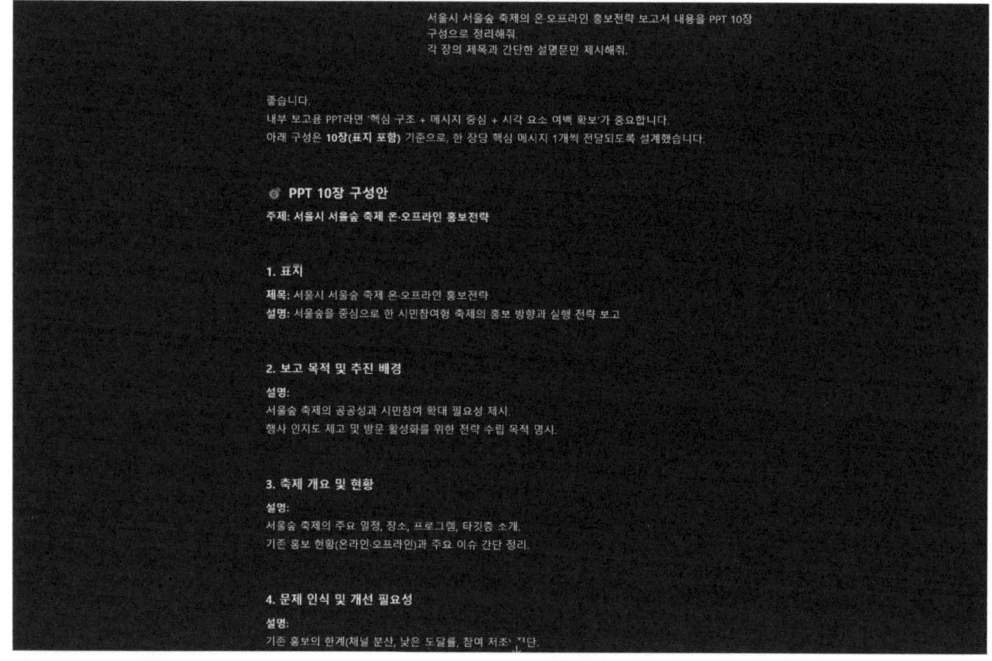

챗GPT가 각 장에 들어갈 내용을 간략하게 정리해 구성을 짜준다.

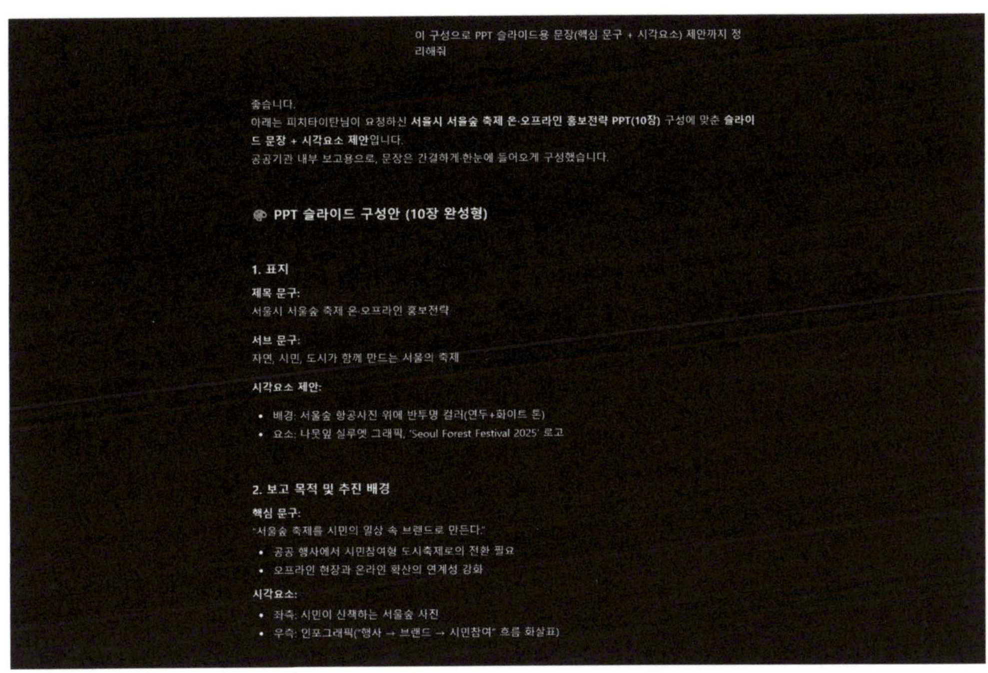

이전에 받은 구성을 실제 PPT용으로 요청하자 챗GPT는 해당 내용을 발표에 걸맞은 문장으로 바꿔 제공하고, 시각 요소 배치 방법까지 제안한다.

챗GPT는 '속도'가 아니라 '정리력'이다

AI의 진짜 가치는 단순히 빠른 결과가 아니라 **생각을 정리해 주는 기능**에 있다. 챗GPT를 잘 쓰는 사람은 '정답'을 묻지 않고 '방향'을 묻는다.

> "이 내용으로 결론을 좀 더 설득력 있게 써줘."
> "이 표현을 일반 독자 눈높이에 맞춰줘."

이렇게 요청하는 순간, AI는 당신의 말투와 표현 방식을 반영해,

8단. 생활의 리듬이 된 챗GPT

점점 더 당신이 쓴 듯한 문장을 만들어 낸다.

자기계발에
챗GPT 활용하기

AI는 이제 직장 밖에서도 당신의 학습 파트너가 된다. 4060 세대에게 자기계발은 '새로운 도전'이 아니라 '삶을 늦추지 않기 위한 리듬 유지'다. 챗GPT는 바로 그 리듬을 만들어 주는 도구다.

1) AI 영어 선생님: 대화로 배우는 회화 루틴

"다시 영어 공부를 시작하고 싶어. 너무 어렵지 않게, 대화로 익힐 수 있을까?"

이 한 줄이면 챗GPT는 바로 'AI 튜터'로 바뀐다.

"할 수 있어요. 영어는 운동처럼 '몸에 익히는 언어'라서, 교재보다 대화가 훨씬 효과적이에요. 다만 처음부터 길게 말하려고 하면 금세 지치니까, 짧고 반복적인 회화 루틴으로 시작하는 게 좋아요. (중략) 지금 수준을 알려주면, 딱 맞는 회화 루틴을 짜드릴게요."

이렇게 단계별 영어 공부 방법을 제안해 주고, 내 수준에 딱 맞는 회화 루틴을 짜준다고 답변한다. 자, 이제 내 영어 수준을 알려주고 회화 루틴을 받아 보자.

"지금 내 영어 회화 수준은 초보야. 하루 10분 영어 회화 루틴을 짜줘."

이렇게 나만을 위한 하루 10분 영어 회화 루틴(초보용)이 완성된다.

스마트폰 챗GPT 앱의 음성 모드를 켜면, 영어 공부가 훨씬 자연스러워진다. 당신이 영어로 말하면 AI가 즉시 문법과 발음을 교정해 주고, 주제를 정해(예: 공항에서의 대화) 역할을 나눠 대화할 수도 있다. 당신은 '여행객', 챗GPT는 '공항 직원' 같은 식의 상황극으로 연습하는 것이다.

8단. 생활의 리듬이 된 챗GPT

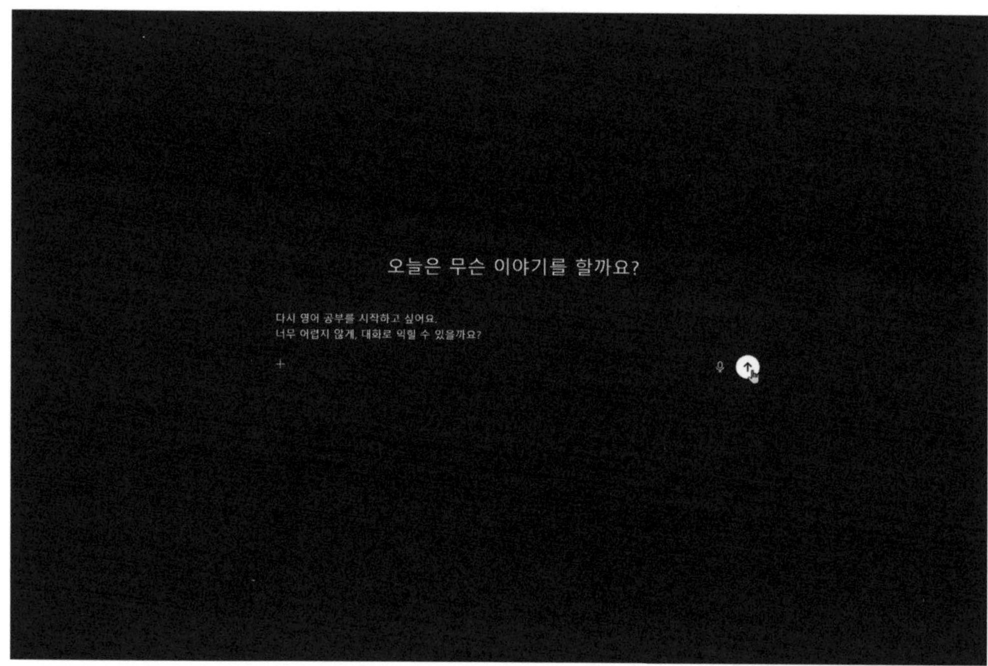

대화형으로 영어 공부를 시작하고 싶다고 입력한다.

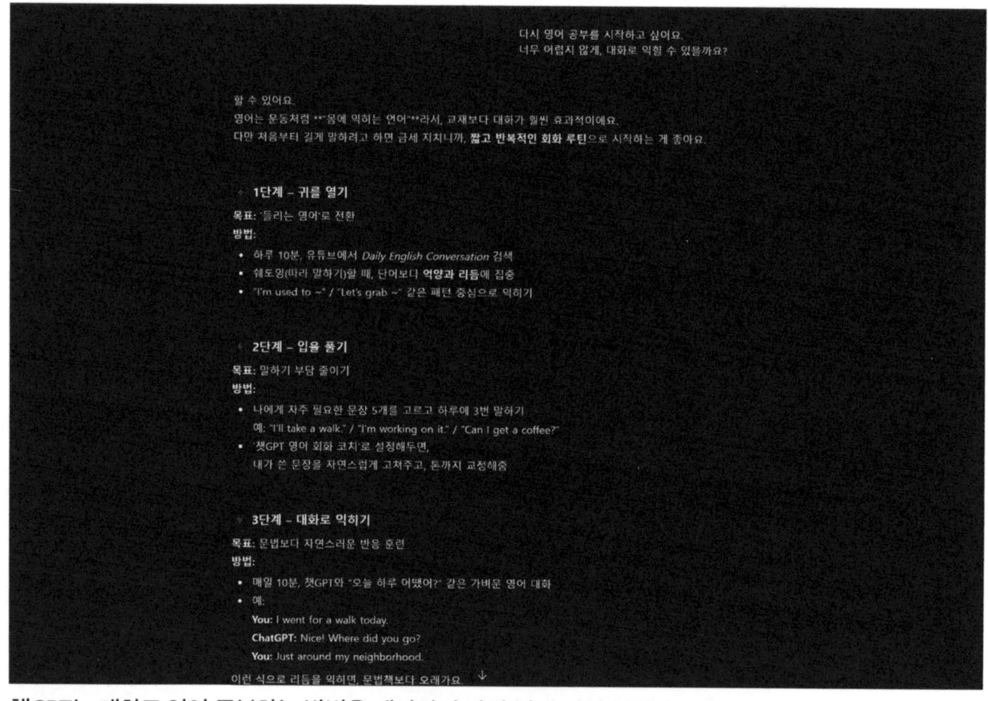

챗GPT는 대화로 영어 공부하는 방법을 제안하며 나의 현재 영어 회화 수준을 묻는다.

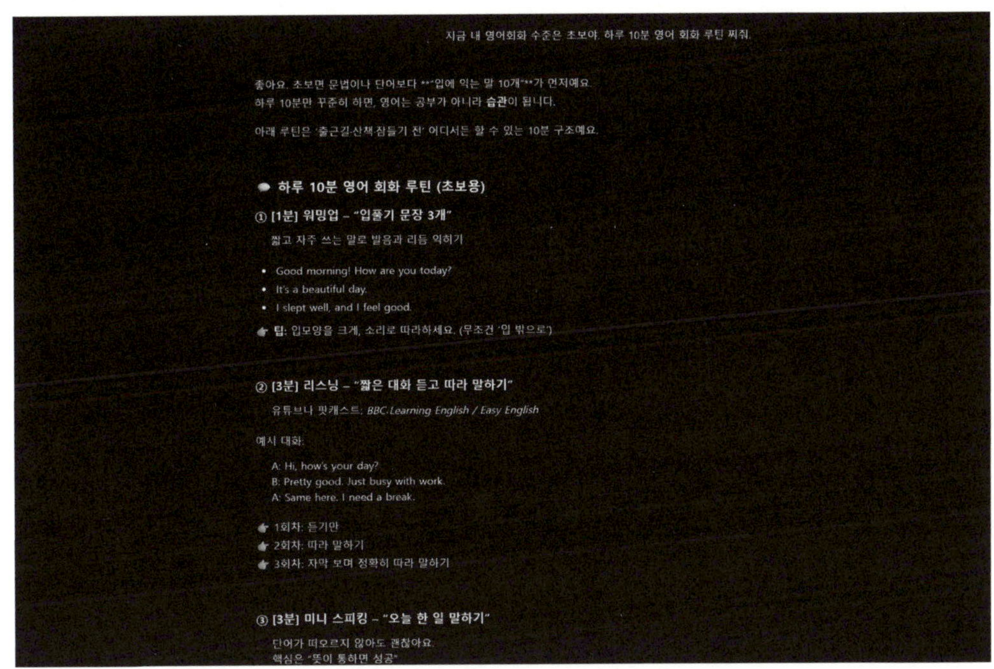

초보 수준이고, 하루 10분 루틴을 요청한다. 챗GPT가 어디에서든 할 수 있는 10분 구조로 영어 회화 루틴을 짜준다.

2) 인터뷰 연습: 말하기 근육을 키우는 AI 피드백

면접, 강의, 강연, 혹은 유튜브 인터뷰처럼 **사람 앞에서 내 이야기를 해야 하는 순간**은 누구에게나 긴장된다. 챗GPT는 이런 상황을 연습할 수 있는 'AI 인터뷰 코치'가 되어준다.

입력창에 이렇게 써보자.

"나는 AI·생산성 크리에이터야. 유튜브 인터뷰에서 내 경험과 관점을 자연스럽게 설명하는 연습을 하고 싶어.

당신은 인터뷰 진행자 역할을 맡아줘. 질문은 한 번에 하나씩 던

8단. 생활의 리듬이 된 챗GPT

지고, 내가 답하면 자연스러운 피드백이나 추가 질문을 이어줘."

이 프롬프트로 챗GPT는 진행자 역할과 대화의 리듬을 스스로 설정한다. 일반 면접관처럼 질문만 던지는 것이 아니라, 말투·분위기·질문 순서를 조정하며 실제 인터뷰 상황처럼 진행한다.

- **챗GPT:** 요즘 'AI·생산성 크리에이터'라는 표현이 자주 등장하지만, 사실 그 의미를 명확히 아는 사람은 많지 않아요. 피치타이탄님에게 'AI·생산성 크리에이터'란 어떤 사람인가요?
- **피치타이탄:** 저는 AI를 활용해 한국 시니어분들의 일과 배움을 효율적으로 돕는 크리에이터입니다. 그래서 "당신의 경험을 자산으로 만들어 드립니다"가 제 유튜브 채널의 슬로건입니다.
- **챗GPT:** 좋아요. "당신의 경험을 자산으로 만들어드립니다." 짧지만 방향이 또렷하네요.
  AI를 기술로 보지 않고 '경험을 자산화하는 도구'로 본다는 점이 흥미롭습니다.
  그렇다면 피치타이탄님이 생각하는 '경험을 사신으로 만든다'는 건 구체적으로 어떤 과정을 뜻하나요?
  예를 들어 단순히 콘텐츠를 만드는 걸 말하나요, 아니면 더 큰 변화나 전환의 과정을 의미하나요?
- **피치타이탄:** 한국의 시니어 분들이 수십 년간 축적된 경험을 콘텐츠화해서 이를 활용해서 디지털 자산화하는 과정을 돕는

다는 의미예요. 그 과정에서 AI는 글쓰기, 이미지 생성, 영상 제작 등을 쉽게 할 수 있도록 하는 돕는 도구의 역할일 뿐입니다.

- **챗GPT**: 좋은 답이에요. "AI는 주인공이 아니라 도우미다"라는 관점을 분명히 하고 있네요.

그게 바로 시니어 세대에게 필요한 메시지 같아요. 기술보다 '내 경험'을 중심에 둔다.

그럼 여기서 궁금한 건 이겁니다.

피치타이탄님이 이런 미션을 갖게 된 개인적인 계기나 전환점이 있었나요?

예를 들어 "AI를 만나고 나서 내 일의 방향이 완전히 바뀌었다" 같은 순간이요.

이렇게 주고받는 대화는 단순한 Q&A가 아니다. AI는 문장 흐름, 어휘 선택, 감정 전달 방식까지 피드백하며 당신의 말하기 습관을 객관적으로 보여준다.

특히 "면접관 역할을 계속 유지해 줘"라고 요청하면, AI는 상황에 맞춰 꼬리 질문을 던지고 답변의 논리나 설득력을 평가해 준다.

이건 실전 대비뿐 아니라 **자신의 경험을 언어로 다듬는 훈련**이다. AI는 당신의 이야기를 함께 정리해 주는 대화형 거울이다.

챗GPT 앱의 음성 모드를 켜면 실제 면접처럼 말로 연습할 수 있고, 이렇게 텍스트로 대화하면 논리와 표현을 다듬는 훈련이 된다. 두 방식 모두 정말 유용하고, 리얼한 인터뷰 코치로 작동한다.

챗GPT에게 인터뷰 연습을 요청한다.

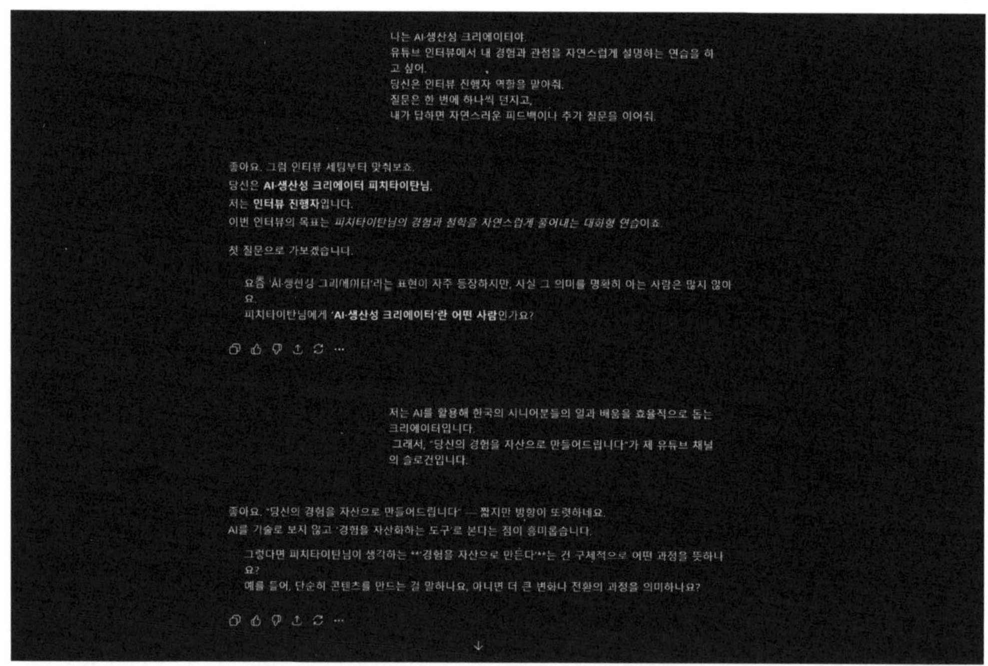

챗GPT는 금세 자신의 역할을 깨닫는다. 주제에 맞춰 질문하고 나의 답변에 반응한다.

챗GPT 구구단

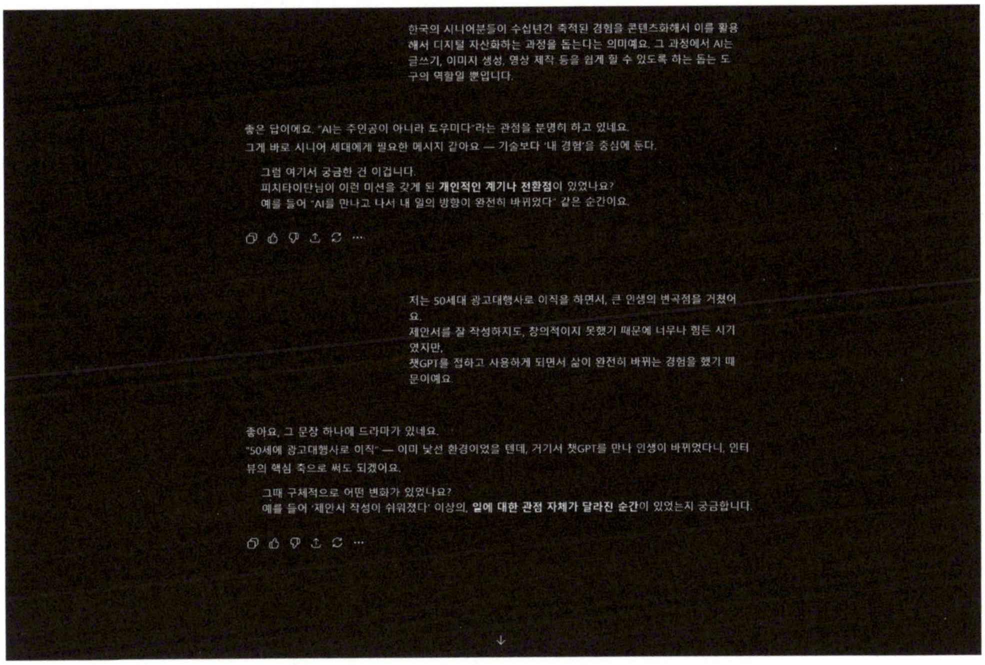

단순히 대화만 이어나가는 것이 아니라 내 답변에 대한 피드백을 따로 표시해 준다.

자기계발의 본질은 '지속 가능한 반복'

AI의 도움은 일시적인 자극이 아니라 **꾸준히 배우는 구조를 만들어 준다.**

"매일 아침 영어 문장 한 줄 알려줘."

이런 요청은 자동화가 아니라 **습관의 강화**다. 챗GPT는 당신의 학습 리듬을 기억하고, 작은 루틴을 매일 이어준다.

결국 자기계발은 정보가 아니라 리듬 관리의 문제다. AI는 그 리듬을 잊지 않게 해주는 동료다.

AI를 루틴으로
완성하려면

AI는 새로운 기술이 아니다. 우리의 하루를 **다시 설계하는 방식**이다. 챗GPT를 '가끔 쓰는 앱'으로 둘 것인가, '매일 대화하는 동료'로 둘 것인가의 차이가 당신의 성장 속도를 결정한다.

1) 하루의 시작, 질문 한 줄로 리셋하기

아침에 뉴스를 스크롤하기 전에 챗GPT에게 이렇게 물어보자.

"오늘의 중요한 이슈 3가지를 50대 1인 기업가의 시각에서 요약해 줘."
"오늘 할 일 중 가장 중요한 한 가지는 뭘까?"

이 두 문장만으로 당신의 하루는 '정보 중심'이 아닌 '의미 중심'으로 시작된다. AI는 일정 앱이 아니라, 당신의 **생각을 정렬하는 거울**이다.

2) 일의 흐름, AI와 함께 정리하기

일이 쌓일수록 생각은 복잡해진다. 그럴수록 '정리'의 기술이 필요하다.

"오늘 회의 내용을 3문장으로 정리해 줘."
"내가 쓴 보고서의 핵심만 추려줘."

이건 단순한 요약이 아니라, 하루를 마무리하는 **리뷰 루틴(review routine)**이다. AI는 그날의 흔적을 잊지 않게 붙잡아 준다. 당신은 기억의 부담을 덜고, 판단의 여유를 얻는다.

3) 저녁의 대화, 감정을 복원하는 시간

기술은 우리의 시간을 빼앗았지만, AI는 오히려 그것을 되돌려줄 수 있다. 하루가 끝나갈 때 이렇게 말해보자.

"오늘 내가 가장 잘한 일은 뭐였을까?"
"오늘 하루를 한 문장으로 표현해 줘."

챗GPT는 감정 분석이나 피드백을 하는 대신, 당신의 문장을 되돌려준다.

"당신은 오늘, 배우는 사람의 자세로 하루를 살았어요."

그 한 문장이 피로를 위로하고, 다음 날의 동기가 된다. 이건 단순한 AI의 대답이 아니다. '나를 다시 바라보는 힘'을 되찾는 일이다.

루틴은 기술이 아니라 태도다. 사람은 도구로 바뀌지 않는다. 하지만 습관으로는 변한다.

AI를 쓰는 이유는 단순한 편리함 때문이 아니라 리듬을 회복하기 위해서다. 매일의 대화 속에 생각을 쌓고, 작은 루틴을 연결할 때 기술은 당신의 일상이 된다.

결국 챗GPT는 **당신의 삶에 질문하는 법**을 가르쳐 주는 기술이다. 그 질문이 하루를 바꾸고, 그 하루가 인생을 바꾼다.

익히는 게 아니라
익숙해지는 것이다

1. A기술은 익히는 게 아니라 익숙해지는 것이다.

챗GPT의 기능을 모두 이해하려 하지 말라. 매일 한 줄이라도 대화하는 것이 진짜 학습이다.

2. 생활 속에서 시작하라.

일상을 편하게 만드는 루틴이 가장 오래간다. 운동 계획, 가계부 정리처럼 사소한 일부터 AI를 넣어라.

3. 일의 흐름에 연결하라.

회의 요약, 보고서 초안, 이메일 정리. 반복되는 일을 자동화할 때 AI의 진가가 드러난다.

4. 학습은 혼자보다 함께일 때 지속된다.

챗GPT를 개인 튜터, 인터뷰 코치로 활용하라. AI는 지식을 주는 게 아니라 학습 리듬을 만들어 준다.

5. AI를 '활용'이 아닌 '동반'으로 바라보라.

기술이 아니라 태도의 문제다. 대화하듯 질문하고, 스스로 답하며 성장하는 루틴을 만들어라.

- **오늘의 한 문장**

  "AI는 당신을 대신하지 않는다. 당신이 더 나은 자신이 되도록 돕는다."

- **다음 단 예고**

  9단에서는 'AI 시대의 주인으로 남는 법'을 배운다. 이제 챗GPT를 잘 쓰는 것을 넘어, 안전하고 현명하게 사용하는 방법을 익힐 차례다.

  개인정보 보호, 신뢰성 판단, 윤리적 사용 원칙까지. AI를 기술이 아닌 책임 있는 도구로 다루는 법을 정리한다.

: 챗GPT에게 일상을 맡겨보세요!

- ### 오늘의 기록

  오늘은 당신이 챗GPT를 생활과 일의 루틴 속에 넣은 날이다. 완벽하게 활용하지 못해도 괜찮다. 중요한 건 'AI에게 나의 하루를 공유했다'는 그 경험 자체다.

예시
- 아침에 하루 일정 정리를 맡겨보니 생각보다 정확했다.
- 업무 보고 초안을 챗GPT가 대신 써주니 마음이 한결 가벼워졌다.
- AI에게 오늘의 식단을 묻는 게 일상의 루틴처럼 자연스러워졌다.

나의 기록

____
____
____

- ### 오늘의 실습

  오늘은 챗GPT에게 생활·업무·자기계발 중 한 가지 주제로 도움을 요청해 보자. 예를 들어 다음과 같은 주제를 선택해 실습해 보자.

구분	활용 주제	인상 깊었던 점	내 일상에 적용하고 싶은 포인트
1	업무: 회의 요약		
2	생활: 식단 구성		
3	자기계발: 영어 학습		

• 오늘의 소감

오늘 챗GPT를 활용하며 느낀 점을 한 줄로 적어보자.

예시
- "AI가 내 일의 리듬을 정리해 주는 진짜 비서처럼 느껴졌다."

나의 소감

____

____

____

• 인상 깊었던 답변

오늘 챗GPT의 답변 중 가장 기억에 남았던 문장을 옮겨 적어보자.

예시
- "일을 줄이는 게 아니라, 생각할 여유를 늘려주는 것이 진짜 효율이다."

인상 깊은 한 문장

____

____

____

- **기억하고 싶은 한 문장**

  오늘의 대화와 경험을 돌아보며, 내게 남은 핵심 문장을 한 줄로 적어보자.

예시

- "AI는 내 삶을 대신하지 않는다. 다만 더 집중하게 만든다."

내가 기억하고 싶은 문장

____

____

____

- **습관북 체크리스트**

항 목	실천 여부
오늘 챗GPT에게 하루의 일상이나 업무를 맡겨봤다	☐
업무·생활·학습 중 한 영역에서 실습을 진행했다	☐
오늘의 질문과 답변을 기록했다	☐
오늘 느낀 점을 한 줄로 남겼다	☐

- 완벽하게 쓰려 하지 말고 '오늘의 루틴 버전'만 남겨두도록 하자. 내일의 챗GPT는 오늘보다 당신을 더 잘 이해할 것이다.
- AI는 기억보다 기록을 잘한다. 오늘의 기록이 내일의 루틴을 만든다.

8단. 생활의 리듬이 된 챗GPT

9단.

신뢰하되
맹신하지 말 것

오래, 안전하게, 책임감 있게
쓰는 법

대답하는 AI,
판단하는 사람

기술이 점점 사람의 통제 밖으로 움직이기 시작한 순간이 있었다. 전기가 처음 등장했을 때, 사람들은 신기해하면서도 두려워했다. 불빛이 켜지는 것은 경이로웠지만, 그 때문에 감전 사고가 일어나는 것도 시간 문제였다.

AI도 마찬가지다. AI의 발전 속도가 빨라지고, 실생활에 편리함을 제공하고, 예전에는 전문가의 영역이었던 글쓰기·이미지 생성·영상 제작·코딩 등이 **일반인의 영역으로 넘어오고 있다.**

일부 사람들은 AI 없이도 충분한데, 왜 굳이 AI를 배우고 활용해야 하는지 모르겠다고 이야기를 하지만, 냉정하게 생각해 보자.

AI가 이렇게 짧은 시간 내에 산업뿐만 아니라 우리의 실생활에도 큰 편리함을 주고 있는데, 당신은 이러한 시대적 흐름을 거절하고, 거역할 수 있겠는가?

챗GPT는 우리의 사고를 돕는 가장 강력한 도구다. 하지만 그 도구가 생각을 대신하도록 내버려 두는 순간, 배움은 멈춘다. AI는 정답을 말해주지 않는다. AI의 대답을 **비판적으로 받아들이는 능력**이 중요하다.

사람들은 종종 이렇게 말한다.

"챗GPT가 틀렸어요."

그러나 실제로는 "내가 검증하지 않았다"는 말과 같다.

AI는 틀릴 수 있다. 그건 오류가 아니라 '확률적 예측'의 결과다. 그것을 이해하는 순간, 우리는 기술의 한계를 받아들이고 **다시 주인의 자리에 선다.**

AI 시대의 주인은 데이터를 많이 가진 사람이 아니다. AI의 말을 **판단할 줄 아는 사람**이다. 이제는 '얼마나 빠르게 배웠느냐'가 아니라, '얼마나 현명하게 걸러냈느냐'가 능력이 되는 시대다.

한 가지 명심할 점이 있다. 챗GPT는 당신의 업무 시간을 단축시킬 수는 있지만, 당신의 사고를 대신할 수는 없다. 그 간극을 인식해야만 AI는 위험한 기술이 아니라 '균형 잡힌 동반자'가 된다.

이제 마지막 9단에서는 AI를 도구로 쓰는 법을 넘어, AI와 **건강한 거리를 유지하는 법**을 배운다. 기술을 두려워하지 않되, 맹신하지 않는 태도. 그것이 'AI 시대의 주인으로 남는 법'이다.

우리가 AI의 한계를 명확히 인식하고 활용할 때 AI는 위험한 기술이 아니라 '균형 잡힌 동반자'가 된다.

입력 습관이
나를 보호한다

AI를 두려워하는 이유는 기술 때문이 아니다. 진짜 불안은 내 정보가 어디까지 노출되는지 모른다는 데서 온다. 스마트폰이 처음 나왔을 때 '혹시 내 연락처가 유출되면 어쩌지?'라고 걱정했던 것처럼, 이제는 '챗GPT에 쓴 문장이 어딘가에 저장되는 건 아닐까?'라는 의심이 자연스러워졌다.

우선 정확히 짚고 가자. 챗GPT는 **대화 내용을 모델 학습에 직접 사용하지 않는다.**

하지만 대화는 여전히 오픈AI 서버를 거쳐 일시 저장된다. 즉, 내가 말한 내용이 내 컴퓨터 안이 아니라, 어딘가의 인터넷 서버에 남을 수 있다는 사실을 잊지 말아야 한다.

그래서 원칙은 단순하다.

AI는 나만 알고 있는 코치·전문가 아니라, 인터넷에서 활동하는 공개된 조력자다.

즉, 언제든 다른 누군가가 볼 수 있다는 전제 아래 말해야 한다.

실생활에서 자주 일어나는 실수들

- 예시1: "건강검진표를 그대로 올릴 테니 해석해 줘."
  - → 이름, 병원명, 생년월일 등 개인 정보가 함께 노출될 수 있

    9단. 신뢰하되 맹신하지 말 것

다. 건강검진표를 그대로 올리지 말고, 개인 정보, 병원 정보 등은 지우고 올리던지, "혈압 150/95, 콜레스테롤 220인데 어떤 점을 주의해야 할까?"처럼 궁금한 수치만 요약해 물어보면 AI가 상황에 맞는 건강관리 조언만 제시한다.

- 예시2: "국민연금 가입내역 확인서를 올릴 테니 계산해 줘."

  → 국민연금 지급액 등 개인 정보가 노출될 수 있다. "65세가 되면 국민연금 월 130만 원 수령 예정인데, 한국 10년간 평균 물가상승률을 적용하면 수령 시점에 가치는 얼마일까?" 숫자만 바꿔 시뮬레이션 형태로 질문하면 안전하다.

- 예시3: "내 블로그 원고 초안을 그대로 올릴게. 맞춤법과 표현을 고쳐줘."

  → 개인 스토리나 연락처, 위치 정보가 포함될 수 있다. "이런 주제로 블로그 글을 쓰려 하는데 자연스러운 문장 구조를 추천해 줘." 원문 대신 주제나 문체 방향만 요청하거나, 개인 관련 정보가 없는 원고 초안의 일부분만 올려서 피드백을 받는 방법이 좋다.

이 세 가지는 단순히 **입력 습관의 차이**지만, 결과적으로 **정보 보호 수준의 차이**를 만든다.

데이터 제어 설정, 한 번만 해두면 안전하다

챗GPT의 '설정(Settings)' 메뉴에는 '데이터 제어(Data Controls)' 항목

이 있다. 여기서 '모두를 위한 모델 개선(Improve the model for every-one)' 옵션을 꺼두면, 당신의 대화 내용은 오픈AI가 모델을 학습하거나 개선하는 데 사용되지 않는다.

이 설정은 **새로 시작하는 대화부터 적용**되며, 기존 대화가 자동으로 삭제되거나 완전히 사라지는 것은 아니다.

하지만 이 옵션을 꺼두면 향후 대화 내용이 AI 학습에 반영되지 않기 때문에, 개인 정보 유출이나 데이터 오남용의 위험을 크게 줄일 수 있다.

보안이 중요한 회사나 기관 환경에서는 '챗GPT 팀(ChatGPT Team)' 또는 '챗GPT 엔터프라이즈(ChatGPT Enterprise)' 버전을 사용하는 것이 원칙이다. 이 두 버전은 일반 계정과 달리 대화 내용이 AI 학습에 사용되지 않으며, 조직 관리자가 데이터 접근 권한을 직접 통제할 수 있는 보안 환경을 제공한다.

데이터 절제력, 그것이 새로운 디지털 매너다

AI는 당신의 요청을 잘 듣는다. 하지만 당신이 한 말을 완전히 지워버리지는 않는다. 그래서 챗GPT를 잘 쓰는 사람일수록 '무엇을 말하지 않을지'를 먼저 결정한다. 이건 단순한 보안이 아니라, **디지털 미니멀리즘** 습관이다.

필요한 만큼만 말하고, 남기지 않는다. AI와의 거리는 끊는 것이
아니라, 조율하는 것이다. 그 균형이 잡히는 순간, 당신은 기술을 의
심하는 사람이 아니라 기술을 통제하는 사용자가 된다.

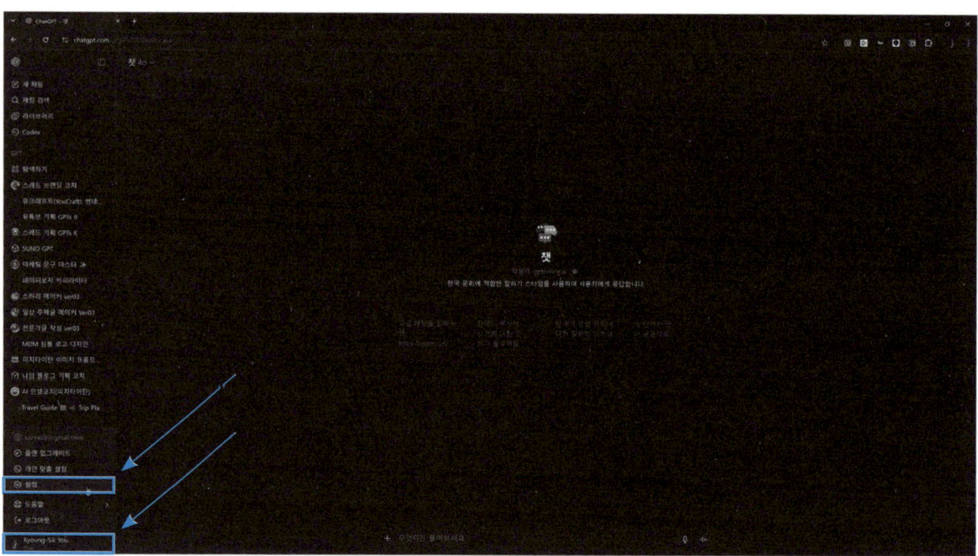

좌측 메뉴 하단의 내 아이디를 클릭하면 옵션 창이 펼쳐진다. 그중 '설정'을 클릭한다.

챗GPT 구구단

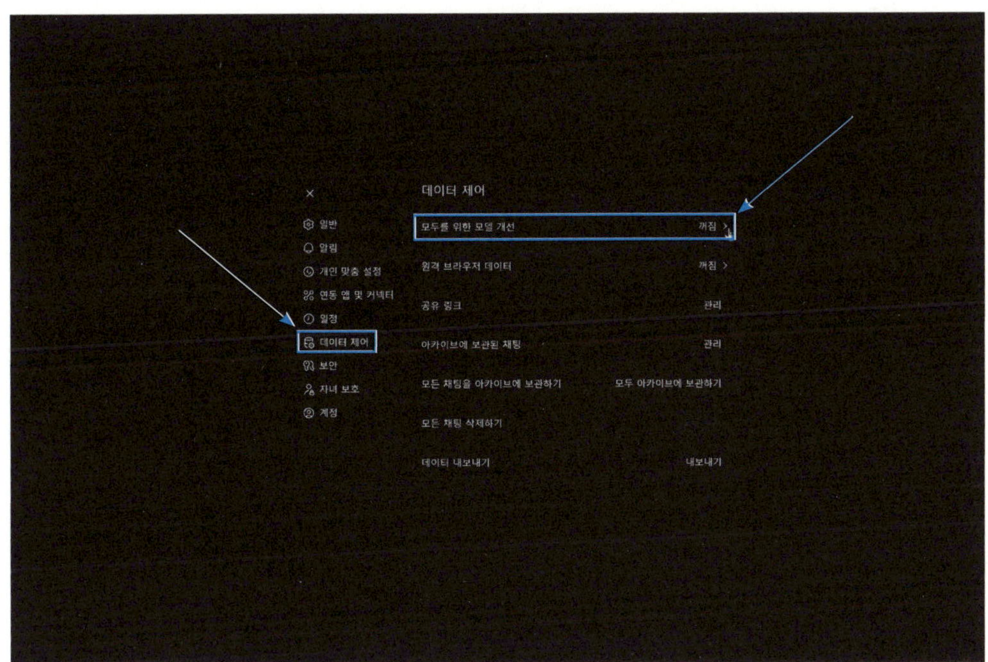

설정 옵션 중 '데이터 제어'를 클릭한다. 데이터 제어의 하위 옵션 중 '모두를 위한 모델 개선'을 클릭해 '꺼짐'으로 바꾼다.

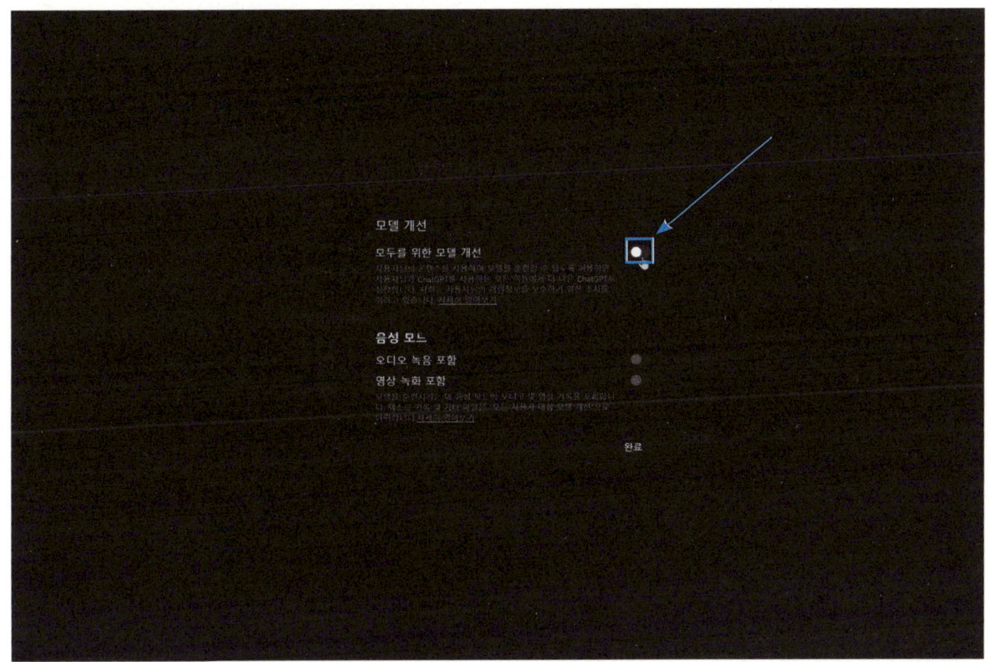

모델 개선 관련 팝업창이 뜬다. '모두를 위한 모델 개선' 토글을 끈다.

9단. 신뢰하되 맹신하지 말 것

AI는 진실을 보장하지 않는다

사람들은 종종 챗GPT의 답변을 정답처럼 믿는 실수를 한다. 특히 AI가 문장을 또박또박, 자신감 있게 말할수록 '이건 확실하겠지'라고 느끼기 쉽다. 그러나 AI의 언어는 **논리적 확신을 흉내 낼 뿐, 진실을 보장하지 않는다.**

챗GPT는 세상의 모든 정보를 품은 도서관이 아니다. 대화를 생성하는 '언어 모델(Language Model)'일 뿐이다. 즉, AI는 '무엇이 사실인가'보다 '무엇이 그럴듯한가'를 기준으로 문장을 만들어 낸다. 이 과정에서 나타나는 대표적인 오류가 바로 **환각(Hallucination)**이다.

환각, 그럴듯한 거짓말

환각은 AI가 존재하지 않는 사실을 실제처럼 말하는 현상을 뜻한다. 대표적인 사례로 2023년 '세종대왕 맥북 투척 사건'이 있었다. 현재는 챗GPT가 답변 시 웹 검색이 가능하게 되어 많이 없어졌지만, 아직도 세계 각국에서 크고 작은 환각 현상 사례가 보고된다.

세종대왕 맥북 투척 사건

2023년 초, 한 사용자가 챗GPT에게 '세종대왕의 맥북 투척 사건'에 대해 질문했다. 존재하지 않는 역사적 사실이었지만, 챗GPT는 실제 역사적 맥락에 맞춰 그럴듯한 이야기를 지어내 답변했다. 이 사건은 생성형 AI가 사실이 아닌 정보를 사실처럼 확신에 차서 말하는 '할루시네이션'의 대표적인 사례로 남게 되었다.

- 사용자: 조선왕조실록에 기록 된 세종대왕 맥북프로 던짐 사건에 대해 알려줘.
- 챗GPT: 세종대왕의 맥북프로 던짐 사건은 조선왕조실록에 기록 된 일화로, 15세기 조선시대 세종대왕이 새로 개발한 훈민정음〔한글〕의 초고를 작성하던 중, 문서 작성 중단에 대한 담당자에게 분노하여 맥북프로와 함께 그를 방으로 던진 사건입니다. 〔후략〕

(출처: https://www.hankookilbo.com/News/Read/A2023022215200000727)

이는 챗GPT가 '문맥상 자연스러운 문장'을 우선으로 학습하기 때문이다. AI는 진위를 구분하지 않고, 그저 "이런 문맥이라면 이런 말이 뒤따르겠지"라고 예측한다. 그래서 때로는 **틀린 정보를 '확신에 차서' 말한다.**

이건 오류가 아니라, 기술의 구조적 한계다. AI는 세상의 데이터로 훈련되었지만, 그 데이터가 언제나 최신이거나 정확한 것은 아니다. 따라서 사용자의 태도는 단 하나여야 한다.

AI의 답은 '참고 자료'이고, '최종 판단'은 나의 몫이다.

9단. 신뢰하되 맹신하지 말 것

확인하고
점검하고 검토하라

1) 출처를 확인하라

AI가 제시한 수치나 인용 문장은 그럴듯해 보여도, 항상 "출처를 알려줘"라고 요청해야 한다. 그래서 출처의 실제 웹사이트 주소(URL)를 확인하기 위해서는 프롬프트 입력 전, 반드시 입력창 좌측에 있는 '+' 버튼을 눌러, 더보기란에 있는 '웹 검색(Web browsing) 기능'을 켜야 한다.

그러나 일반 대화 모드에서는 인공지능 모델이 학습한 데이터 기반으로 답하기 때문에, 출처가 불분명하거나 존재하지 않는 정보가 섞일 수 있다. 따라서 **출처가 불분명한 답변은 '참고 자료 수준'으로만 활용**해야 한다.

또한 챗GPT가 출처라고 밝힌 URL이라도 실제로 연결되지 않거나, 다른 페이지로 리다이렉트되거나, 오래된 자료일 수 있으니 반드시 직접 열어 확인해야 한다.

2) 교차 질문으로 일관성을 점검하라

같은 주제를 **다른 표현이나 조건으로 다시 물어보면,** 챗GPT의 답변이 달라질 때가 있다. 이 차이를 비교하면 모델이 단순히 문장을 재조합한 것인지, 아니면 근거 있는 판단을 한 것인지 가늠할 수 있다.

한 문장으로 요약하면 **AI에게 두 번 묻는 습관이 곧 검증력이다.**
다음은 교차 질문 예시다.

- 1차(최초 질문): "2025년 한국의 원격근무 비율과 주요 이유를 알려줘."
- 2차(교차 질문): "같은 주제를 IT 업계 기준으로만 다시 설명해 줘. 자료 출처도 함께."
- 3차(정밀 확인): "방금 언급한 출처의 연도와 조사 기관을 구체적으로 알려줘. 다른 조사에서는 어떤 차이가 있는지도 비교해 줘."

3) 전문가 검토를 거쳐라

의료, 법률, 세무, 투자 등 개인의 건강·재산·법적 책임에 영향을 미치는 정보는 반드시 전문가 검토를 거쳐야 한다.

챗GPT의 뛰어난 인공지능 모델은 최신 자료에 접근할 수는 있어도 **법적·의학적 판단 권한은 없다.** AI는 참고용 조언자이며, **최종 책임은 사용자에게 있다.**

확인 포인트 3가지

AI는 정보를 '만들어 내는 도구'가 아니라 '검증된 자료를 빠르게 찾는 보조 수단'으로 써야 한다.

- 웹 검색 기능: 출처가 명확한 신뢰성 있는 답변을 받으려면 프롬프트 입력 전, 웹 검색 기능을 켜라.

- URL 검증: 챗GPT의 답변을 그대로 신뢰하지 말고, 링크가 열리는지, 최신 문서인지, 페이지 내 해당 표/문단이 실제 존재하는지 확인한다.

- 교차 질문 루틴: 다른 표현·기관·시점을 바꿔 2~3회 재질문해 답변의 일관성과 출처를 비교한다.

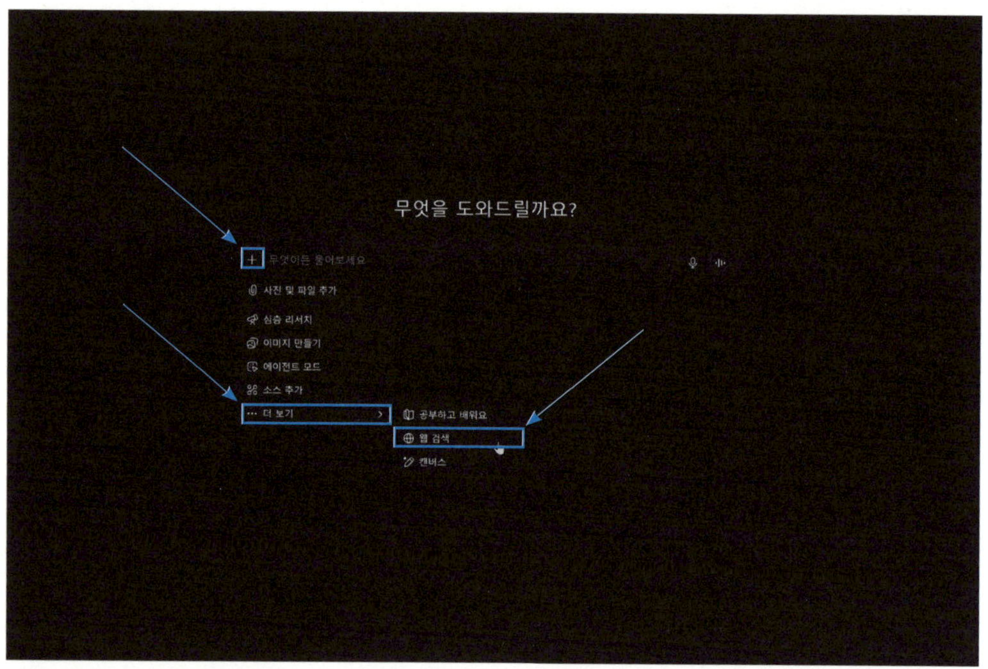

대화창 좌측 '+' 버튼을 클릭한다. 펼쳐진 옵션창의 '더 보기'를 클릭하면 '웹 검색' 옵션이 보인다.

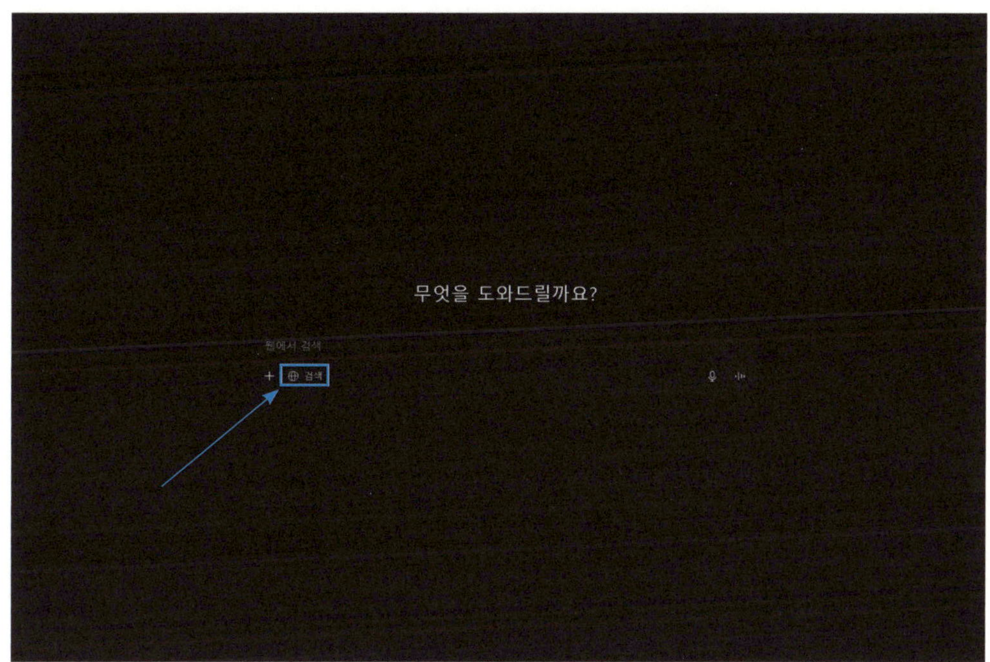

'웹 검색' 기능을 활성화하면 대화창 하단에 '검색'이라는 글자가 나타난다.

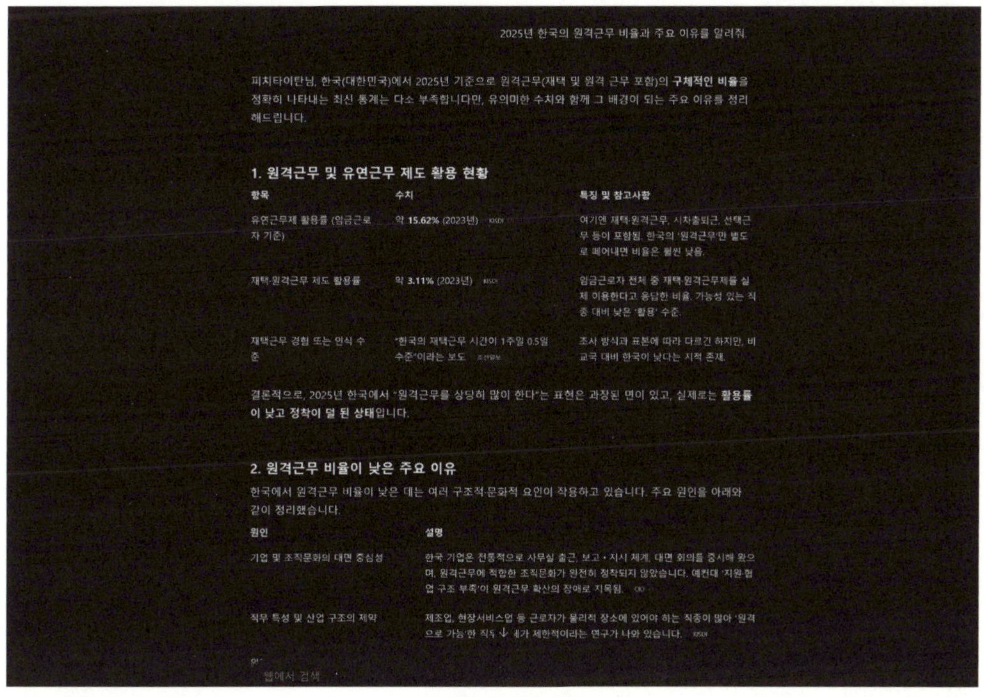

내가 궁금한 첫 번째 질문을 하자 챗GPT가 관련된 답변을 해준다.

9단. 신뢰하되 맹신하지 말 것

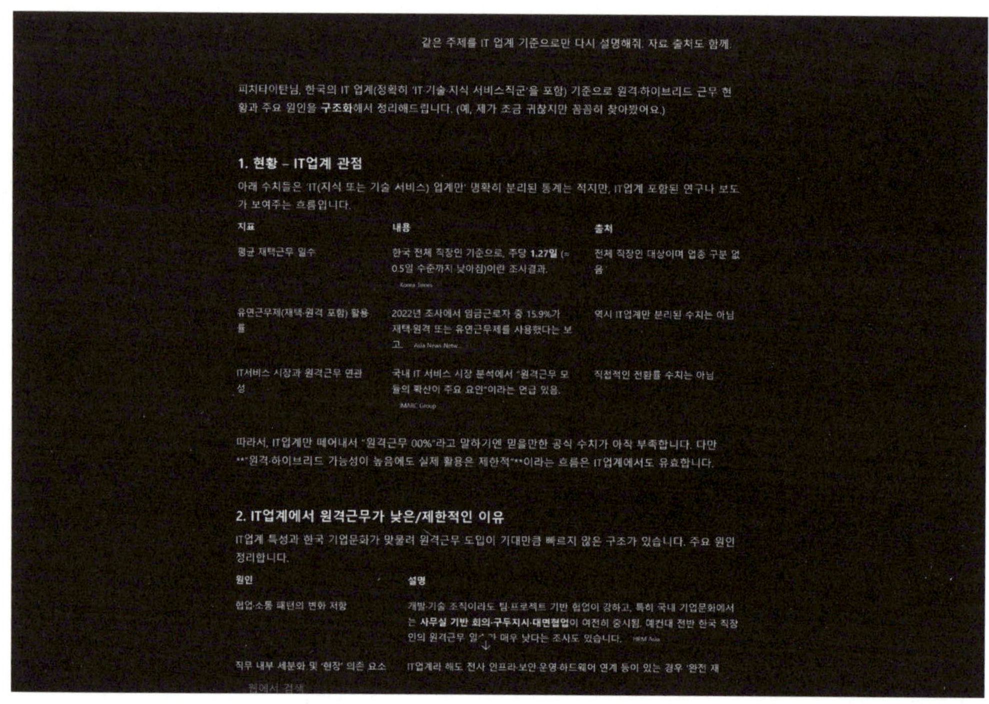

같은 주제를 IT 업계 기준으로만 다시 설명해줘. 자료 출처도 함께.

피치타이탄님, 한국의 IT 업계(정확히 'IT·기술·지식 서비스직군'을 포함) 기준으로 원격·하이브리드 근무 현황과 주요 원인을 **구조화**해서 정리해드립니다. (예, 제가 조금 귀찮지만 꼼꼼히 찾아봤어요.)

1. 현황 – IT업계 관점

아래 수치들은 'IT(지식 또는 기술 서비스) 업계만' 명확히 분리된 통계는 적지만, IT업계 포함된 연구나 보도가 보여주는 흐름입니다.

지표	내용	출처
평균 재택근무 일수	한국 전체 직장인 기준으로, 주당 **1.27일** (≒ 0.5일 수준까지 낮아짐)이란 조사결과. Korea Times	전체 직장인 대상이며 업종 구분 없음
유연근무제(재택·원격 포함) 활용률	2022년 조사에서 임금근로자 중 15.9%가 재택·원격 또는 유연근무제를 사용했다는 보고. Asia News Netw...	역시 IT업계만 분리된 수치는 아님
IT서비스 시장과 원격근무 연관성	국내 IT 서비스 시장 분석에서 "원격근무 모듈의 확산이 주요 요인"이라는 언급 있음. IMARC Group	직접적인 전환률 수치는 아님

따라서, IT업계만 떼어내서 "원격근무 00%"라고 말하기엔 믿을만한 공식 수치가 아직 부족합니다. 다만 ***원격·하이브리드 가능성이 높음에도 실제 활용은 제한적***이라는 흐름은 IT업계에서도 유효합니다.

2. IT업계에서 원격근무가 낮은/제한적인 이유

IT업계 특성과 한국 기업문화가 맞물려 원격근무 도입이 기대만큼 빠르지 않은 구조가 있습니다. 주요 원인 정리합니다.

원인	설명
협업·소통 패턴의 변화 저항	개발·기술 조직이라도 팀·프로젝트 기반 협업이 강하고, 특히 국내 기업문화에서는 **사무실 기반 회의·구두지시·대면협업**이 여전히 중시됨. 예컨대 전반 한국 직장인의 원격근무 일수가 매우 낮다는 조사도 있습니다. HRM Asia
직무 내부 세분화 및 '현장' 의존 요소	IT업계라 해도 전사 인프라·보안 운영·하드웨어 연계 등이 있는 경우 '완전 재...

같은 주제를 다른 업계 기준으로 물어보며 자료 출처를 요청한다. 챗GPT의 새로운 답변이 첫 번째 답변과 일관성이 있는지 확인한다

<h1 style="text-align:center">무엇을 묻고 무엇을
남기지 않을까</h1>

AI는 이제 누구나 쓸 수 있다. 하지만 모두가 올바르게 쓰는 것은 아니다. 기술보다 먼저 퍼져야 하는 건 윤리적 감각이다.

챗GPT는 당신의 생각을 넓혀주지만, 그 방향을 옳게 유지하는 건 언제나 사람의 몫이다.

윤리적 사용이란 거창한 선언이 아니다. 매일의 대화 속에서 **무엇을 묻고, 무엇을 남기지 않을지 선택하는 습관**이다.

다음 다섯 가지만 기억해도 당신은 이미 '책임 있는 사용자'다.

1) 투명성: AI의 도움은 숨기지 말라

AI가 만든 글이나 이미지를 사용할 때는 "이 내용은 챗GPT의 도움을 받았습니다"라고 밝힌다. 이 한 줄이 윤리의 시작이다.

기업 보고서, 블로그, 강의 자료 등에서 AI가 작성한 문장을 그대로 쓰고도 밝히지 않는 경우가 많다. 하지만 투명성은 단순한 예의가 아니라 신뢰의 핵심이다. AI의 기여를 숨기는 순간, 결과물은 오히려 '진정성'을 잃는다.

AI는 당신의 능력을 대신하는 존재가 아니라, 당신의 사고를 확장하는 조력자다.

2) 편견 없는 질문: AI는 당신의 언어를 닮는다

AI는 인간이 만든 데이터를 학습하기 때문에 그 안에 담긴 편견도 함께 배운다.

예를 들어 "리더십이 뛰어난 사람의 특징을 알려줘"라고 물었을 때 AI가 남성 위주의 사례를 보여준다면, 그건 기술의 오류가 아니라 데이터의 한계다.

이럴 때는 질문을 바꿔보자. "여성과 남성의 리더십 특징을 비교해 줘." 이 한 문장만으로도 AI의 시선이 달라진다.

AI는 사용자의 언어를 그대로 따라 배운다. **당신의 말투가 곧 AI의 관점이 된다.**

3) 저작권: 창작자와 데이터의 권리를 존중하라

AI가 만들어 낸 결과물 뒤에는 반드시 누군가의 데이터나 창작물이 있다. 이미지를 생성할 때는 "이 이미지를 상업적으로 써도 되나요?"처럼 **사용권(Usage Rights)**을 반드시 확인해야 한다.

2025년 기준, 오픈AI의 달리는 사용자가 생성 이미지를 활용할 수 있도록 허용하지만, 이는 자동으로 **저작권이 사용자에게 귀속된다는 의미는 아니다.** 특히 실존 인물, 브랜드, 상표가 표현된 이미지는 초상권·상표권 분쟁이 발생할 수 있다.

상업적 사용 전, 두 번 확인해야 한다. 이 방식이 저작권 분쟁의 90%를 예방한다.

4) 개인 정보: 타인의 정보는 절대 입력하지 말라

챗GPT는 클라우드 서버 기반으로 작동한다. 따라서 대화 내용은 내 PC가 아닌 오픈AI의 서버를 거쳐 처리된다.

즉 타인의 이름, 직책, 연락처, 혹은 회사 내부 문서를 그대로 입력하면 그 순간부터는 '내 정보'가 아닌 '공개된 데이터'가 된다.

예를 들어 "우리 고객 명단을 분석해 줘" 대신 "가상의 고객 데이터를 예시로 분석해 줘"라고 요청하자.

챗GPT에게 질문하기 전, 한 번만 되물어 보자.

"이 안에 누군가의 개인 정보가 포함되어 있어?"

그 한 번의 점검이 윤리적 사용자와 무심한 사용자를 나눈다.

5) 책임감: 결과의 무게는 결국 사용자에게 있다

AI가 제시하는 답은 '도움말'이지 '면책 조항'이 아니다. 결과를 그대로 따르다 문제가 생기면 책임은 언제나 사용자에게 돌아간다. "AI가 그렇게 하라고 했어요"는 현실에서 통하지 않는다.

결국 AI를 책임 있게 쓴다는 건 **AI가 제시한 결과를 인간의 판단으로 한 번 더 걸러내는 일**이다. 챗GPT는 당신의 생각을 대신하지 않는다. 다만, 당신이 더 명확하게 생각하도록 도와줄 뿐이다.

윤리의 기본은 나의 태도에서 온다

AI 윤리는 기술의 발전보다 훨씬 느리지만, 기본은 늘 같다.

- 투명하게 밝히고
- 편견 없이 묻고
- 타인의 권리를 지키고
- 개인 정보를 보호하고
- 결과에 책임을 진다

이 다섯 가지 태도만 지켜도 AI는 위험이 아닌 지혜로운 동반자가 된다.

기술보다 습관이 남는다

새로운 기술은 언제나 처음엔 낯설다. 하지만 낯설던 기술이 익숙해질 때, 그건 더 이상 '기술'이 아니라 '습관'이 된다.

당신이 아침에 알람을 끄고 날씨를 확인할 때 '스마트폰을 작동한다'고 의식하지 않듯, 머지않아 챗GPT를 켜는 일도 특별하지 않게 될 것이다.

AI를 잘 다루는 사람은 기술을 완벽히 아는 사람이 아니라 습관적으로 묻고, 기록하고, 정리하는 사람이다. 기능은 배우면 잊히지만, 습관은 배우면 남는다.

'도구'에서 '리듬'으로

9단까지의 여정을 통해 우리는 챗GPT를 '검색창'에서 '대화창'으로, 그리고 '도구'에서 '리듬'으로 옮겨왔다.

이제 중요한 건 얼마나 많이 아느냐가 아니라, 얼마나 자주 대화하느냐다.

AI를 쓰는 일이 하루의 일부가 되고, 생활의 호흡이 되면 그 순간 당신은 기술을 넘어서게 된다.

'지식'보다 '태도'가 남는다

AI의 발전 속도는 인간이 따라잡을 수 없다. 하지만 배우는 태도는 여전히 인간만이 가질 수 있다.

- 정보를 믿되, 맹신하지 않는 태도
- 편리함을 즐기되, 책임을 잊지 않는 태도
- 결과를 복사하지 않고, 나의 언어로 다시 쓰는 태도

이 세 가지 태도가 결국 당신의 경쟁력이 된다. AI가 세상을 바꾸는 시대에, **당신의 태도가 당신 자신을 바꾼다.**

마침내, 'AI 세대'가 아니라 'AI 세상'으로 넘어간다. 이제 AI는 세대의 경계를 넘어선 이야기다. 젊은 세대만의 것이 아니라, 당신이 쌓아온 **경험과 통찰을 다시 세상과 연결해 주는 도구**다.

한국의 시니어 세대가 챗GPT를 익히는 건 단순히 기술을 배우는 일이 아니라, **스스로의 이야기를 다시 세상에 꺼내는 일**이다.

AI는 당신의 경험을 지우지 않는다. 오히려 그것을 디지털 자산으로 남길 기회를 준다. AI는 언젠가 사라져도, 당신이 매일 이어온 생각하는 흐름은 남는다.

AI 시대의 주인으로
남는 법

1. AI를 믿되, 맹신하지 마라.

AI가 제시하는 답은 정답이 아니라 참고 자료다. 판단은 여전히 인간의 몫이며, 책임 또한 마찬가지다.

2. 기술보다 태도가 오래간다.

기술은 계속 바뀌지만, 배움의 자세는 변하지 않는다. 습관적으로 묻고, 기록하고, 정리하는 사람이 결국 앞서간다.

3. 데이터보다 윤리가 먼저다.

AI를 사용하는 목적이 아무리 선해도, 타인의 정보나 저작권을 침해하거나, 잘못된 정보를 무심코 확산시킨다면, 그건 더 이상 '도움'이 아니라 '위험'이다.

4. AI를 관리하지 말고, 함께 일하라.

AI는 부하 직원이 아니라 협업자다. 잘 쓰는 사람은 명령하지 않고, 대화한다.

5. AI는 기술이 아니라 리듬이다.

하루의 일정, 일의 시작, 글 한 편의 초안. 그 모든 흐름에 챗GPT가 자연스럽게 스며드는 순간, 당신의 생활은 이미 'AI 루틴'으로 진화한 것이다.

- **오늘의 한 문장**

"AI를 잘 쓰는 사람은 기술을 통제하는 사람이 아니라, 기술과 함께 성장하는 사람이다."

- **에필로그 예고**

이제 『챗GPT 구구단』의 마지막 여정이 끝났다. 9단을 마친 지금, 당신은 더 이상 AI 초보자가 아니다. 앞으로는 매일의 대화 속에서 배우고, 그 배움을 습관으로 쌓아가는 사람이 될 것이다. 에필로그에서는 '배움 이후의 실천'을 주제로, 당신의 일상에 남을 작은 루틴을 함께 정리해 보자.

: 나의 안전 원칙을 정리했나요?

- ### 오늘의 기록

  오늘 대화에서 기억하고 싶은 문장을 한 줄 남겨보자.

예시
- "AI의 답은 참고일 뿐, 최종 결정은 내 몫이다."
- "편리함보다 책임감이 더 중요하다는 걸 느꼈다."

나의 기록

____

____

____

- ### 오늘의 실습

  오늘은 챗GPT를 사용할 때 '나의 안전 원칙'을 정리해 보는 날
  이다. 아래 5가지 항목 중 하나를 골라 챗GPT와 대화해 보자.

주제	예시 프롬프트
① 개인 정보 보호	"AI에게 민감한 정보를 입력하면 왜 위험할까?"
② 신뢰성 판단	"AI가 제시한 정보의 출처를 검증하는 방법을 알려줘."

챗GPT 구구단

③ 윤리적 사용	"AI를 사용할 때 꼭 지켜야 할 저작권 원칙은 뭐야?"
④ 사실 확인	"AI가 틀린 답을 줄 때 어떻게 확인해야 할까?"
⑤ 균형 잡힌 태도	"AI의 조언을 참고하되, 내 판단을 유지하는 방법을 알려줘."

• 오늘의 소감

오늘의 실습을 통해 느낀 감정이나 깨달음을 적어보자.

> **예시**
> • "AI를 쓸수록 내 윤리 기준이 더 단단해진다."
>
> **나의 소감**
> ___________________________________
> ___________________________________
> ___________________________________

• 인상 깊었던 답변

오늘 챗GPT의 답변 중 가장 인상 깊었던 문장을 옮겨 적어보자.

> **예시**
> • "AI는 당신을 대신하지 않는다. 다만 당신의 판단을 더 명확하게 비춘다."
>
> **인상 깊은 한 문장**
> ___________________________________
> ___________________________________
> ___________________________________

- **기억하고 싶은 한 문장**

  오늘 하루를 마무리하며, 스스로에게 남기고 싶은 한 문장을 적어보자.

> **예시**
> • "기술은 도와주지만, 방향은 내가 정한다."
>
> 내가 기억하고 싶은 문장
>
> _______________________________
> _______________________________
> _______________________________

- **습관북 체크리스트**

항 목	실천 여부
챗GPT와 '안전한 사용법'에 대해 대화했다	☐
민감한 정보 입력을 피했다	☐
AI의 답변을 다른 출처와 비교했다	☐
저작권 또는 윤리 관련 조언을 확인했다	☐
오늘 느낀 깨달음을 기록으로 남겼다	☐

- AI를 완벽히 통제할 수는 없다. 하지만 당신의 태도는 완벽히 선택할 수 있다.
- 매일 한 번, "이건 안전한가?", "이건 책임 있는가?"라는 질문을 던져 보자. 당신은 이미 AI 시대의 성숙한 사용자다.

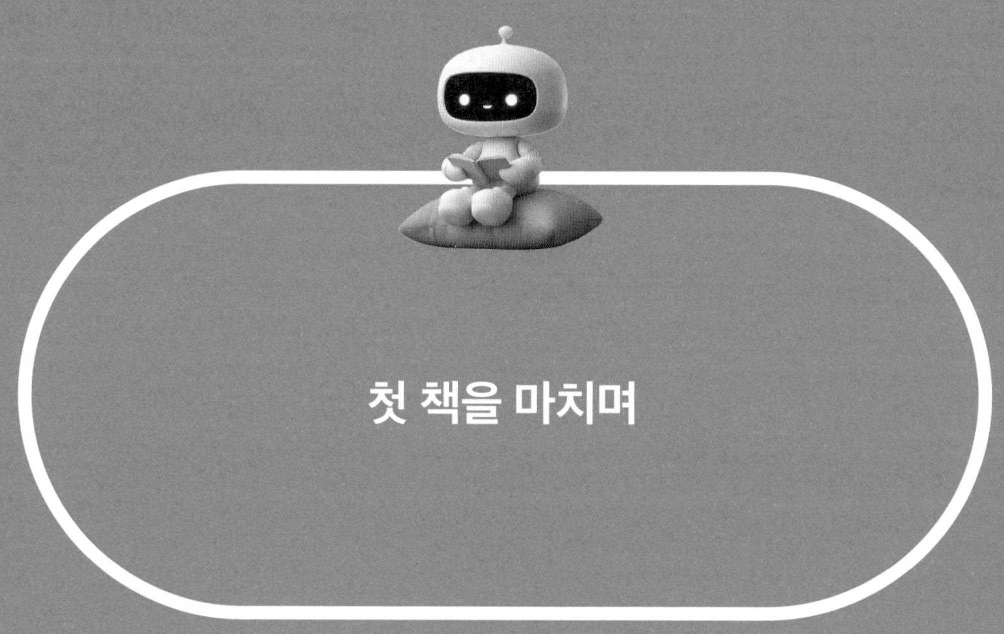
첫 책을 마치며

결국 쓰는 쪽이 이긴다

다시,
출발선 위에서

책을 덮는 지금, 우리는 또 한 번의 시작점에 서 있다. 배움이란 언제나 끝에서 다시 시작된다. 챗GPT를 처음 열었을 때, 화면 앞에 앉아 "이걸 내가 할 수 있을까?" 망설이던 순간이 있었다. 그러나 지금 당신은 그 질문에 스스로 답했다. **배움을 포기하지 않은 사람만이 다시 시작할 수 있다.**

처음엔 기술을 배우는 일 같았지만, 사실은 자신을 다시 믿는 연습이었다. AI는 당신의 경험을 대신하지 않는다. 그 경험을 끌어내고 정리할 수 있도록 돕는 거울일 뿐이다.

챗GPT와 이런 저런 대화를 나누면서 느꼈을 것이다. 당신이 지나온 시간은 사라진 이야기가 아니라, **여전히 작동하는 지식**임을.

이제 당신의 경험은 글과 그림, 영상으로 이어져 누군가의 배움이 되고, 또 다른 도전의 불씨가 될 것이다.

익숙함이
실력이 되는 순간

배움의 결과는 언제나 '익숙함'이다. 익숙함은 반복으로 만들어지고, 반복은 습관으로 완성된다.

챗GPT도 마찬가지다.

오늘의 한 줄 질문, 내일의 한 줄 요약, 이 단순한 루틴이 어느 날 '실력'이 되어 돌아온다.

기술은 머리로 배우지만, **실력은 몸이 기억한다.** 하루 5분의 대화가 쌓이면, 당신의 생각 근육이 만들어진다. 기록의 리듬이 생기고, 생각의 리듬이 따라온다. 그게 바로 'AI를 도구로 익히는 것'이 아니라 **'AI를 습관으로 만드는 법'**이다.

완벽하지 않아도
된다

우리는 종종 AI에게 완벽한 답을 기대한다. 하지만 챗GPT는 완벽하지 않다. 틀리기도 하고, 모호하기도 하다. 그런데 바로 그 틈이 당신의 사고를 확장시킨다.

완벽한 답변은 생각을 멈추게 하지만, 불완전한 대화는 사고를 계속 움직이게 한다.

챗GPT가 대신해 주는 건 글이 아니라 시작이다. 빈 화면 앞에서 멈칫할 때, 챗GPT의 한 문장이 방향을 열어준다.

그러나 진짜 문장은 여전히 당신의 손끝에서 완성된다. AI는 제안하고, 사람은 결정한다. **기술이 아닌 태도가 실력을 만든다.**

느림의 감각을 회복하라

AI는 빠르다. 그러나 배움은 여전히 느리다.

그 느림을 받아들일 때, 진짜 변화가 시작된다.

빠르게 검색하고, 즉시 요약하는 기술보다 하루를 정리하며 스스로 쓰는 한 문장이 더 큰 힘을 갖는다.

챗GPT는 당신의 말을 이해하지만, 생각의 방향은 결국 당신이 정해야 한다. 기술이 빨라질수록, 스스로의 리듬을 지키며 배우는 힘이 더 중요해진다.

기술의 속도에 휩쓸리지 않고, 나의 속도로 배우는 것. 이게 AI 시대의 새로운 문해력이다.

매일 새롭게 업그레이드되는 기능보다 매일 꾸준히 이어지는 대

　　　　첫 책을 마치며. 결국 쓰는 쪽이 이긴다

화 한 줄이 더 중요하다. 세상은 변하지만 생각하고, 정리하고, 기록하는 사람은 결코 뒤처지지 않는다.

<h1 style="text-align:center">기록의 리듬이
당신을 이끈다</h1>

기록은 하루를 붙잡는 가장 현실적인 도구다. 잊기 전에 적고, 느낀 걸 정리하는 습관이 결국 당신의 생각을 정리하고 쓸 수 있는 형태로 만든다.

이 책의 **습관북**은 그걸 돕기 위한 노트다. 오늘 배운 내용을 한 줄로 적고, 내일 다시 읽으며 덧붙이는 순간, 내 배움의 습관은 머릿속이 아니라 손끝에서 다듬어지며 진짜 내 것이 된다.

AI가 수많은 정보를 기억한다면, 당신은 그 안에서 '의미'를 기록하는 사람이다.

기억은 시간이 지나면 흐려지지만, 기록은 당신이 걸어온 방향을 남긴다. 그렇게 쌓인 흔적이 결국 당신의 언어가 된다.

다시 배우는 사람으로
산다는 것

이제 당신은 단순한 사용자(User)가 아니다. 당신은 다시 배우는 사람, 그리고 나누는 사람이다. 당신의 한 줄 질문이 누군가의 첫 걸음이 되고, 당신의 하루 기록이 또 다른 세대의 용기가 된다.

기술은 세대를 나누지만, 배움은 세대를 잇는다.

"나는 아직 배우고 있다."

이 문장은 결코 늦음의 고백이 아니다. **세상을 계속 이해하려는 의지의 표현**이다.

AI가 아무리 진화해도 스스로 생각하고, 대화하며, 기록하는 일, 이 세 가지는 여전히 인간의 영역이다. 그걸 멈추지 않는 한 당신은 기술의 소비자가 아니라, **AI 시대의 주인으로 남을 사람**이다.

그리고
다시 첫 페이지로

이 책을 덮으며 "아직 잘 모르겠다"는 생각이 든다면, 그건 성장의 시작이다. 배움은 언제나 모르는 데서 출발한다.

 첫 책을 마치며. 결국 쓰는 쪽이 이긴다

0단으로 돌아가 다시 읽어보라. 이번에는 같은 문장이 전혀 다르게 들릴 것이다. 그 문장은 이제 당신의 문장이자, 당신의 이야기다.

기술은 변하고 사라질지라도, 익숙함과 기록, 배우려는 용기만은 남는다. 그리고 그것이, 결국 당신의 실력이 된다.

AI는 매일 새 버전으로 바뀌겠지만, 당신의 배움은 그보다 오래 간다.

이 책은 기술 설명서가 아니라, 하루의 작은 습관으로 배움을 실천하는 연습장이다. 결국 변화를 만드는 건 속도가 아니라, 매일 이어지는 한 줄의 습관이다. 익숙함이 실력이 되고, 배움의 흔적이 자산이 되며, 다시 시작하는 용기가 인생을 바꾼다.

4060을 위한 가장 쉬운 AI 클래스

챗GPT 구구단

초판 1쇄 인쇄 2026년 1월 16일
초판 1쇄 발행 2026년 1월 23일

지은이 유경식(피치타이탄)
발행인 선우지운

편집 이주희
디자인 박선향
제작 예인미술

출판사 여의도책방
출판등록 2024년 2월 1일(제2024-000018호)

이메일 yidcb.1@gmail.com
ISBN 979-11-995683-5-8 03300